Ingrid Ringeling

Realität

Ein Produkt des Geistes

Ingrid Ringeling

Realität

Ein Produkt des Geistes

Zeitloses vedisches Wissen in einer modernen Welt

tao.de

Autorin: Ingrid Ringeling

Printed in Germany

Verlag: J. Kamphausen Mediengruppe GmbH, Bielefeld · www.tao.de

Bibliographische Information der Deutschen Nationalbibliothek: Die Deutsche Nationalbibliothek verzeichnet diese Publikation in der Deutschen Nationalbibliographie; detaillierte bibliographische Daten sind im Internet über http://dnb.de abrufbar.

ISBN

Paperback: 978-3-96051-370-4

Hardcover: 978-3-96051-371-1

e-Book: 978-3-96051-372-8

Für

Kim, Lena, Jaro, Remo und Djamal

Inhalt

Heile Deinen Geist und

Du heilst Deinen Körper

Vorwort

Wir alle möchten ein schönes, erfolgreiches und sinnerfülltes Leben in Glück, Gesundheit und Wohlstand führen. Dennoch scheint es für die meisten Menschen ein unerreichbarer Zustand zu sein. Was ist der wirkliche Grund für die Unzufriedenheit? Warum leiden immer mehr Menschen unter Stress, Depressionen und psychosomatischen Störungen? Und worin liegt der Sinn unseres Lebens? Um Antworten auf diese Fragen zu finden, müssen wir den Blick von außen nach innen wenden. Jeder Mensch wird mit einem individuellen Temperament und eigenen Begabungen geboren, kommt dann in eine Welt mit vorgefassten Meinungen und Vorurteilen, die ihn im Laufe der Zeit prägen. Es sind die daraus entstehenden einschränkenden Programmierungen, Einstellungen und Glaubensüberzeugungen, die den Blick auf die Wirklichkeit trüben und ihn vergessen lassen, wer er wirklich ist. Ein authentisches, selbstbestimmtes und zufriedenes Leben ist nur möglich, wenn wir unsere Innenwelt erkunden und die Schleier im Geiste lüften, die unsere wahre Wesensidentität verdecken. Denn unsere Gedanken und innere Einstellungen sind maßgebend für unser Glück und Wohlbefinden, sie wirken tiefgreifend und bestimmen unser Schicksal.

Die alten indischen Mystiker schauten nach innen und erforschten durch Meditation die tieferen Ebenen ihres Bewusstseins. Sie erkannten, dass alles Leid dadurch entsteht, dass wir uns im Geiste von unserer wahren Wesensnatur trennen. Ihre Erkenntnisse sind die

Grundlagen für die beiden vedischen Wissenschaften Yoga und Ayurveda, die in der westlichen Welt zunehmend anerkannt und geschätzt werden. Ihre Gesundheits- und Lebenskonzepte umfassen die ganzheitliche Betrachtung von Körper, Geist und Seele als Einheit. Sie schenken uns einen neuen Zugang zu uns selbst und lehren uns Frieden und Glück in uns selbst zu finden.

Moderne Wissenschaftler erforschen die Welt von außen und kommen durch eine ganz andere Erkenntnisweise immer mehr zu Ergebnissen, die die Lehren der alten Meister bestätigen. Es zeigt sich, dass es sehr gut möglich ist, dass altes Wissen und moderne Forschung sich die Hand reichen und sich gut ergänzen.

In diesem Buch wollen wir, ausgehend von den Lehren und Philosophien der alten indischen Weisen und Erkenntnissen aus der modernen Wissenschaft, das Leben in unserer Welt erkunden. Wer sind wir, wo kommen wir her, was macht uns glücklich oder unglücklich, was gesund oder krank? Was ist der Sinn unseres Lebens?

Ich möchte Dich, liebe Leserin und lieber Leser, mit einem respektvollen Du ansprechen, weil wir, wie Du bald im Buch bemerken wirst, aus dem gleichen Stoff gemacht sind und auf einer höheren Bewusstseinsebene mit einander vertraut sind. Vielleicht erhältst Du in diesem Buch ein anderes Weltbild als das, was Du bereits kennst. Man könnte sagen, Du kannst eine andere Geistesnahrung ausprobieren, als die, die Du bis jetzt zu Dir genommen hast. Es könnte sein, dass Dir diese Nahrung am Anfang nicht schmeckt, weil Du Deine alte Nahrung gewohnt bist. Ich empfehle Dir es so zu machen wie es Buddha mal gesagt hat:

Glaube nichts, weil ein Weiser es gesagt hat.
Glaube nichts, weil alle es glauben.
Glaube nichts, weil es geschrieben steht.
Glaube nichts, weil es als heilig gilt.
Glaube nichts, weil ein anderer es glaubt.
Glaube nur das, was Du selbst als wahr erkannt hast.

*Wahr*nehmung beruht auf Sinnesinformationen, die mit den eigenen gespeicherten Informationen verglichen, bewertet und erkannt werden. Der Schlüssel zum Erkennen, wie die Dinge wirklich sind, liegt deshalb *in* uns. Wenn wir unseren Geist beruhigen, ihn dekonditionieren und schulen, lüften wir die Schleier, die uns behindern ein authentisches, selbstbewusstes und erfülltes Leben zu führen.

Einleitung

Jahrelang litt ich unter schwerem Asthma, bevor ich Yoga begegnete. Damals, in den 80-er Jahren, war Yoga hier im Westen noch nicht sehr bekannt und galt eher als etwas Exotisches für Esoteriker. Bis zu diesem Zeitpunkt erreichte ich zwar kurzfristig Erleichterung durch die allopathischen Medikamente, aber mit der Zeit verschlimmerten sich die Symptome. Auch die verschiedenen Methoden aus der alternativen Medizin halfen nicht wirklich.

Nach einer gebuchten zweiwöchigen Fastenkur mit täglich yogischen Körper-, Atem- und Entspannungsübungen, verbesserten sich die Symptome deutlich spürbar. Das machte mich neugierig und ich wollte mehr wissen. Ich besuchte Aus- und Fortbildungsseminare in Yoga und Ayurveda mit mehreren Studienaufenthalten in Indien.

Je mehr ich mich in diese Wissenschaften vertiefte, desto mehr verstand ich, dass es meine Seele war, die durch die Krankheit zu mir sprach. Auch die Psycho-Neuro-Immunologie, ein neuerer Zweig der westlichen Medizin, kennt die Verbindung von Geist-Seele (Psycho), Nervensystem (Neuro) und körpereigene Abwehrkräfte (Immunologie). Forschungsbefunde aus diesem Wissenschaftszweig dokumentieren, dass Körper, Geist und Seele in einem engen Informations-Austausch miteinander stehen. Im zeitlosen Wissen von Yoga und Ayurveda wird das Zusammenspiel von Körper, Geist und Seele sehr genau beschrieben und anschaulich erklärt.

Der erste Schritt zu einem gesunden Geist-Körper-System ist die innere Reinigung des Körpers und die Klärung des Geistes um Blockaden, die den Energiefluss hemmen, zu lösen. Hier kommen die verschiedenen Therapien aus der ayurvedischen Medizin und Yoga zum Einsatz. Nachdem ich in Indien eine Reinigungskur (Pancha Karma Kur) von fünf Wochen gemacht habe, fühle ich mich wie neugeboren in meinem Körper. Die Kur an sich war keine Wellness Kur, ich fühlte mich während der Kur sehr oft krank. Krankheitssymptome sind meist auch Zeichen der Selbstheilungsbestrebungen des Organismus. Nicht nur mein Körper fühlte sich nach der Kur durchlässiger und leichter an, auch der Geist war klarer und wie reingewaschen. Während der Kur wurde mir stets klarer, wie sich meine Krankheitssymptome entwickeln konnten. Ich fühlte die Ereignisse, die lange Zeit zurück lagen, emotional und körperlich und verstand den Zusammenhang zwischen meinem Denken, Fühlen und Handeln.

Heute kann ich sagen, dass ich von der Krankheit geheilt bin, so lange ich mir bewusst bin, welche Ursachen dazu geführt haben und ich nicht wieder in alte Gewohnheiten zurückfalle. Den Körper zu reinigen und den Geist zu klären ist eine Sache, die alten Gewohnheiten zu ändern, das kann ein langer Prozess sein. Denn die langjährige Denk- und Verhaltensweisen hinterlassen tiefe Spuren im Gehirn, die nur durch eine starke Motivation sowie durch Achtsamkeit, Geduld und Ausdauer geglättet werden können.

Die menschlichen Probleme sind meist in den kontrollierenden Gedanken zu suchen, die durch Wunschvorstellungen und Befürchtungen entstehen. Wir haben vergessen wer wir wirklich sind und haben das ursprüngliche, kindliche Vertrauen in uns selbst verloren. Wir kämpfen um irdische, materielle Besitztümer und äußere Anerkennung und haben gleichzeitig die Sehnsucht nach etwas Tieferem, nach Wahrheit, bedingungsloser Liebe und authentischem Sein. Wir haben vergessen, dass wir all das in uns haben. Die Verbindung zu dieser himmlischen Welt, zur inneren Quelle, werden wir erst dann wieder entdecken, wenn wir anfangen uns intensiver mit unserer Innenwelt zu beschäftigen. Unsere wahre Wesensnatur offenbart sich und wir lernen uns selbst so zu lieben, wie es die Natur vorgesehen hat. Erst wenn wir Geborgenheit und Sicherheit in uns selbst gefunden haben, sind wir frei für wahrhaftige Begegnungen mit unserer Mitwelt, ohne Erwartungen, ohne Manipulationen oder Kontrolle.

1. Die Natur des menschlichen Daseins

Wir sind nicht menschliche Wesen,
die eine spirituelle Erfahrung machen,
wir sind spirituelle Wesen,
die eine menschliche Erfahrung machen.

Pierre Teilhard de Chardin (1881-1955)
Französischer Jesuit und Philosoph

Die Entstehung unseres Universums

Die Rishis, das waren die Weisen und Seher aus dem alten Indien, konnten durch ihre intensive meditative Praxis tief in ihrem Bewusstsein Dinge wahrnehmen, die für das Wachbewusstsein verborgen bleiben. Sie beobachteten und erkannten durch Innenschau, dass wir aus dem Universum entstanden sind und dass das gesamte Universum in uns zu finden ist.

Nach heutiger Vorstellung hat es im Universum vor ca. 14 Milliarden Jahren eine gewaltige Explosion (der Urknall) gegeben, wobei Materie und Energie mit unvorstellbarer Wucht aus der Einheit in die unendliche Vielfalt des Weltalls geschleudert wurde. Es war der

Beginn der Entstehung von Materie und Raum-Zeit. Bereits nach einigen hundert Millionen Jahren, so glauben Astrophysiker, bildeten sich aus den beim Urknall entstandenen Gaswolken durch Anziehungskräfte erste Sterne.

Diese Sterne hatten eine relativ geringe Lebensdauer von ca. 30 bis 40 Millionen Jahren und explodierten dann in einer spektakulären Supernova. Die Wissenschaftler sind sich einig, dass es uns ohne diese Explosionen nicht gäbe. Wir und alles im Universum entstammen im weitesten Sinne dem Sternenstaub, der bei gewaltigen Explosionen von großen Sternen, die s.g. Supernovae, entsteht. Die Elemente, die sich als Sternenstaub im Weltraum verteilen, bilden immer wieder neue Sterne und Planeten. Unser Universum, unsere Sonne und unsere Erde mit all ihren Lebewesen entstammen allesamt derselben Supernova.

Es bedarf sicher noch viele Forschungen rundum der Theorie des Urknalls und vielleicht wird es neuere Erkenntnisse geben, die die alten modifizieren. Wie dem auch sei, sicher ist, dass unsere Atome von den Sternen des Universums kommen. Wir bestehen tatsächlich aus demselben Material wie unser Universum, wir sind aus Sternenstaub entstanden. Wir sind Teil dieses Universums und sind mit ihm und mit allem was ist, verbunden. Allzu oft fühlen wir uns allein, getrennt von anderen, von uns selbst und vom Leben. Denn das tiefe Gefühl der Verbundenheit, nach dem wir uns von Natur aus sehnen, ist von einer dicken Schicht von Prägungen, bestehend aus Überzeugungen, Bewertungen und Vorstellungen, verdeckt. Das lässt uns vergessen, wer wir wirklich sind. Im tiefsten Inneren sind wir im Leben geborgen und jederzeit mit allem was ist, verbunden.

Die Rishis beobachteten weiter, dass das gesamte Universum aus Schwingungen besteht und dass aus der Urschwingung AUM (OM) zunächst das Element Raum entstand. In zunehmender Dichte der Schwingungen entfalteten sich die grobstofflichen Elemente der materiellen Welt. Ähnliches steht am Anfang des Johannes Evangeliums:

Im Anfang war das Wort und das Wort war bei Gott.
Alles ist durch das Wort geworden.
Und ohne das Wort wurde nichts, was geworden ist.

AUM ist die Urschwingung, aus der das Universum hervorgegangen ist und vielleicht gibt es gemeinsame Wurzeln mit dem Wort AMEN. So wie die alten Weisen, glauben auch moderne Astrophysiker, dass unser Universum einst aus einer Energiefluktuation im Vakuum entstanden ist. Max Planck, Physiker und Nobelpreisträger meinte, dass es Materie an sich nicht gibt und verglich, anlässlich der Verleihung seines Nobelpreises, die Atomteilchen mit winzigen Sonnensystemen, die durch eine intelligente Kraft in Schwingung gebracht und zusammengehalten werden. Atome sind die Bausteine, aus denen alle festen, flüssigen oder gasförmigen Stoffe bestehen. Sie setzen sich zusammen aus einem Atomkern (Protonen und Neutronen) und Elektronen, die den Atomkern mit hoher Geschwindigkeit umkreisen. Wenn wir ein Atom mit unserem Sonnensystem vergleichen, ist der Atomkern die

Sonne und die Elektronen die Planeten. So wie die Sonne und die Planeten einen kleinen Teil des Raumes im Sonnensystem bilden, sind auch der Atomkern und die Elektronen ein kleiner Teil des Raumes innerhalb der Grenzen des Atoms. Der größte Teil ist leerer Raum. Tatsächlich haben Atome, aus denen wir und unser Universum bestehen, praktisch keine Masse. Sie bestehen aus 99.99999% *leerem* Raum, der mit Energie gefüllt ist.

Die Rishis nannten den Raum, dessen Eigenschaft von Schwingungen geprägt ist, *Akasha* und beschrieben ihn als das, was das gesamte Universum durchdringt und erfüllt. Alles in unserem Universum ist Energie mit verschiedenartigen Schwingungsmustern und Informationen. Diese Energie nannten die Rishis *Prana.* Akasha ist das Urfeld, wo alles herkommt und wieder hingeht. Auch wir Menschen kommen aus diesem Urfeld, manifestieren uns im irdischen Leben in einem Körper, der sich nach dem Sterben wieder auflöst. Unser feinstofflicher Geistkörper wandert zurück in Akasha. Jeder Mensch besitzt sein eigenes individuelles Schwingungsfeld, das mit entsprechenden Geräten gemessen werden kann. Mit unseren Gedanken, Gefühlen, Worten und Handlungen haben wir die Fähigkeit Schwingungen zu kreieren, die wiederum in Resonanz gehen mit Schwingungen in unserem Umfeld. So empfangen, verarbeiten und senden wir ständig Informationen in Form von Schwingungsmustern.

Im Urfeld Akasha ist das ganze Wissen unseres Universums in Form von Schwingungsmustern gespeichert und wir alle haben jederzeit Zugang zu diesen Informationen. Das erklärt vielleicht auch, warum Menschen an den unterschiedlichsten Orten der Welt mit ähnlichen Erfindungen und Informationen aufwarten, die sie nach ihrer individuellen Wesensart umsetzen. Man sagt, sie schwingen auf der gleichen Wellenlänge mit den jeweiligen Informationen, die in der s.g. *Akasha-Chronik* gespeichert sind.

Das Akasha-Feld ist vom ersten Klang der Schöpfung *AUM* durchdrungen. Die Rishis nannten diesen Klang *Nada Brahman,* der Klang von *Brahman.* In der indischen Philosophie ist *Brahman* der Name für das ewig Absolute, alles innewohnende höchste Prinzip der Existenz. *Brahman* ist das Prinzip der Göttlichkeit, das als *Atman* (Seele) in jedem Wesen wohnt. Es ist dieser göttliche Klang, der den Raum überhaupt erst schuf und auch in unserem inneren Raum nachwirkt. Wenn wir in die Stille des inneren Raumes hinein horchen, können wir diesen Klang hören. Sie wird auch die innere Stimme, Intuition oder höhere Intelligenz genannt.

Durch Meditation auf die Beziehung von Akasha und Ohr
erlangt der Yogi die Fähigkeit,
die göttliche Stimme zu hören (Yoga Sutra 3:42)

Die Einheit von Geist und Körper

Während die modernen Forscher enorme Durchbrüche in den äußeren Naturwissenschaften und in der Technologie erlangen, wandten sich die Rishis nach innen um die Innenwelt zu erforschen. Sie durchlebten Experimente in den Tiefen des Bewusstseins und erkannten, dass die Welt nicht aus festen, gesonderten Objekten besteht, sondern dass ein unaufhörlicher Prozess der Veränderung in der materiellen Welt stattfindet. Materie, die sich auflöst und in anderer Form wieder entsteht.

Erde, Wasser, Feuer, Luft, Raum, Geist, Verstand und Ego –
das sind die acht Teile meiner abgesonderten,
materiellen Energien. (Bhagavad Gita 7:4)

Die materielle Welt besteht für die Rishis nicht nur aus dem was man anfassen oder sehen kann, sondern alles, was wir in dieser Welt erleben, woran wir denken können, gehört zum Bereich der materiellen Welt und diese Welt ist einer steten Veränderung unterworfen. Sie ist das vorübergehende Schauspiel, welches unser wahres Selbst verschleiert. Auf ähnliche Weise beschreiben es die Quantenphysiker, wenn sie sagen, dass sich die Elemente der subatomaren Welt manchmal wie Teilchen und manchmal wie Wellen verhalten. In der subatomaren Quantenwelt gibt es keinen Stillstand, es gibt eine ständige Fluktuation von Informationen, Prozessen und Verbindungen. Alles ist in Bewegung, alles verändert sich, ohne Stillstand.

Energie ist die Grundlage des gesamten Universums. Jede Materie schwingt und seine Schwingungen nehmen wir mit unseren Sinnen durch *hören, fühlen, sehen, schmecken und riechen* wahr. Die Sinnesorgane sind dem grobstofflichen materiellen Körper zugeordnet, der aus den fünf großen Elementen *Raum, Luft, Feuer, Wasser und Erde* aufgebaut ist. Auch die ganze sinnlich wahrnehmbare Außenwelt besteht aus Anteilen der fünf großen Elemente. Dies ist auch die Grundlage für die Wechselbeziehung zwischen dem menschlichen Organismus und der Umwelt. Jedes Sinnesorgan nimmt jeweils eine bestimmte Art von Schwingung wahr, die unser Organismus beeinflusst.

Das Prinzip des Klanges ist mit dem Element *Raum* verbunden und seine Schwingungen nehmen wir mit dem *Gehörsinn* wahr. Das Prinzip der Berührung ist mit dem Element *Luft* verbunden und seine Schwingungen nehmen wir mit dem *Tastsinn* wahr. Das Prinzip des Sehens (Form und Farbe) ist mit dem Element *Feuer* (Licht) verbunden und seine Schwingungen nehmen wir mit dem *Sehsinn* wahr. Das Prinzip des Geschmacks ist mit dem Element *Wasser* verbunden und seine Schwingungen nehmen wir mit dem *Geschmackssinn* wahr. Das Prinzip des Geruches ist mit dem Element *Erde* verbunden und seine Schwingungen nehmen wir mit dem *Geruchssinn* wahr. Jedes Element besitzt bestimmte Eigenschaften und Wirkungen, die in einem späteren Kapitel erklärt werden.

Unsere Sinne sind die Tore zur Außenwelt und sie sind die äußeren Empfangsinstrumente; das Gehirn ist unser inneres Instrument. Die Schwingungen, die unsere Sinne aufnehmen, erzeugen Informationen (Schwingungsfrequenzen), die zum Gehirn geleitet werden und dort Verbindungen und Prozesse in Gang bringen. Diese Informationen werden mit dem Denken verbunden, damit sie uns bewusst werden. Abhängig von unserem inneren Bewertungssystem - bewusste und unbewusste Glaubensüberzeugungen und Prägungen - entstehen Gefühle, die der eigentlichen Entscheidungsinstanz, dem Intellekt, übermittelt werden. Dieser entscheidet darüber, was ihm zugetragen wird und wie wir uns verhalten. Unser Verhalten erzeugt wiederum die Rückwirkung der Außenwelt auf uns. So entsteht der Kreislauf von Wahrnehmen, Denken, Fühlen und Handeln.

Geist und Körper bilden eine Einheit.

Wir alle haben unsere angeborene individuelle Urschwingung, in der wir uns wohl fühlen können. Wir sind wie Funkstationen, die Schwingungsinformationen empfangen, verarbeiten und senden. Gesundheit und Wohlbefinden können nur dann entstehen, wenn ein harmonisches Schwingen zwischen Innen und Außen stattfindet. Die Schwingungsinformationen, die wir von der Außenwelt empfangen, können disharmonische Schwingungen in unserem Körper-Geist-System verursachen, die sich in Form von psychischen und körperlichen Beschwerden manifestieren können. Disharmonische Schwingungen erzeugen Energieblockaden, die den Fluss der Lebensenergie einschränken und so das Wirken der Selbstheilungskräfte verhindern. Auch bewusste oder unbewusste negative Glaubensüberzeugungen können Disharmonien im System erzeugen.

Jede Störung, die sich in unserem Organismus manifestiert, entsteht aufgrund einer Disharmonie in unserem Schwingungssystem. Wir funktionieren nicht mehr aus unserer Schwingungsmitte, fühlen uns unwohl und handeln dementsprechend, was dann zu Konfliktsituationen führen kann. Du kennst es sicher, wenn Du gestresst bist und *durch den Wind bist* oder *neben Dir stehst*, kriegst Du schnell etwas in den *falschen Hals* und reagierst dementsprechend ängstlich, aggressiv oder wütend.

Körper und Geist sind eine Einheit und wirken ganz eng zusammen. Als psychosomatische Erkrankungen bezeichnet man im medizinischen Fachbereich körperliche Symptome, die psychische Ursachen haben. Unter Psyche versteht man die Wechselwirkung von Gedanken und Emotionen, Soma steht für unseren physischen Körper. Lang anhaltende psychische Belastungen und Lebenskrisen können körperliche Beschwerden und Erkrankungen auslösen. Umgekehrt können auch schwere körperliche Erkrankungen zu psychischen Störungen führen. Du kannst die Verbindung von Körper und Psyche einfach bei Dir selbst feststellen, indem Du darauf achtest *welche* Empfindungen Du *wo* im Körper feststellst, wenn Du z.B. traurig bist, Scham empfindest, aufgeregt, ärgerlich oder wütend bist. Umgekehrt kennen wir auch die Reaktion der Psyche auf das was wir körperlich erleben, z.B. wenn wir uns den Kopf anstoßen oder durch eine Infektion krank werden.

Gleichzeitig kannst Du schauen, was mit dem Atem passiert. Wenn wir in unserer Schwingungsmitte sind, ist der Atem ruhig, gleichmäßig und tief. Die durch den Atem aufgenommene Lebensenergie *(Prana)* kann ungestört fließen. In einem disharmonischen Zustand ist der Atem unruhig, flach und unregelmäßig. Der Fluss der Lebensenergie wird blockiert. Eine ruhige und regelmäßige Atemkontrolle kann uns helfen Körper und Geist wieder in Einklang zu bringen. In Yoga wird die natürliche tiefe Bauchatmung als wichtige Komponente der Gesundheit betrachtet. Atemtechniken werden hier seit Jahrtausenden verwendet um Energieblockaden zu lösen und um eine tiefe Entspannung herbei zu führen. Sie dienen dazu einen zurück zu sich selbst, zu seiner eigenen Schwingungsmitte zu bringen, in der Körper und Geist im Einklang sind und sie wirken als Vorbereitung für das spirituelle Erwachen.

Man schätzt, dass in unserer zivilisierten Welt, psychische Belastungen, wie negative Emotionen und Stress, wesentlich an den meisten Krankheiten beteiligt sind. Es entwickeln sich körperliche Symptome aus einem psychischen Konflikt. Das körperliche Symptom wird sozusagen zum Sprachrohr der Psyche –

Körper und Psyche bilden eine Einheit.

Ein weiteres Phänomen, wie die Psyche den Körper steuert, ist der Placebo-Effekt. Wenn ein Patient zum Beispiel die Erwartung hat, dass ihm geholfen wird, dann kann dieses positive Gefühl allein schon eine Heilung hervorrufen. Oder ein absolut unwirksames Substrat ruft eine körperliche Wirkung hervor, so wie es dem amerikanischen Militärarzt Henry Beecher im Zweiten Weltkrieg erging. Ihm ging für die Versorgung der verwundeten Soldaten das Morphium aus. In seiner Not und damit die Soldaten wenigstens das Gefühl hatten, dass man sich um sie kümmerte, verabreichte er ihnen eine wirkungslose Kochsalzlösung, sagte ihnen aber es sei Morphium. Zu seinem Erstaunen hatten die meisten der Verwundeten kaum noch Schmerzen. Seit vielen Jahren wird in der westlichen Medizin intensiv über den Placebo-Effekt geforscht. Schon die alten Meister aus dem Osten kannten den Placebo-Effekt, denn sie empfahlen bei negativen Gedanken zunächst positive Gegengedanken zu kultivieren:

Bei einer Behinderung durch störende Gedanken

sollte man über das Gegenteil meditieren (Yoga Sutra 2:33).

Jeder Gedanke und jede Vorstellung hat einen Einfluss auf unsere Gefühle und auf den Chemiehaushalt des Körpers. Nehmen wir an, Du hast Angst vor einer Prüfung. Fühle in diese Angst hinein um zu erkennen, was die Ursache sein könnte. Vielleicht hast Du das Vertrauen in Dich selbst verloren, da Du in der Kindheit immer wieder als Taugenichts beschimpft wurdest. Es ist der Gedanke *ich tauge zu nichts*, der in Deinem Gehirn Spuren von Angst und Unsicherheit hinterlassen hat. Das Gegenstück zu diesem Gedanke wäre z.B.: *ich vertraue mir und meinen Fähigkeiten und schaffe die Prüfung mit Leichtigkeit.* Schon diese Vorstellung entspannt und erzeugt eine gelassenere Gemütsstimmung. Wenn Du nun diesen neuen Gedanken hegst und pflegst, kannst Du eine neue Realität erzeugen.

Die moderne klinische Forschung zeigt, dass Faktoren wie laute Geräusche, grelle Krankenhaus-Beleuchtung und soziale Isolation die Regeneration von Kranken schwer behindert. An der Charité Berlin untersucht man derzeit den Einfluss der Zimmeratmosphäre auf die Genesung von Intensivpatienten. Spezielle Lichteffekte simulieren den Auf- und Untergang der Sonne. Eine angenehme Zimmerausstattung, sowie Reduzierung des Lärmpegels sollen dazu beitragen, eine wohltuende Atmosphäre für den Patienten zu schaffen, damit die Gesundung komplikationslos verläuft.

Auch die Baumeister im alten Indien berücksichtigten das Leben und Wohnen im Einklang mit den Naturgesetzen. Diese Wissenschaft heißt *Vastu* und ihre Lehre wird, wie schon Yoga und Ayurveda, auch im Westen immer bekannter. Sie besagt, dass die Gesundheit des Menschen und sein allgemeines Wohlbefinden von der Qualität der feinstofflichen Energien seiner Umgebung abhängig sind. Das Ziel dieser Lehre besteht darin, den Wohnraum den Naturgesetzen entsprechend zu gestalten, so dass er das Energiefeld seiner Bewohner und deren Wohlbefinden optimal unterstützt.

Körper und Geist sind eine Einheit und erfahrbar in der materiell veränderlichen Welt, die im Raum-Zeit-Kontinuum stattfindet. Unsere Gedanken und unsere Wahrnehmungen ändern sich ständig und auch unser Körper hat sich von der frühen Kindheit bis zum Erwachsenenalter stets verändert. Unser irdisches Leben ist eine in sich ständig veränderlichen Welt. Wenn wir an Dingen, Menschen, Situationen, Geisteskonzepten u.a. festhalten, blockieren wir die Lebensenergie. Deshalb empfehlen uns die Weisen:

Tue im Moment Dein Bestes, was in Deiner Kraft steht,
und dann lasse los, lasse es geschehen.

Die Rishis konnten durch ihre intensive meditative Praxis in den tiefsten Tiefen ihres Bewusstseins durchdringen und erkannten jenseits dieser veränderlichen relativen Welt, eine absolute Wirklichkeit, die grenzenlos und unvergänglich ist. Diese Höchste Wirklichkeit ist die gemeinsame Quelle aus der wir alle stammen und aus der wir unendlich viel

Kraft, Kreativität, Weisheit, bedingungslose Liebe und Geborgenheit schöpfen können. Diese Quelle liegt tief in uns verborgen. Es ist reines Gewahrsein, endloses Bewusstsein jenseits der Grenzen des Verstandes und des Körpers. Dies zu erkennen nannten die Weisen wahres Wissen.

Diejenigen, die die Wahrheit sehen, haben erkannt,
dass die Materielle Existenz ohne Dauer und
die Höchste Wirklichkeit ohne Wechsel ist.
Zu diesem Schluss sind sie gekommen, nachdem sie das
Wesen von beidem studiert hatten. (Bhagavad-Gita 2.16)

Um zu erkennen wer Du *wirklich* bist, musst Du wissen wer Du *nicht* bist. Das ist es, was uns die alten Weisen vermitteln wollen. Du bist nicht Dein Körper, nicht Deine Gedanken oder Deine Erinnerungen. Diese befinden sich im Raum-Zeit-Kontinuum und verändern sich ständig. Das, was sich verändert, kann nicht Dein wahres Selbst sein.

Um Deine wahre Wesensidentität zu erkennen, musst Du in die innere Stille gehen. Dort, wo störende Gedanken Dich nicht ablenken und Deine Sicht verschleiern, vorbei an Deinem Ego mit seinen Wünschen, Sehnsüchten, Abneigungen und Selbstsucht. Hier erkennst Du Dein wahres Wesen, die Höchste Wirklichkeit. Hier befindet sich unsere gemeinsame Quelle, die nicht an Raum und Zeit gebunden, d.h. nur erfahrbar in der Gegenwart ist. Im wahren Sein gibt es weder Zukunft noch Vergangenheit. Diese gibt es nur in unserer materiellen Welt von Raum und Zeit. Im wahren Sein ist das *Jetzt* alles an Zeit und das *Hier* alles an Raum. Das bedeutet, dass wir bereits alles haben, was wir brauchen. Wir müssen nichts erzwingen, alles ist schon da und wenn wir loslassen, kann es geschehen, im Hier und Jetzt.

Es gibt nur ein ICH BIN - Bewusstsein. Denn das was ich *jetzt bin*, hat seine Ursache in der Vergangenheit. Das, was ich *jetzt tue*, hat seine Wirkung in der Zukunft. Das ist unser irdisches Leben im Raum-Zeit-Kontinuum. Ein altindischer Weisheitsspruch bringt es auf den Punkt:

Wenn Du wissen willst, von welcher Art Deine Gedanken
in der Vergangenheit waren, schau Dir heute Deinen Körper an.
Und willst Du wissen, wie Dein Körper in Zukunft beschaffen
sein wird, dann schau Dir Deine heutigen Gedanken an.

Unsere Erfahrungen, Prägungen und Einstellungen stammen aus der Vergangenheit. Aus ihnen können wir in der Gegenwart für die Zukunft lernen. Durch die Art, wie wir in der Gegenwart denken und handeln, gestalten wir unsere Zukunft. Die Fähigkeit zu denken, zu fühlen und zu handeln gibt uns die Möglichkeit zu lernen und uns weiterzuentwickeln. Es ist das Gesetz von *Karma.*

Karma ist das Sanskritwort für *Handlung*. Das Gesetz von Karma besagt, dass jede unserer Handlungen sofort oder irgendwann eine Rückwirkung auf uns haben wird. Es bedeutet auch, dass wir durch unsere Handlungen und ihre Rückwirkungen lernen und uns weiterentwickeln können, indem wir anfangen, Verantwortung für unser Leben zu übernehmen. Wir sollten aufhören andere, der Vergangenheit oder den Umständen für unser Schicksal oder unsere Probleme verantwortlich zu machen. Es sind *unsere Denk- und Verhaltensweisen, unsere innere Einstellungen*, die uns unglücklich machen!

Körper und Geist sind wichtige Werkzeuge in der Raum-Zeit Dimension und sie sind einer stetigen Wandlung unterworfen. Dein wahres Selbst ist dagegen jenseits von Raum und Zeit, unveränderlich, ewig und nur in der Gegenwart erfahrbar. Für Dein wahres Selbst sind Vergangenheit, Gegenwart und Zukunft gleich. Dein wahres Selbst ist Dein innerer Zeuge, frei von Anhaftungen aus der Vergangenheit und frei von Wünschen für die Zukunft. Aus dieser Perspektive des Bewusstseins kannst Du aus Deiner vollen Kraft schöpfen und das Leben aus dem Hier und Jetzt gestalten.

Reines göttliches Gewahrsein - Purusha

Wie oben schon erwähnt, erkannten die Rishis hinter dem Fluss der Veränderung in der materiellen Welt durch intensive Innenschau etwas Unveränderliches, eine unendliche Wirklichkeit, die den ganzen Kosmos und alles was ist durchdringt. Diese Wirklichkeit nannten sie *Purusha,* was so viel wie *„das, was in uns ruht"* bedeutet. Purusha ist reines göttliches Gewahrsein, unser wahres Selbst, der innere Zeuge, die ruhende Instanz in uns und zugleich das, was uns Weisheit, Liebe und Schöpferkraft verleiht. Die Mystiker und Weisen erkannten das ganze kosmische Spiel durch Meditation und erforschten ihre Innenwelt. Auch wir tun gut daran unsere innere Welt zu erforschen, damit wir erkennen, wer wir wirklich sind. Hierzu gibt es ein schönes indisches Märchen:

Ein altes Märchen erzählt von den Göttern, die zu entscheiden hatten, wo sie die größte Kraft des Universums verstecken sollten, damit sie der Mensch nicht finden könne, bevor er reif dazu sei, sie verantwortungsvoll zu gebrauchen. Ein Gott schlug vor, sie auf der Spitze des höchsten Berges zu verstecken, aber sie erkannten, dass der Mensch den höchsten Berg ersteigen und die größte Kraft des Universums finden würde, bevor er reif dazu sei. Ein anderer Gott sagte: „Lasst uns diese Kraft auf den Boden des Meeres verstecken." Aber wieder erkannten sie, dass der Mensch auch diese Region erforschen und die größte Kraft des Universums finden würde, bevor er reif dazu sei. Schließlich sagte der weiseste Gott: „Ich weiß was zu tun ist. Lasst uns die größte Kraft des Universums im Menschen selbst verstecken. Er wird niemals dort danach suchen, bevor er reif genug ist, den Weg nach innen zu gehen." Und so versteckten die Götter die größte Kraft des Universums im Menschen selbst und dort ist sie noch immer und wartet darauf, dass wir sie in Besitz nehmen und weisen Gebrauch davon machen.

Um heraus zu finden, wer Du wirklich bist, musst Du erfahren, wer Du *nicht* bist. Die meisten Menschen identifizieren sich mit ihrem materiellen Körper und mit ihren Gedanken. Das würde heißen, dass wir jeden Tag jemand anderes sind, denn täglich sterben im Körper etwa zehn Milliarden verbrauchte Zellen ab, die erneuert werden und auch unsere Erfahrungen und Gedanken sind jeden Tag anders.

Es ist das *falsche Selbst*, *das Ego*, das wir wahrnehmen und mit dem wir uns identifizieren. Unsere wahre Natur ist *Purusha*, das *wahre Selbst*, der ruhende Beobachter und Zeuge hinter all den Veränderungen, jenseits von Raum und Zeit, unveränderlich und grenzenlos, nur im Inneren erfahrbar und gleichzeitig der Motor hinter unserem irdischen Leben. Du kannst Purusha, Dein wahres Selbst, mit einer weißen Leinwand vergleichen, auf der Du Deine Lebensgeschichte unaufhörlich projizierst. Wenn Du Deinen Projektor abschaltest, verschwinden die projizierten Bilder auf der Leinwand und Du erkennst, dass das was Du gesehen hast nicht die Leinwand ist, sondern Deine selbst erschaffene Welt.

Das Universum ist endloses Bewusstsein und innerhalb dieses Bewusstseins sind wir einem ständigen Austausch von Informationen ausgesetzt. Mit dem Verstand allein können wir nur einen kleinen Teil dieser Informationen erfassen, denn der Verstand ist von unseren fünf Sinnen abhängig und ist in Zeit und Raum begrenzt. Wir müssen uns jenseits dieser Dimension begeben und das - so lehren uns die Meister aller Traditionen - können wir nur, wenn wir uns von den störenden Geisteskonzepten und inneren Blockaden lösen und uns nach innen in die unendliche Weite der Stille begeben um das ewig reine, allgegenwärtige Bewusstsein zu erfahren.

In der Meditation transzendieren wir Raum und Zeit und gehen ein in die Unendlichkeit des Bewusstseins. Hier kommen wir in Kontakt mit Botschaften der inneren Weisheit, die uns die Gewissheit geben, auf dem richtigen Weg unseres Lebens zu sein. Vergangenheit und Zukunft gibt es nur in der materiellen Realität. In uns gibt es dagegen einen Teil, der nicht in Raum und Zeit gefangen ist und der weiß, dass es nur ein *ewiges Jetzt* gibt. Dieser Teil, der das weiß, ist *Purusha, unser wahres inneres Selbst.*

2. Die Sankhya Philosophie der Schöpfung

Man kann niemanden etwas lehren,
man kann ihm nur helfen,
es in sich selbst zu finden.

Galileo Galilei (1564 - 1642)
Italienischer Philosoph und Physiker

Bewusstsein und Materie - Purusha und Prakriti

Die philosophischen Hintergründe von Yoga und Ayurveda gehen auf die vedische Sankhya-Schule zurück, die zu den ältesten philosophischen Systemen Indiens zählt. Der Sanskrit-Begriff Sankhya heißt so viel wie *"das, was etwas in allen Einzelheiten beschreibt".* Das Sankhya-System liefert die grundlegende Theorie, während Yoga und Ayurveda die Praxis bilden.

Die Rishis erkannten, dass der Entstehungs- und Entwicklungsprozess der Welt ein dynamischer Prozess aus Schöpfung, Erhaltung und Auflösung ist, ein immerwährender Prozess von Geburt, Leben und Tod. Auflösung oder Tod bedeutet nicht, dass die Dinge vollständig beendet sind. Vielmehr geschieht hier eine Transformation. Schon während wir leben, sterben täglich Zellen ab und werden erneuert, nach einigen Jahren haben wir einen völlig veränderten Körper. Nichts geht in diesem Universum verloren. Es findet ein ständiger Wechsel statt. Materie verwandelt sich in Energie und Energie manifestiert sich wieder. Auch die moderne Physik kennt das Gesetz der Energieerhaltung. Im physikalischen Sinne kann Energie nicht verloren gehen.

Diese in sich ständig wechselnde Welt nannten die Rishis *Prakriti.* Hinter diesem Fluss der Veränderung in der materiellen Welt erkannten die Rishis durch Innenschau eine unendliche Dimension, die sie *Purusha* nannten. *Purusha* ist *reines Gewahrsein,* das uns innewohnt und uns mit Allem, was ist, vereint. Es ist unser innerster Wesenskern, das innerste Selbst eines jeden Menschen, das uns Empfindungsfähigkeit und Bewusstsein verleiht. *Prakriti* ist das, was wir als *die Welt* wahrnehmen. Sie ist die Urmaterie, aus welcher die Vielfalt unserer erfahrbaren Welt entsteht. Sie ist manifestierte und nicht manifestierte Information aus dem Meer aller Möglichkeiten. *Prakriti* ist die gesamte Welt mit all ihren Erscheinungen, gefangen in Raum und Zeit. Sie unterliegt den Gesetzen von Ursache und Wirkung, ist veränderlich und unbewusst. *Purusha* dagegen ist reines endloses Gewahrsein, jenseits von Ursache und Wirkung, unveränderlich, vollkommen und *Alles was ist.* Während sich *Prakriti* immer wieder wandelt, stellt *Purusha* einen unbeteiligten, unveränderbaren Beobachter in uns dar, obgleich er selbst der eigentliche Urheber ist.

Eine Analogie wäre der elektrische Strom, der sich selbst durch eine Glühbirne erfährt. Der elektrische Strom ist zwar immer da, aber ohne Glühbirne kann er sich selbst nicht erfahren. Um sich selbst zu erfahren hat Purusha Prakriti erschaffen. Purusha gibt Prakriti das Bewusstsein und Prakriti gibt Purusha die Erfahrung der Welt. So wie der elektrische Strom das Licht in der Glühbirne erzeugt, durchleuchtet Purusha, das göttliche Licht, unser irdisches Dasein. Erleuchtung bedeutet demnach nichts anderes als dieses Licht in die Welt durchscheinen zu lassen. Und das können wir nur, wenn wir die trennende Schicht unseres Denkens - die aus Groll, Festhalten und Angst besteht - durch Selbsterforschung und durch das Vertrauen in die Intelligenz des Lebens lösen. Wenn die einschränkenden Gedankenmuster und die störenden Emotionen uns nicht mehr behindern, strahlen wir vermehrt Freude, Zufriedenheit und Glück aus und ziehen in der Außenwelt diese Energien wiederum magnetisch an.

Weder Prakriti noch Purusha allein können die ganze Erscheinungswelt hervorbringen. Erst durch ihre Wechselwirkung kommen die Entwicklungsprozesse in Gang. Sie formen ein riesiges Netzwerk, das das ganze Universum umfasst. Alles ist miteinander verbunden und beeinflusst sich gegenseitig. Eine Metapher, die dies bildlich veranschaulichen soll, ist das prachtvolle kosmische Netz des Gottes Indra, dessen Verbindungsknoten Edelsteine sind. Jeder einzelne Edelstein reflektiert alle anderen in seinen Widerspiegelungen, so dass jeder das ganze Netz in sich enthält. In jedem Edelstein fließt die gesamte Information des Universums zusammen. Alles hängt miteinander zusammen – wie die Zellen eines Körpers. Das Programm des ganzen Körpers ist in jeder seiner Zellen zu finden. Alles ist mit allem verbunden und in allem enthalten. Nichts geschieht losgelöst von allem anderen.

Das Universum ist ein schwingendes Energiefeld mit unzähligen potenziellen Schöpfungsmöglichkeiten, eingebettet im kosmischen Bewusstsein. Wir können jederzeit gezielt Informationen aus diesem kosmischen Wissensspeicher beziehen, je nach persönlicher Schwingung und Auffassungsgabe, was gleichzeitig auch einen gewissen Schutz für uns bedeutet. Denn nur das was zu unserer persönlichen Schwingung und Auffassungsgabe passt, kann uns helfen uns weiter zu entwickeln, sonst könnten wir uns leicht verirren. Wir sind kein abgetrenntes Teil innerhalb der Natur. Jede Schöpfung im Universum hat zwar ihr eigenes Energiefeld, aber diese Energiefelder müssen harmonisch aufeinander abgestimmt sein, damit ein Ganzes entsteht.

In unserem Körper verhält es sich ähnlich wie im Universum. Der menschliche Körper entsteht aus einer winzig kleinen Samenzelle, die im Laufe der Zeit zu einem komplexen Organismus zusammenwächst. Aus der winzigen Samenzelle entstehen verschiedene Zellen und Organe wie das Blut, das Herz oder die Leber. Sie alle unterscheiden sich voneinander, haben unterschiedliche Funktionen und sind trotzdem aufeinander abgestimmt. Sie bilden eine Einheit. Wir brauchen uns nur vorzustellen, was passieren würde wenn unsere Körperzellen und Organe sich abgrenzen oder sogar bekämpfen würden. Das Chaos wäre dann schon vorprogrammiert. Glücklicherweise finden diese Prozesse ohne unser bewusstes Zutun statt. Das körpereigene Selbstheilungssystem ist stets bemüht alle Lebensfunktionen optimal zu regulieren. Nur wenn der Lebensenergiefluss unterbrochen wird, werden diese Prozesse gestört.

Leben ist ein ständiger Energiefluss in immer wechselnden Formen und was auch immer diesen Fluss blockiert, macht uns krank. Die Quelle für die Blockade ist meistens in unseren kontrollierenden Gedanken zu finden. Diese Gedanken, die den Fluss des Lebens blockieren, sind oft schwierig los zu lassen, da die meisten von uns sich mit ihren Gedanken identifizieren. Unsere schädlichen Gedanken und Einstellungen los zu lassen heißt in Folge dessen, sich selbst zu verlieren und das macht bekanntlich Angst.

Im gesunden Zustand schwingen alle Organe, Gewebe und Zellen gemeinsam in einer individuell harmonischen Schwingungsfrequenz. Auch Geist und Körper schwingen gemeinsam im Einklang. Das ist auch die Bedeutung vom Sanskritwort *Swasthya* für Gesundheit: im Selbst verankert sein, im Selbst schwingen, im Selbst ruhen.

Wir sind alle miteinander vernetzt

Die Unterscheidung zwischen dem Einzelnen und seiner Umwelt gibt es in Wirklichkeit nicht. Alles was ich anderen antue, tue ich mir selbst an und alles was ich mir selbst antue, tue ich dem Ganzen an, da ich Teil des Ganzen bin. Es gilt das Erfüllen der eigenen Aufgaben als Teil des Ganzen, in gleicher Weise wie unser Organismus als Ganzes funktioniert, obwohl die einzelnen Zellen und Organe unterschiedliche Aufgaben haben.

Was passieren kann, wenn wir egozentrisch handeln, können wir tagtäglich an vielen Beispielen beobachten. Ein Beispiel auf globaler Ebene ist die Massentierhaltung für unseren täglichen Fleischkonsum. Für diese Massentierhaltungen müssen Futtermittel angebaut werden. Für den Anbau der Futtermittel (Soja und Getreide) werden riesige Flächen tropischen Regenwalds gerodet. Die Folgen sind dramatisch. Die tropischen Regenwälder sind die Lungen des Planeten Erde und wichtig für die Umwelt und für uns, die mit der Umwelt eine Einheit bilden. Auch die Kleinbauern haben mit Verdrängung und Vertreibung durch die Großkonzerne zu kämpfen. Um ein Kilogramm Fleisch zu erzeugen werden 7 bis 16 Kilogramm Getreide benötigt. Auf der dafür notwendigen Fläche ließen sich im selben Zeitraum 200 Kilogramm Tomaten oder 160 Kilogramm Kartoffeln ernten.[1]

Wir sind mit allem verbunden und erkennen uns selbst in der Widerspiegelung des Anderen. Ende des 20sten Jahrhunderts wurde von einer italienischen Forschergruppe unter Leitung von Giacomo Rizzolatti, die s.g. *Spiegelneuronen* entdeckt. Es sind spezielle Nervenzellen im Gehirn, die den Menschen zum mitfühlenden Wesen machen. Sie lassen uns Stimmungen und Gefühle anderer Menschen nachempfinden. Wir alle kennen das, wenn wir einen traurigen Film anschauen und unsere Tränen nicht unterdrücken können. Oder wenn jemand in unserer Nähe sich verletzt. Die Spiegelneuronen lassen uns empfinden, was andere fühlen, ob Freude, Trauer, Ärger oder Schmerzen. Sie sind ein Resonanzsystem in uns Menschen, wir reagieren

[1] Quelle: www.pro-regenwald.org

ständig aufeinander und das alles passiert meist unbewusst, ehe wir Zeit haben darüber nachzudenken.

Wir kommunizieren ständig miteinander ohne es bewusst wahrzunehmen. Eine nicht unwesentliche Rolle bei der Funktion der Spiegelneuronen spielen Vorerfahrungen, die ihre Spuren im Gehirn hinterlassen haben. Sie lassen Dich die Welt so erleben wie es Deinem Weltbild entspricht. Es sind Deine inneren Einstellungen, Glaubensüberzeugungen und Prägungen, die Dein Leben bestimmen. So wie Du in die Welt schaust, so wird die Welt Dir begegnen. Oder wie es viele alte Traditionen lehren:

Gedanken werden zu Handlungen,
Handlungen zu Gewohnheiten,
Gewohnheiten werden zum Charakter und
der Charakter bestimmt Dein Schicksal!

Wenn ich z.B. denke, dass ich unfähig bin, verhalte ich mich entsprechend und mein Gegenüber empfängt genau die Informationen, die ihn erahnen lassen, dass er mit mir nichts anfangen kann. Die Reaktion meines Gegenübers wiederum bestätigt mir, dass ich unfähig bin. Das nennt man eine *selbsterfüllende Prophezeiung*. Gleichzeitig wird mein Verhalten zu einer Gewohnheit und hinterlässt tiefe Gedächtnisspuren im Gehirn. Ich glaube fortan wirklich, dass ich unfähig bin. Es wird zu meinem Charakter und mein Charakter erzeugt mein Schicksal. Daher erschaffen wir unser Schicksal selber und können es auch wieder ändern, indem wir unsere Denkweise überprüfen und gegebenenfalls neu gestalten.

Jetzt heißt es nicht, dass Du alle Gedanken und Gefühle, die Dich stören, unterdrücken sollst. Wenn Du sie unterdrückst, kommen sie immer wieder, bis Du verstanden hast, dass sie da sind um angeschaut und korrigiert zu werden. Sie sind Deine Lernaufgaben. Deine innere Haltung entscheidet, wie Du die Wirklichkeit interpretierst. Je bewusster Du Dir darüber bist, welche Persönlichkeitsanteile angesprochen werden, desto besser lernst Du Dich selbst kennen. Dazu ist es natürlich notwendig, die tieferen Ebenen Deines Unterbewusstseins zu erforschen, was nicht immer einfach und manchmal auch alleine nicht zu schaffen ist. Es gibt heutzutage verschiedene Methoden und Therapien, die uns helfen können, tiefer in uns hinein zu schauen. Es hilft bereits sehr viel, wenn Du Dich und Deine Umgebung achtsam wahrnimmst und Dir bewusst bist, dass alles, was Du erlebst mit Dir und Deiner inneren Haltung zusammen hängt, statt unangenehme Erfahrungen nach außen hin zu projizieren.

Wir ziehen genau die Menschen und Ereignisse an, die mit unseren Schwingungen in Resonanz gehen. *Wie du in den Wald hineinrufst, so schallt es auch zurück.* Das bedeutet, dass wir den Ärger oder andere negative Emotionen bereits in uns haben und die Mitwelt lediglich als Auslöser fungiert. Aus diesem Bewusstsein heraus schauen wir in erster Linie auf uns selbst, um zu erfahren welche negativen und hemmenden Persönlichkeitsanteile hier angesprochen werden um sie dann zu korrigieren. Denn wir können andere Menschen oder die Welt, in der wir leben, nicht ändern. Die einzige Möglichkeit, die wir haben, etwas zu ändern, ist bei uns selbst anzufangen, achtsam mit unseren Gedanken und Gefühlen umzugehen, ihnen Raum zu lassen um sie zu verstehen und zu klären. Nur dann haben wir die Chance, unsere Handlungen und die Rückwirkung der Außenwelt auf uns zu verändern.

Wir sind es gewohnt unangenehme Gefühle zu verdrängen oder nach außen hin zu projizieren, denn die meisten von uns haben nie gelernt, wie man mit den eigenen Gefühlen auf gesunde Art umgeht. Es fängt alles mit der Selbstliebe und dem Respekt sich selbst gegenüber an. Wenn Du ehrlich zu Dir selbst bist, gut für Dich sorgst und auf Deine Gedanken und Deine Gefühle achtest, dann sendest Du diese Schwingungsinformationen nach außen und sie treten in Resonanz mit Menschen, die Dir ebenfalls respektvoll begegnen. Sei Dir selbst Dein bester Freund oder Deine beste Freundin, führe öfters mal Selbstgespräche, in denen Du Dir über Deine Gefühle und Gedanken Klarheit verschaffst. Wo sind die Wurzeln Deiner Ängste, Wut, Unsicherheit, Groll, Traurigkeit, Schuldgefühle usw.?

Du kannst Deine Erkenntnisse in einem Tagebuch festhalten. So lernst Du Dein Innerstes kennen und wirst immer *selbstbewusster*. Mit der Zeit verschwinden Deine Abneigungen und Vorlieben. Das Verständnis für Dich selbst macht Dich frei von der Versuchung Dich und andere bewerten und beurteilen zu wollen. Du verstehst, dass Du und Deine Mitmenschen eine unendliche Vielfalt von Erfahrungen durchlaufen können und dürfen, um letztendlich zu erkennen, was und wer wir in Wirklichkeit sind. Wir sind nicht die Erfahrungen, die wir machen, auch nicht die Gedanken und Gefühle. All das sind Instrumente, die uns als Werkzeug dienen um uns weiter zu entwickeln und das Bewusstsein zu schulen. Körper und Geist gehören beide zu *Prakriti*, zur materiell veränderlichen Welt. Der Geist ist das innere Instrument, das Du benutzen kannst um zu erfahren wer Du wirklich bist, gerade so wie der Körper Dein äußeres Instrument zum Handeln ist. Deine wahre Natur ist reines göttliches Bewusstsein, vollkommen und frei. Hier kannst Du Dich sicher und geborgen fühlen.

Unsere innerste Essenz ist göttliches Bewusstsein

Am Anfang schuf Gott Himmel und Erde.
Die Erde aber hatte noch keine Form und
kein Leben. Finsternis lagerte über der Urflut.
Aber der Geist Gottes schwebte über den Wassern.
Dann sprach Gott: „Es werde Licht!" Da ward Licht.
Und Gott sah das schöne Licht und schied das Licht von der
Finsternis und nannte das Licht Tag und die Finsternis Nacht....[2]

Mit diesen Worten fängt das Alte Testament und die Bibel an. Auch hier sehen wir eine Analogie zur alten indischen Philosophie. Der *Urflut* können wir mit *Prakriti* übersetzen. Der *Geist Gottes* mit *Purusha, dem reinen, göttlichen Gewahrsein.* Gottes Licht und Seine Nähe können wir in der Freude, Liebe und Weisheit unserer Mitmen-

[2] Genesis 1. 1 -5

schen und in der überwältigenden Schönheit des ganzen Naturschauspiels erkennen. Die Schöpfung ist ein *freudvoller* Selbstausdruck des göttlichen Gewahrseins. Die ganze Natur ist aus Freude entstanden. So sind wir bis in unsere Körperzellen auf Freude programmiert. Sie gehört zu den Ur-Emotionen eines jeden Menschen. Sie ist eine Kraftquelle für die Psyche. Forschungsergebnisse zeigen, dass Menschen, die sich freuen können, körperlich und psychisch gesünder sind als freudlose Zeitgenossen. Mit Freude ist hier nicht die vorübergehende weltliche Genusssucht gemeint wie es der Text aus dem Chandogya Upanishad[3] beschreibt:

Es gibt keine Freude im Endlichen (Prakriti);
Freude gibt es nur im Unendlichen (Purusha).
Sat-Chit-Ananda ist: absolute Wirklichkeit,
reines Gewahrsein, unkonditionierte Freude.

Dieser Text aus den Upanishaden sagt uns, dass wir reine, grenzenlose Freude, Zufriedenheit und Glück vergebens im Materiellen suchen. Das Materielle kann uns nur vorübergehend befriedigen. Wahres Glück und grenzenlose Freude liegen tief im Herzen verborgen.

Im inneren Raum sind wir durch *reines göttliches Bewusstsein* miteinander verbunden, es ist der gemeinsame Raum voller Weisheit, Inspiration und Glückseligkeit. Hier befindet sich das ganze Wissen, um zu Harmonie mit der eigenen Lebensaufgabe zu gelangen. Denn es

[3] Die Upanishaden sind philosophische Schriften der vedischen Wissenschaft.

ist viel mehr in Dir, als Du Dir vorstellen kannst. Wenn Du Dich in einer aussichtslosen Lebenslage befindest, sollst Du wissen, dass es tief in Dir eine Instanz gibt, mit derer Hilfe Du alle Prüfungen, Probleme und Schwierigkeiten meistern kannst. Diese wissende Instanz in Dir ist nicht Dein Körper mit seinen Störungen und auch nicht der unruhige Geist, der Dich lähmt. Es ist die Stimme in Dir, die Du in der Stille Deines inneren Raumes erkennen kannst und die Dir ein unmissverständlich sicheres Gefühl vermittelt.

Unser Geist-Körper-System

Der Ursprung allen irdischen Seins ist *Purusha*, universelles göttliches Gewahrsein. Auf einer höheren Ebene sind wir alle durch diese Quelle miteinander verbunden. Leider erleben wir Menschen uns hier auf Erden meist getrennt voneinander. Die allgemeine Grundeinstellung des modernen Menschen richtet sich heute zu sehr nach dem Körper und der Materie aus und wir vergessen dabei unseren Ursprung.

Der *Körper* ist unser grobstoffliches Werkzeug hier auf Erde, damit das Bewusstsein sich in der materiellen Welt durch Wort und Tat Ausdruck verschaffen kann. Sich mit dem Körper zu identifizieren kann uns nur Leid bringen, denn eines ist sicher: so schön und wundersam dieser Körper auch ist, irgendwann wird er alt und zerbrechlich sein und wir müssen ihn ablegen. Das ist nicht aufzuhalten. Der Körper ist uns hier auf Erden dienlich; er ist eine notwendige Hülle, ein wichtiges

Instrument in unserem irdischen Erleben. Ohne ihn können wir keine Erfahrungen machen.

Der *Geist* ist das Gebilde aus Wahrnehmung, Gedanken, Gefühlen, Visionen, Träumen und Intuition; er ist unser inneres Werkzeug. Wir brauchen ihn um zu erkennen, wer wir wirklich sind. In der yogischen Psychologie wird der Geist in verschiedene Ebenen eingeteilt: der rationale Verstand, der zusammen mit den Körpersinnen das Wahrnehmen, Denken, Fühlen und Handeln ermöglicht, wird *Manas* genannt. *Buddhi* ist unsere Unterscheidungs- und Erkenntnisfähigkeit, unsere höhere intuitive Intelligenz. Wenn der Geist ruhig und klar ist, können wir mit *Buddhi* hinter dem Schleier des Gemüts die ganze Wahrheit erkennen. *Buddhi* reflektiert das göttliche Licht von Purusha, so wie der Mond das Licht der Sonne reflektiert. *Ahamkara* ist das trennende Ego-Bewusstsein und lässt uns glauben, dass wir vom Ganzen getrennt sind. In einem späteren Kapitel wird der *yogische Geist* ausführlicher erklärt.

Unser Körper-Geist-System gehört zu *Prakriti*, unser menschliches Naturell. Es verleiht *Purusha* die Erfahrung und *Purusha* verleiht *Prakriti* das Bewusstsein. Wir leben in einer Welt der Polarität, in der wir Erfahrungen machen und uns weiterentwickeln können. Erfahrungen sind überhaupt nur in einer Umgebung möglich, in der es Gegensätze gibt. Positive wie negative Erfahrungen und Begegnungen sind die Themen unserer Lebensschule. Diese Themen umfassen die Qualitäten unseres menschlichen Daseins. Alles in unserer relativen Welt hat ein Gegenstück: hell und dunkel, klein und groß, kalt und heiß, Ruhe und Bewegung, Freud und Leid. Denn wenn wir nicht wissen was unten ist, macht das Wort oben keinen Sinn. Das, was wir als Gegensätze in der relativen Welt von Raum und Zeit betrachten, ist in Wirklichkeit eng miteinander verbunden wie Licht und Schatten, Vorder- und Rückseite oder männlich und weiblich. Ebenso sind Vergangenheit und Zukunft eng miteinander verbunden.

Auch unsere Erfahrungen und Eigenschaften unterliegen dem Gesetz der Polarität. So hat jede negative Erfahrung auch etwas Positives im Kern und umgekehrt. Denn durch eine bestimmte Erfahrung kann der Blick erweitert und in eine andere Richtung gelenkt werden. Wir kennen das, wenn wir z.B. durch Krankheit oder einen Schicksalsschlag gezwungen werden unseren bisherigen Lebensweg zu überdenken und gegebenenfalls zu verändern.

Nehmen wir an, Du wirst immer wieder verlassen. Diese Erfahrung lässt Dich persönliche Eigenschaften des Festhaltens entwickeln. Durch das Festhalten erlebst Du ein vermeintliches Gefühl von Sicherheit oder Geborgenheit. Die negativen Auswirkungen des Festhaltens können sich jedoch in Existenzängste, Gier, Manipulation und Vereinnahmung zeigen. Dein Gegenüber fühlt sich immer mehr bedrängt und Du wirst wieder verlassen. Aus dieser Erfahrung könntest Du mithilfe des Polaritätsgesetzes Dein Bewusstseinshorizont erweitern und die Dinge aus einer anderen Perspektive betrachten. Statt festzuhalten kannst Du Dir vorstellen welche Vorteile es für Dich und Dein Gegenüber bringt, wenn Du loslässt. Loslassen heißt in diesem Fall nicht, dass Du Dich jetzt gehen lässt oder haltlos wirst. Loslassen heißt dann in diesem Zusammenhang Vertrauen, Respekt, Selbstbestimmung und Eigenverantwortung. Das sind die konstruktiven Eigenschaften des

Loslassens. Das Polaritätsgesetz besagt, dass nichts nur gut oder schlecht ist. Alles hat eine positive und eine negative Seite. Es ist die Kunst mit den beiden Polen so umzugehen, dass etwas Neues entsteht, das uns wieder in Harmonie bringt. Beide Polen ergänzen sich.

Die Gegensätzlichkeit ist auch im *Yin und Yang Symbol* enthalten. Hier sehen wir die helle Seite und die dunkle Seite, die ineinander greifen und eine Einheit bilden. In jedem Element ist bereits der Samen des anderen Elements als Punkt angelegt und sie gehören so zum großen Ganzen, das es in der spirituellen Praxis anzustreben gilt. Positiv und negativ sind polare Gegensätze, das bedeutet aber nicht, dass das Eine gut und das Andere schlecht ist. Diese bewertende Sichtweise erzeugt Trennung und hindert uns spirituell zu wachsen.

Das Yin und Yang - Symbol

Auch Prakriti und Purusha bringen mit ihren gegensätzlichen Merkmalen nur als Ganzes die Erscheinungen der sichtbaren Welt hervor: Materie und Bewusstsein, veränderlich und unveränderlich, relativ und absolut, Vieles und Eines, Bewegung und Stille, Erkanntes und Erkenner. So können wir in der Gegenwart von Dingen, die endlich sind

(Prakriti), erfahren was unendlich ist (Purusha). Prakriti, die sichtbare Welt der Erscheinungen spiegelt sozusagen Purusha, das reine Bewusstsein, wider.

Die Höchste Wahrheit (Purusha) existiert
innerhalb und außerhalb aller Lebewesen.
Aufgrund Ihrer feinen Beschaffenheit ist es nicht möglich,
sie mit den materiellen Sinnen zu sehen oder zu erkennen.
Obwohl weit, weit entfernt, ist sie doch sehr nah.
(Bhagavad Gita 13:16)

Mit dem Verstand allein können wir Purusha, die Höchste Wirklichkeit nicht erfassen und somit kann sie auch nicht beschrieben werden; sie kann nur durch innere Stille und Meditation direkt erkannt werden. Dies ist auch das höchste Ziel von Yoga.

Die drei Grundkräfte der Natur - die Gunas

Der Sankhya Philosophie zufolge beginnt die Evolution der Urmaterie *Prakriti* durch die Nähe zum göttlichen Gewahrsein *Purusha.* In diesem Schöpfungsaugenblick differenziert sich die Urmaterie in den drei primären Grundkräften, die s.g. *Gunas,* die die unterschiedlichen Erscheinungsweisen der Natur beeinflussen. Jeder Zustand von Materie und Geist ist eine Kombination aus diesen drei Komponenten, wobei immer jeweils eine Qualität überwiegt.

- *Sattva:* die Qualität von Liebe, Weisheit, Reinheit und Harmonie.
- *Rajas:* die Qualität von Bewegung und Leidenschaft.
- *Tamas:* die Qualität von Schwere, Trägheit und Verblendung.

In der Bhagavad Gita Kapitel 18 steht Folgendes geschrieben:

- *Als sattvisch gilt, wer ohne falsches Ego, in allen Lebewesen die eine ungeteilte spirituelle Natur erkennt.*
- *Als rajasisch gilt, wer alle Geschöpfe getrennt voneinander sieht und voller Begierde und Verlangen ist.*
- *Als tamasisch gilt jemand, dessen Geist verblendet ist und ohne Bezug zur Wahrheit ist.*

Tamas füllt das Universum und seine Geschöpfe wieder auf und ist die wichtigste Qualität der Unterstützung in der materiellen Welt. Es ist das Prinzip der Trägheit, Dumpfheit und Passivität und das Prinzip der Unwissenheit, die unser Bewusstsein verhüllt. Es bewirkt Verblendung und Selbsttäuschung im Geiste.

Rajas gibt dem Universum und den Lebewesen Beweglichkeit und Richtung. Es ist die Qualität der Energie, die Ungleichgewicht verursacht. Rajas ist der unablässige Gedankenstrom, der dahin rast und ständig aktiv ist. Es ist Leidenschaft, die sowohl angenehm als auch unangenehm sein kann.

Sattva hält die universelle und individuelle Bewusstheit aufrecht. Es ist das Prinzip der Reinheit, Harmonie und Ausgeglichenheit. Es ist die Qualität der Intelligenz, die Gleichgewicht verleiht. Sattva ist die Kraft der Liebe, die alle Dinge vereint und die Klarheit und Frieden schenkt.

Jede dieser drei Qualitäten ist in der Natur notwendig. Im Menschen sind sie charakteristisch für die Persönlichkeitsunterschiede. Indem wir den Geist schulen, lernen wir alte negative Denkweisen zu transformieren und befreien uns aus unseren begrenzenden *tamasischen* Gewohnheitsmustern. Wir brauchen die *rajasischen* Qualitäten, die uns Bewegung und Leidenschaft verleihen. Durch Übung und Selbstreflexion werden unsere Charakterzüge immer *sattvischer*, wir werden ausgeglichener und die Geschehnisse im Außen hauen uns nicht mehr um. Ängste und Sorgen können wir transzendieren in einer größeren Dimension, im reinen Gewahrsein, statt in ihnen gefangen zu sein.

Die Sankhya-Philosophie ist nicht so sehr eine Lehre der Kosmologie als vielmehr eine Erlösungslehre. Sie analysiert das Bewusstsein und beschreibt den ewigen Kreislauf der Wiedergeburten: Schöpfung, Leben und Tod. Tod ist demnach die Loslösung des geistigen feinstofflichen Körpers vom grobstofflichen Körper. Geburt ist die Verbindung des geistigen feinstofflichen Körpers mit einem neuen grobstofflichen Körper, wobei *Purusha*, unser innerstes wahres Selbst, immer gleich bleibt.

Wir sind individualisierte Purushas, die eine menschliche Erfahrung hier auf Erden machen. Du kennst vielleicht den Ausdruck, dass Gott das Leben nutzt, um sich selbst kennen zu lernen. Als menschliches

Einzelwesen bekommen wir die Möglichkeit die spirituelle Erfahrung des göttlichen Einheitsbewusstseins zu machen. Es geht in der Sankhya-Philosophie darum, die wahre Identität des Menschen zu enträtseln. Mit jeder neuen Geburt haben wir die Möglichkeit zu erkennen, wer wir wirklich sind. Das ist unser *Karma*, die Erkennung von Ursache und Wirkung. Ziel dieses Kreislaufs ist der Erlösungszustand, wobei einem bewusst wird, dass wir nicht unser Körper, Sinne oder Gedanken sind, sondern Ausdrucksformen des *reinen göttlichen Bewusstseins.*

Sattva ist die feinstofflichste und reinste Qualität der Materie. Überwiegt im individuellen Bewusstsein *Sattva*, dann ist der Geist, der aus *Sattva* gebildet ist, in seinem ursprünglichen Zustand, ruhig und klar. Das ist das Streben von Yoga: *die Stilllegung der Bewegungen des Geistes.* Nur dann können wir das gemeinsame innere Licht von *Purusha* in uns selbst und in anderen erkennen.

Wenn *Rajas* im Bewusstsein vorherrscht, werden wir von den Sinnen und dem unruhigen Geist gesteuert. Unsere Aufmerksamkeit und Begierde ist nach außen gerichtet. Trotz Erlangung dessen, was wir begehren, sind wir unzufrieden. Unser Ego ist groß und wir meinen besser sein zu müssen als die anderen oder wir leiden darunter nicht besser zu sein. Menschen mit überwiegend *Rajas* im Bewusstsein kontrollieren und manipulieren gerne. Die Welt sollte so aussehen, wie sie es für richtig halten. Sie sind ständig mit der Vergangenheit und der Zukunft beschäftigt. Ihr Leben besteht aus geschäftiger Tätigkeit und Rastlosigkeit. Ihre Handlungen geschehen aus einem getrennten Ego-Bewusstsein. Wenn ein *rajasischer* Geist beruhigt wird, kann er *sattvisch* werden. Ansonsten wird er früher oder später zu einem *tamasischen* Geist, der zu Depressionen, Burnout und anderen psychosomatischen Erkrankungen neigt.

Tamas im Bewusstsein zeigt sich als Trägheit, Unachtsamkeit, Täuschung und Illusion. Menschen mit einer festen vorgefassten Meinung, die alles unternehmen um ihren Standpunkt zu rechtfertigen, auch wenn er widerlegt wird, befinden sich in einem *tamasischen* Zustand. Ein schönes Beispiel ist eine Erzählung von Mullah Nasruddin:[4]

Mullah Nasruddin dachte, er sei tot. Er begann alles zurückzuweisen mit dem Argument, dass er tot sei. Wenn seine Frau etwas zu ihm sagte, antwortete er: „Wie soll ein toter Mann dir antworten?" Wenn sie ihn bat, irgendeine Arbeit zu übernehmen, meinte er: „Wie kann ein toter Mann etwas tun?" Irgendwann hatte seine Frau genug davon und brachte ihn zu einem Psychiater. Nach einer langen Diskussion fragte der Psychiater Mullah, ob aus einem toten Körper Blut herauskommen könne. Mullah antwortete: „Nein, das Blut wird zu Wasser." Also nahm der Psychiater eine Nadel und stach Mullah in die Hand, worauf Blut heraustrat. „Schau, Mullah, du blutest, also bist du lebendig!" sagte der Psychiater. Mullah betrachtete das sickernde Blut und sagte: „Oh, heute habe ich etwas dazugelernt – sogar tote Menschen bluten!!"

[4] Überlieferte Geschichten von Mullah Nasruddin sind im ganzen Orient bekannt.

Vergleichen wir den Geist mit einem See und *Purusha* mit dem Vollmond, so entspricht die klare, stille Oberfläche des Sees dem von *Sattva* dominierten Geist - der Vollmond ist nicht im See, aber er spiegelt sich klar in ihm wider. Wenn *Rajas* dominiert, ist das Wasser unruhig, stürmisch, voller Wellen und der Mond erscheint als eine Vielfalt von Lichtreflexen. Das Selbst wird unter Einfluss von *Rajas* fälschlicherweise als die Vielfalt der Manifestationen dieser Welt und den damit verbundenen Rollen (berufliche, familiäre, finanzielle, intellektuelle usw.) wahrgenommen. Ein von *Tamas* dominierter Geist entspricht einem von einer Schicht von Wasseralgen bedecktem See. Unter dem Einfluss von *Tamas* weiß der Geist nichts von einem Selbst. Erst nach Beseitigung der Algen, wobei natürlich mehr *Rajas* (Unruhe) entsteht, kann man das Licht des Vollmondes erkennen. Kommt dann auch *Rajas* zur Ruhe, sieht man den Vollmond in seiner vollendeten Gestalt, was der *Sattva* Qualität entspricht.

3. Der Mensch - ein Mikrokosmos

In jedem Mikrokosmos liegt
der ganze Makrokosmos,
und dieser enthält nichts mehr als jener.

Arthur Schopenhauer, (1788 – 1860)
Autor und Philosoph

Der Ursprung der Schöpfung ist das göttliche Licht, das wir als Einheitsbewusstsein und reine, bedingungslose Liebe erfahren können. Wir sind hier auf Mutter Erde um Erfahrungen in und außerhalb dieses Lichts zu machen. Der Schöpfungszyklus geht vom Licht des universellen Bewusstseins mit der höchsten Schwingung aus zur Dunkelheit der Materie mit der niedrigsten Schwingung und wieder zurück, so wie es der Philosoph und Dichter Khalil Gibran mal formulierte:

> *Die Menschheit ist ein Fluss des Lichtes, der aus der Endlichkeit zur Unendlichkeit fließt.*

Die Prozesse der Evolution und Involution sorgen dafür, dass sich alle Dinge im Universum der Erscheinungen verändern. Nichts bleibt so, wie es ist. Evolution und Involution sind zwei Gegensätze, die einander bedingen. *Purusha*, das göttliche Licht, ist an diesen Prozessen nicht gebunden - es hat sie hervorgebracht, ist unveränderbar und bleibt der stete innere Zeuge in uns. Alles im Universum entsteht aus dem göttlichen Licht, das sich in der sichtbar erscheinenden Welt als *Prakriti* offenbart. Der Mensch ist in diesem größeren System eingebunden und als Mikrokosmos ein Abbild des Makrokosmos. Veränderungen in der Natur bewirken auch Veränderungen in uns und umgekehrt.

Als nächstes erkannten die indischen Weisen, dass Purusha sich im Universum in zwei grundlegende Prinzipien offenbart: als *Akasha* - die Urmaterie und als *Prana* - die Lebensenergie. *Akasha* ist der multidimensionale unendliche Bewusstseinsraum, von dem der sinnlich erfahrbare dreidimensionale Raum nur die unterste Entwicklungsstufe ist. *Prana* steht für das geistige Prinzip aller Bewegungen, Transformation, Rhythmen, Lebenshauch und Lebensenergie. Prana kann man als das *schöpferische* Prinzip und Akasha als das *formende* Prinzip bezeichnen.

Aus der Urschwingung AUM (OM) trat als erstes das Element Raum hervor. Der Raum manifestiert sich durch die Schwingungsenergie in den stets dichter werdenden Elementen Luft, Feuer, Wasser und Erde. Das heißt, dass alle Elemente in sich die Eigenschaften des Raumes beinhalten und dass Prana, die Lebensenergie, durch sie fließt. Die moderne Physik bestätigt diese Einsicht durch ihre Entdeckung, dass Atome hauptsächlich aus leerem Raum bestehen, der mit Energie gefüllt ist. *Erde, Meere, Sonne, Wind und Himmel* verkörpern die fünf großen Elemente und sind auch die Haupt-Energiequellen in unserem Kosmos.

Energie aus Erd- und Wasserelement:

- Kohle, Erdöl, Erdgas, Atomkraft, Wasserkraft
- Nahrung und Getränke, die wir zu uns nehmen.

Energie aus dem Feuerelement:

- Solarenergie
- Die Sonne regelt die Rhythmen der Natur und auch die Rhythmen unserer biologischen Uhr
- Die Sonne stärkt unser Abwehrsystem, bringt unseren Kreislauf in Schwung und erhellt unsere Stimmung durch Ausschüttung von s.g. Glückshormonen.

Energie aus Luft- und Raumelement:

- Windkraftenergie
- Saubere Luft zum atmen
- Aufenthalt im Wald oder in freier Natur
- Angenehme Wohn- und Arbeitsatmosphäre
- Liebevoller Umgang mit der Umwelt und unseren Mitmenschen.

In Ayurveda werden die großen Elemente als die drei Regelkräfte der Natur, die s.g. *Doshas*, zusammengefasst. Die jeweiligen Qualitäten der einzelnen Elemente kennzeichnen die Eigenschaften der drei Doshas *Kapha* (Wasser und Erde), *Pitta* (Feuer) und *Vata* (Luft und Raum). Dosha heißt so viel wie *etwas, das ständig Veränderung hervorruft.* Das Leben ist ständig in Bewegung, nichts bleibt so wie es war. Die Doshas wirken in uns Menschen ähnlich wie im Kosmos. *Vata* ist das Prinzip der Bewegung, *Pitta* ist das Schöpfungs- und Umwandlungsprinzip und *Kapha* ist für Struktur und Stabilisierung zuständig. Das Leben ist ein ständiger Wechsel dieser drei Kräfte zwischen Schöpfung, Wachstum und Auflösung.

Die Lehre von den fünf großen Elementen

Laut der Sankhya Philosophie besteht die ganze materielle Schöpfung aus den fünf großen Elementen Erde, Wasser, Feuer, Luft und Raum. Als die unmanifestierte Urmaterie *(Prakriti)* durch die Bewusstseinsenergie *Prana* in Bewegung kam, entstand zuerst das Element Raum, auch *Äther* oder *Akasha* genannt. Der Raum manifestiert sich zu den immer weiter verdichteten Elementen *Luft, Feuer, Wasser und Erde*. Alles in unserer Welt besteht aus den Qualitäten dieser fünf großen Grundelemente. Kein Element tritt in reiner Form auf, immer sind die anderen Elemente beteiligt; ein einzelnes Element kann aber führend sein und die Materie prägen. Die Elemente geben der Materie ihre individuellen Merkmale und bilden im Körper die strukturellen und funktionellen Bestandteile. Die fünf großen Elemente sind die Statthalter der materiellen Qualitäten: *Erde* steht für Festigkeit und Passivität, d.h. für die Materialität der Dinge. *Wasser* gilt als Symbol der Bindekraft, des Zusammenhalts und der Feuchtigkeit. *Feuer* steht für Energie, Verwandlung und Wärme. *Luft* bedeutet Leben, Bewegung und Tätigkeit. *Raum* ist die feinste Form der Materie, der Entstehungsort der anderen Elemente und Informationsträger. Wir kennen die fünf großen Elemente in Redewendungen wie:

- Ich brauche mehr *Raum* um mich zu entfalten.
- Jemand wird z.B. als *Luftikus* bezeichnet, wenn er leichtsinnig ist und sich ohne große Gedanken an eine Aufgabe macht.
- Jemandem *Feuer* unter dem Hintern machen, heißt jemanden antreiben.
- Jemand ist nah am *Wasser* gebaut, wenn er emotional sensibel reagiert.
- Wenn jemand sich *geerdet* fühlt, zeigt sich das in seinem Leben als Standhaftigkeit.

Die Voraussetzung für das Leben auf unserem Planeten Erde ist das Zusammenspiel dieser fünf großen Elemente, deren Repräsentanten *Erde, Meere, Sonne, Wind und Himmelsraum* sind.

ERDE

Unser Planet Erde gibt uns Halt durch ihre Anziehungskraft. Ohne die Anziehungskraft der Erde würden wir herumfliegen wie die Astronauten im Weltall. Die Erde nährt uns und schützt mit ihrem Magnetfeld vor kosmischer Strahlung. Unser Körper besteht aus den gleichen Stoffen wie die Erde und irgendwann wird auch der stoffliche Körper wieder zu Erde. Unsere Erde ist tatsächlich etwas ganz Besonderes, denn eine Menge verschiedener Faktoren müssen zusammenkommen, damit sie uns all das bieten kann, was wir und all die anderen Lebewesen, Tiere und Pflanzen brauchen, um zu leben.

WASSER

Die Oberfläche unseres blauen Planeten Erde ist zu zwei Dritteln mit Wasser bedeckt. Auch unser Körper besteht zu etwa 70% aus Wasser. Wasser war die Voraussetzung für die Entstehung des Lebens und ist die Quelle des Lebens, die alles hier auf Erden entstehen, blühen und gedeihen lässt. Alle Lebensformen dieses Planeten haben sich aus dem Meer entwickelt und auch unser Leben beginnt mit einem neunmonatigen Aufenthalt im Wasser. Wasser kommt auf der Erde in seinen diversen Aggregatzuständen vor: gasförmig, flüssig oder fest. Wasser ist das Blut der Erde, die Flüsse sind ihre Adern. Ähnlich wie der Blutkreislauf unseres Körpers funktioniert auch der Wasserkreislauf der Erde:

1. Die Sonne, die mit ihrer Energie das Wasser verdunsten lässt und aus Salzwasser Süßwasser macht, entspricht dem *Feuer*-Element. Auch im Körper finden Prozesse der Umwandlung durch unser Verdauungs- und Stoffwechselsystem, unsere innere Sonne, statt.
2. Der Wind, der die mit Wasserdampf angereicherten Wolken über die Erde bewegt, entspricht dem *Luft*-Element, das auch im Körper für den Blutkreislauf und die Bewegung sorgt.
3. Die Anziehungskraft der Erde, die Niederschlägen und Abflüssen ihre Richtung gibt, damit alle Lebewesen - Menschen, Tiere und Pflanzen - mit Nahrung versorgt sind, entspricht dem *Erd*-Element, das im Körper für Wachstum und Regeneration zuständig ist.

FEUER

In unserem Kosmos verkörpert die Sonne das Feuerelement. Ohne die Sonne gäbe es kein Leben hier auf Erden. Die Sonne regelt unsere biologischen Rhythmen und gibt den Tages- und Jahreszeiten unterschiedliche energetische Qualitäten. Das Sonnenlicht besteht aus einer Vielzahl von Energien, die in Form von elektromagnetischen Wellen zur Erde übertragen werden. Nur ein kleiner Teil dieser Wellen werden vom Auge wahrgenommen in Form der Regenbogenfarben Violett (mit der kürzesten Wellenlänge) bis Rot (mit der längsten Wellenlänge). Jede Farbe übt eine spezifische Wirkung auf den Organismus aus. Auch die übrigen Lichtanteile, die wir nicht mit dem Auge sehen, haben wichtige biologische Auswirkungen.

Die Sonne verkörpert Licht und Klarheit. Licht steht auch für das göttliche Bewusstsein. Unabhängig voneinander haben fast alle frühen Kulturen der Sonne als Gottheit gehuldigt. In den Veden gibt es das berühmte Gayatri Mantra, das sich an Savitur wendet, den Aspekt der Sonne bei ihrem Auf- und Untergang.

Pflanzliche Nahrungsmittel, die wir zu uns nehmen sind im Grunde Licht in fester Form. Sie können mit ihrer lebenswichtigen Nahrungssubstanz Chlorophyll das Sonnenlicht absorbieren und in Proteine, Stärken und Zuckerarten umwandeln. Je mehr unser Essen direkt aus dieser *Licht*-Nahrung hergestellt wird, desto besser können wir die Kraft und Wirkung des Sonnenlichts in uns aufnehmen. Eine gesunde Ernährung sollte deshalb hauptsächlich aus pflanzlichen Nahrungsmitteln wie Obst, Gemüse, Getreide, Nüsse und Hülsenfrüchte bestehen, die sonnengereift sind und ohne lange Transportwege zu uns kommen.

LUFT

Luft ist das Prinzip der Leichtigkeit, Veränderung, Leben, Bewegung und Informationsaustausch. Die Schöpfung ist dauernd im Fluss und unterliegt dabei großen und kleinen Rhythmen. Es existiert ein ständiger Wechsel zwischen Schöpfung, Erhaltung und Auflösung, zwischen Geburt, Wachstum und Tod, zwischen aktiven und passiven Prozessen, zwischen den Jahreszeiten und zwischen den Tageszeiten. Diese Rhythmen bestimmen das Leben und beeinflussen auch die physiologischen Rhythmen unserer Organe. Wir leben eingebettet in Rhythmen, ohne dass es uns immer bewusst ist. Das Element Luft ist für Bewegung und Veränderung zuständig und ist entscheidend für das Leben selbst.

RAUM

Nach der indischen Schöpfungsphilosophie trat das Element Raum als Erstes aus der Urschwingung AUM in Erscheinung und aus Raum entstanden die übrigen vier Elemente Luft, Feuer, Wasser und Erde mit verschiedenen Dichtezuständen und Eigenschaften. Die Rishis nannten das Element Raum *Akasha,* was so viel wie *die feinste Form der Materie* bedeutet. Im Akasha ist alles als Idee in Samenform schon enthalten. Der unbegrenzte, unmanifestierte Akasha bildet die Grundlage für den gesamten Bereich der im engeren Sinne materiellen Schöpfung.

Die drei Regelkräfte der Natur - die Doshas

Wie bereits oben erwähnt, haben die drei Doshas *Vata, Pitta und Kapha* Einfluss auf den gesamten Kreislauf der Natur und steuern den Ablauf von Tages- und Jahreszeiten, sowie sämtliche klimatische Einflüsse. Auch im menschlichen Körper bestimmen und steuern sie sämtliche Vorgänge und Prozesse, sowie unser individuelles Temperament.

Vata ist eine Kombination von *Raum und Luft* und ist zuständig für alle Bewegungsabläufe im Körper, wie z.B. für das Atem- und

Nervensystem, die Blutzirkulation, den Nahrungstransport und die Ausscheidung, aber auch für die Aufnahme der Sinneseindrücke und die Aktivität des Geistes. In der Natur beherrscht Vata den Wind, die Kälte und die trockenen Eigenschaften, die besonders stark in der Vata Jahreszeit (Herbst und Winter) zum Ausdruck kommen. In dieser Zeit sammelt sich vermehrt Vata im Körper an und wir können, je nach Befindlichkeit, unter verschiedenen Vata-Beschwerden leiden, wie z.B. Trockenheit der Haut und Schleimhäute, Schlafstörungen, Unruhe, Schwindel, Ängste, Unkonzentriertheit u.a. Die Haupteigenschaften von Vata sind *trocken, kalt und leicht.*

Pitta beruht hauptsächlich auf dem Element *Feuer*, mit einem geringen Anteil an *Wasser*. Pitta steht für Energie und Umwandlung und beeinflusst das Stoffwechselprinzip, den Wärmehaushalt des Körpers und das Hormonsystem. Emotionaler Ausdruck, Handlungsfähigkeit und Intellekt sind ebenfalls Funktionen von Pitta. Die Eigenschaften von Pitta kommen in der Natur hauptsächlich in den heißen, schwülen Sommermonaten zum Ausdruck. Die Haupteigenschaften von Pitta sind *heiß, leicht und feucht.*

Kapha verkörpert die Eigenschaften der Elemente *Erde und Wasser.* Kapha hat mit Stabilität, Schwere und Festigkeit zu tun. Sie gibt dem Körper seine Stärke, steht in Verbindung mit dem Immun- und Lymphsystem und ist zuständig für den Wasserhaushalt des Körpers. In der Natur entspricht die Kapha Jahreszeit dem regnerischen Frühling und dem nasskalten Frühwinter. Die Haupteigenschaften von Kapha sind *schwer, nass und kühl.*

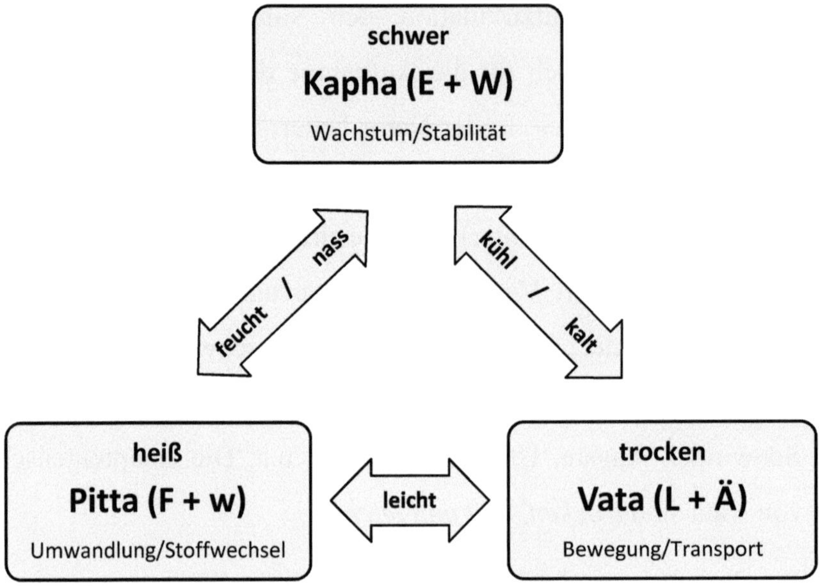

Die Haupteigenschaften und Funktionen der Doshas

Wir alle haben eine einzigartige Kombination dieser drei Doshas, die unsere Urschwingung, unser angeborenes Temperament bilden. Das ist auch der Grund, weshalb wir sehr unterschiedlich auf Nahrungsmittel, äußere Reize, Sinneseindrücke oder therapeutische Anwendungen reagieren.

Die angeborene Konstitution ist unser *Prakriti.* Sie ist unsere individuelle Urschwingung, die je nach Situation und Umgebung, ständig beeinflusst wird. Wir geraten immer wieder aus dem Gleichgewicht. Dieser disharmonische Ist-Zustand wird *Vikriti* genannt. Das körpereigene Selbstheilungssystem ist stets bemüht uns in unsere

Mitte und in unsere Urschwingung zurück zu bringen. Der Körper sendet Warnsignale, wenn etwas aus den Rudern geraten ist. Ignorieren wir diese Signale, können körperliche und psychische Befindlichkeitsstörungen entstehen, die unbehandelt zu ernsthaften Krankheiten führen können.

Die sieben Konstitutionsgruppen

Das Kernstück der ayurvedischen Medizin ist die Konstitutionslehre. Sie ist keine festgefahrene Typenlehre wie manche meinen. *Vata, Pitta und Kapha,* die *Doshas* genannt werden, kommen immer wieder aus dem Gleichgewicht und erzeugen fortwährend Körpersymptome, die als *Dosha Störungen* bezeichnet werden. Wenn wir lernen auf diese Signale zu achten, können wir für den Körper die bestmöglichen Bedingungen schaffen, damit der innere Arzt und die körpereigenen Selbstheilungskräfte optimal funktionieren können. Ayurveda beschreibt sieben Grundkonstitutionen, die sich durch die Betonung eines oder mehrerer Doshas unterscheiden:

- Eine *Vata*-Konstitution haben Menschen mit einem hohen Vata-Anteil und wenig Pitta und Kapha. Diese Menschen haben meist einen schlanken Körperbau, sind sensibel, sehr kommunikativ, künstlerisch veranlagt und haben eine schnelle Auffassungsgabe. Sie lieben die Veränderung, sind körperlich und geistig sehr aktiv, sind neugierig und haben das Bedürfnis sich zu bewegen. Ein Ungleichgewicht von Vata kann u.a. zu Störungen des Nervensystems, Schmerzen, Unruhe, Schlaflosigkeit, Ängsten, sowie zu Erschöpfungszuständen führen, welche vermehrt bei körperlicher oder geistiger Überlastung auftreten.

- ❖ Eine *Pitta*-Konstitution haben Menschen mit einem hohen Pitta-Anteil und wenig Vata und Kapha. Sie haben meist einen sportlichen, muskulösen Körper, eine hohe Stoffwechselaktivität und eine gute Verdauung. Menschen mit einer Pitta-Konstitution sind ehrgeizig, leidenschaftlich, haben einen klaren Geist und eine starke Durchsetzungskraft. Ist zu viel Pitta vorhanden, neigt der Mensch zu Hitzewallungen, hat Heißhunger und starke Durstgefühle, leidet an Sodbrennen, Übersäuerung, Darm- und Magengeschwüren oder Entzündungen. Außerdem bringt es Reizbarkeit, aggressives Verhalten, Kritik und Eifersucht mit sich.

- ❖ Eine *Kapha*-Konstitution haben Menschen mit einem hohen Kapha-Anteil und wenig Vata und Pitta. Sie haben einen robusten, stabilen Körperbau und verfügen über ein gutes Immunsystem. Ausdauer, Geduld und Liebenswürdigkeit sind weitere Merkmale ihrer Stärke. Bei zu viel Kapha kann morgens, gleich nach dem Aufstehen, ein Gefühl von körperlicher Schwere auftreten. Typische Kapha Störungen sind außerdem Verschleimungen der Atemwege, Übergewicht, Diabetes und depressive Stimmungen.

- Menschen mit einer *Vata-Pitta* Konstitution vereinen hauptsächlich die Elemente Luft und Feuer in sich, weshalb sie eine enorme Begeisterungsfähigkeit haben, sehr ideenreich sind und ihr Vorhaben schnell in Handeln umsetzen. Ihr Körper ist meist schlank und sie strahlen Wachheit und Vitalität aus. Wenn ihre Doshas in Ungleichgewicht sind, können diese Menschen unter einer Kombination von Vata- und Pitta-Störungen leiden. Angst kann leicht in Wut umschlagen und umgekehrt. Sie können ausgesprochen launenhaft und unbeständig sein. Bei Stress und hohen Anforderungen klagen sie über Energielosigkeit und werden häufiger krank.

- Menschen mit einer *Vata-Kapha* Konstitution vereinen hauptsächlich die Elemente Luft, Erde und Wasser in sich. Ihnen fehlt das Feuer, weshalb sie nicht so leidenschaftlich ihre Ziele verfolgen wie der Pitta-Typ. Die leichten kommunikativen Eigenschaften von Vata und die Geduld und Liebenswürdigkeit von Kapha machen diese Menschen zu einem geselligen und beliebten Mitbürger. Sie sind meistens groß und haben einen athletischen Körper. Wenn ihre

Doshas in Ungleichgewicht geraten, sind Verstopfung, Verschleimung und Verschlackung meist die Folge. Es können psychische Störungen wie Ängste oder Depressionen auftreten. Menschen mit einer Vata-Kapha-Konstitution sind leicht durcheinander zu bringen und wirken dadurch oft unsicher.

- Den *Pitta-Kapha* Konstitutionen mangelt es weder an Energie noch an Stabilität. Aus diesem Grunde haben sie gute Widerstandskräfte und sind meistens gesund. Sie sind in sich stark gefestigt und mit sich und ihren Handlungen zufrieden. Ihnen fehlt aber die Flexibilität von Vata, weshalb sie meistens das starke Bedürfnis nach Dominanz und Kontrolle haben. Auch die Kreativität und die Lust an neuen Herausforderungen des Vata-Typs fehlen, so reagieren sie oft konservativ und besitzergreifend.

- Bei der *Vata-Pitta-Kapha* Konstitution ist das Verhältnis der drei Doshas ausgeglichen. Das gibt Menschen mit einer Tridosha-Konstitution im Positiven die Leichtigkeit von Vata, die Willenskraft von Pitta und die Ausdauer von Kapha. Da alle drei Doshas den gleichen Anteil haben, kommt ein Ungleichgewicht auch seltener vor.

Die sieben Konstitutionsgruppen sind natürlich eine grobe Einteilung. Es gibt unzählige Kombinationsmöglichkeiten der Doshas. Wir alle sind Manifestationen derselben Urquelle und doch einzigartig! Es gibt keine zwei Menschen auf Erde, die genau die gleiche Konstitution haben. Die Redewendung *sich in seinem Element fühlen,* bedeutet sich in seiner Schwingungsmitte zu befinden, sich wohl zu fühlen mit dem, was man denkt und wie man handelt, so sein zu dürfen, wie man durch seine Begabung von Natur aus angewiesen ist.

Ein gut geschulter Ayurveda-Spezialist kann mit der Pulsdiagnose Deine natürliche Konstitution (*Prakriti*) und das momentane Ungleichgewicht (*Vikriti*) herausfinden. Natürlich gibt es auch diverse Fragebögen, die Du im Internet oder in Büchern finden kannst und die Dir eine Idee über Deine Konstitution vermitteln können.

Das vollständige Persönlichkeitsbild

Unser Temperament wird durch die drei Doshas Vata, Pitta und Kapha bestimmt, die unsere angeborenen körperlichen Merkmale, die biologische Disposition und die Neigung zur Lebensführung charakterisieren. Die Gunas Sattva, Rajas und Tamas haben eine eher spirituelle Bedeutung und zeigen uns, wie wir die Welt wahrnehmen, vereinfacht gesagt: mitfühlend (sattvisch), trennend (rajasisch) oder egal (tamasisch). Wir können unser Temperament, *die Doshas,* mit dem Hardware eines Computers vergleichen und *die Gunas* mit der Software. Je nach Programmierung *(mitfühlend, trennend oder egal)* erzeugen wir unseren Charakter, der in Verbindung mit dem Temperament als Persönlichkeit in die Welt hinaus scheint. Die Wirksamkeit der drei Gunas ist am jeweiligen Charakter des Menschen zu erkennen:

Menschen mit *sattvischen* Eigenschaften sind mitfühlend, achtsam, liebevoll, authentisch und ausgeglichen. Ihre Doshas geraten selten aus dem Gleichgewicht, da sie für einen ruhigen, klaren Geist sorgen und ihren Körper pflegen, indem sie die richtige Nahrung zu sich nehmen und mit den natürlichen Rhythmen im Einklang leben. Sie sind sich bewusst, dass alles mit allem zusammenhängt und dass Konflikte, Leid und Kummer durch Trennung vom Ganzen entstehen.

Wenn *Rajas* überwiegt, ist der Mensch sehr aktiv, geprägt von Wünschen, Anhaftungen und Verlangen und meint das Glück in äußeren Dingen zu finden. Status und Reichtum sind enorm wichtig für diese Menschen, denn sie identifizieren sich mit den irdischen vergänglichen Rollen im Leben. Ist zu viel Rajas vorhanden, können diese Menschen eine Habsucht entwickeln und sehr egozentrisch handeln. Das führt dann meistens zu tamasischen Zuständen, die den Geist verschleiern und verwirren. Je nach Bewusstseinszustand kann ein rajasisch geprägter Mensch durch Achtsamkeit und Selbsterforschung auch sattvische Eigenschaften erzeugen.

Tamasisch programmierte Menschen sind an ihrer geistig-spirituellen Entwicklung wenig interessiert. Sie sind träge, urteilen gerne über andere und sind in ihrer Meinung festgefahren.

Guna bedeutet Faden oder Schnur; die Gunas sind wie Fäden ineinander verflochten und kommen immer zusammen in der Welt der

Erscheinungen vor. Genau wie die Doshas immer zusammenwirken und eine Disharmonie durch die Dominanz eines Doshas entstehen kann, wirken auch alle drei Gunas in uns. Wir brauchen die Klarheit von Sattva genauso wie die Aktivität von Rajas oder die Dunkelheit und Schwere von Tamas. Nur durch das Zusammenspiel aller drei Gunas können sich die Dinge in dieser Welt entwickeln. Es ist die Art, wie wir die Welt wahrnehmen und unsere innere Haltung der Welt gegenüber, die den dominanten Guna bestimmt. Wir brauchen alle drei Gunas zur rechten Zeit. Tamas z.B. um zur Ruhe zu kommen, Rajas für die Aktivität und Sattva für den klaren Geist. Die Gunas wirken mehr auf psychisch-spiritueller Ebene, während die Doshas auf strukturell-funktioneller Ebene wirken.

Wir erfahren mehr Glück und sind zufriedener und ausgeglichener mit einem hauptsächlich sattvischen Geist. Denn der sattvische Geist ist klar und offen für die Geheimnisse dieser Welt, die Mystiker, Seher und Weisen aller Zeiten und Kulturen in ihrem Inneren erkannt haben. Es ist das Wissen, dass alles mit Allem vernetzt ist und es ist bedingungslose Liebe, die eine tiefe Verbundenheit und Harmonie im ganzen Universum offenbart. Mit einem sattvischen Geist kann jeder im eigenen stillen Raum eintauchen und diese Erfahrung machen.

Für eine friedvolle Welt sind wir alle aufgefordert, die eigene innere Wahrheit herauszufinden. Erst wenn wir unser Innenleben in Ordnung bringen, die alten störenden Denkmuster lösen, wird der Geist frei und können wir die innere Verbindung zur Quelle aufnehmen, die uns Liebe, Kreativität und Weisheit verleiht. Alles was wir brauchen, ist tief in uns verborgen und wartet darauf, sich zu entfalten und erkannt zu werden.

4. Ayurveda, das Wissen vom Leben

Gutes und schlechtes Leben, glückliches und unglückliches Leben, das, was dem Leben zu- bzw. abträglich ist, das Maß des Lebens und seiner Komponenten, und das Leben selbst – wo all dies erklärt wird, das nennt man Ayurveda.

Caraka Samhita 1.41

Ayurveda ist eine ganzheitliche Wissenschaft vom Leben, die nicht nur Medizin, Psychologie und Spiritualität umfasst, sondern auch das Wissen um eine natürliche Lebensweise, Gesundheitsvorsorge und Prävention beinhaltet. Durch ihre meditativen Praktiken erforschten die Rishis die Wechselbeziehung zwischen Mensch und Kosmos und erkannten die wahren Ursachen für Krankheit und Leid und wie wir sie vermeiden und heilen können. Dieses Wissen wurde zunächst von Generation zu Generation mündlich überliefert. Im Laufe der Zeit entwickelte sich Ayurveda weiter durch empirische Beobachtungen und logisches Denken zu einem Medizinsystem, das wir heute kennen.

Das gesammelte Wissen von Ayurveda wurde zunächst von drei bedeutenden Gelehrten und Ärzten aus frühen indischen Zeiten - *Caraka,*

Sushruta und Vaghbata - schriftlich festgehalten und in drei Standardwerke zusammengefasst. Es sind die *Caraka Samhita, Sushruta Samhita und Vaghbata Samhita,*[5] deren Texte bis heute aktuell sind und die in Indien zu den grundlegenden Lehrwerken der ärztlichen Ayurveda-Ausbildung zählen. Die Ayurvedische Wissenschaft ist heute genauso aktuell wie vor Jahrtausenden, denn ihre Lehre ist ein ganzheitliches Betrachtungssystem von Mensch, Natur und Kosmos und sie gibt Naturgesetze wieder, die zeitlos sind. Ihr Wissen ist daher überall und zu jederzeit anwendbar und gültig.

Die meisten Menschen von heute haben verlernt auf den eigenen Körper und seine Selbstheilungskräfte zu vertrauen. Wir lassen uns immer mehr von einer profitgierigen Gesellschaft beeinflussen und machen aus Bequemlichkeit alles mit, was uns angeboten wird. Die Bedürfnisse des eigenen Körpers werden dabei übersehen und der Organismus gerät aus seiner natürlichen Balance. Wir werden krank. Jetzt hoffen wir wieder auf Hilfe von außen und suchen nach einem Zaubermittel, das uns wieder schnell gesund macht. So schließt sich der Kreis: wir bleiben Gefangene eines medizinischen Systems, das unsere Krankheiten behandelt und uns die Verantwortung für unsere Gesundheit abnimmt.

Ayurveda lehrt uns, dass man Glück und Gesundheit nicht kaufen kann, sondern sich durch einen bewussten Lebensstil darum bemühen muss. Geistige und körperliche Hygiene gehören ebenso dazu wie die

[5] Diese drei klassischen Grundlagenwerke des Ayurveda unterscheiden sich in der Hervorhebung verschiedener medizinischer Aspekte.

richtige Ernährung, Bewegung, Entspannung, Ethik, Achtsamkeit und ein Leben im Rhythmus der Natur. Ziel ist es, den Organismus in seiner eigenen Urschwingung und in Einklang mit seiner Umwelt zu bringen und diese Harmonie zu erhalten. Ayurveda bringt uns zurück zur inneren Weisheit und schenkt uns wieder Vertrauen in das eigene Selbst.

Jeder Organismus besitzt ein innewohnendes Heilungspotential. Wenn wir lernen die Sprache unseres Körpers zu verstehen und achtsam seine Bedürfnisse wahrzunehmen, können wir eigenverantwortlich handeln, statt unsere Gesundheit den Ärzten und Apothekern zu überlassen. Nur wir können wirklich wissen und letztendlich bestimmen, was unser Körper braucht um gesund zu bleiben. Denn nur wir denken, fühlen und handeln mit ihm. Fange deshalb jetzt damit an, selbst über Dein Leben zu bestimmen und übernehme die volle Verantwortung für Deine Gesundheit, Deine Zufriedenheit und für Dein Glück!

Gesund leben im Rhythmus der Natur

Sich dem Rhythmus des Lebens hinzugeben und nicht am Alten hängen zu bleiben ist laut Ayurveda wahre Lebenskunst. Unser Lebensrhythmus zeigt sich darin, dass Gegensätze in ein Verhältnis zueinander gebracht werden: Tag und Nacht, Wachen und Schlafen, Arbeiten und Erholen, Freud und Leid. Es gibt das Pulsieren des Herzens und das Ein- und Ausatmen. Das ganze Leben ist in Zyklen eingebunden, sie sind die biologischen Rhythmen der Natur. Wir haben individuelle Zyklen wie den Schlaf-Wach-Rhythmus, den weiblichen Zyklus, den Biorhythmus der Organe, sowie den großen Zyklus von Geburt, Leben, Tod und Wiedergeburt. Es gibt die kosmischen Zyklen: die Drehung der Erde um sich selbst bestimmt den Zyklus von Tag und Nacht, der wiederkehrende Lauf des Mondes um die Erde bestimmt den Monat, der Lauf der Erde um die Sonne bestimmt das Jahr mit den Jahreszeiten. Der Mensch ist, genau wie die gesamte Natur, in diesen kosmischen Zyklen des Lebens eingebunden. Das Gefühl des *Eingebunden Seins* in diesen Rhythmen erzeugt in uns ein Gefühl des *Getragen Werdens* und kann uns helfen unseren eigenen Rhythmus zu folgen. Widersetzen wir uns den natürlichen Rhythmen, so blockieren wir den Lebensfluss, was dann zu körperlichen und psychischen Störungen führen kann.

Wir Menschen sind die einzigen Spezies, die uns den natürlichen Rhythmen widersetzen können und es auch tun. Arbeiten, Essen und Schlafen richten sich nicht mehr nach den natürlichen Rhythmen, sondern werden von den Notwendigkeiten des Berufsalltags und der Freizeitgestaltung diktiert. Heutzutage gibt es zusätzlich zahlreiche Herausforderungen für die innere Uhr wie Schichtarbeit, Langstreckenflüge oder Zeitumstellungen im Frühjahr und Herbst. Neuere Erkenntnisse in der chronobiologischen Forschung zeigen, dass unsere Lebensweise immer häufiger den natürlichen Rhythmen und unserer biologischen Uhr zuwiderläuft und dass die Alltagsrhythmen in Schule und Beruf flexibler gestaltet werden müssen, damit die individuelle innere Uhr nicht aus dem Takt gerät.

Seit jeher sind Jahreszeiten, Mondphasen, Tages- und andere Lebensrhythmen wichtige Bestandteile der ayurvedischen Medizin und werden in der Diagnostik und Therapie mit eingebunden. Sie sind entscheidend für die Gesundheit und das persönliche Wohlbefinden.

Ein Zyklus ist wie ein Kreislauf, in der periodische Wiederholungen es ermöglichen sich in diesem immer wiederkehrenden Rhythmus weiterzuentwickeln. So durchlaufen wir jeden Tag den gleichen Tagesrhythmus, jedoch ist jeder Tag anders und wir verändern uns jeden Tag ein wenig durch neue Erfahrungen die wir machen. Diese Veränderungen zeigen sich in den verschiedenen Lebensphasen vom Säugling bis zum Lebensalter. Die Natur gibt uns mit diesen wiederkehrenden Zyklen eine großartige Möglichkeit immer wieder neu anzufangen und aufzustehen. Denn immer wenn in einer Krise der tiefste Punkt erreicht ist, wird es gewöhnlich wieder bergauf gehen und wir können neue Chancen ergreifen. Ein altes russisches Sprichwort sagt: *Wenn Gott dir eine Tür zuschlägt, öffnet er dir ein Fenster.* Daher ist es ein sehr beruhigendes Gefühl zu wissen, dass nichts so bleibt wie es ist. Das Leben ist Bewegung und Veränderung, wir durchleben alle Extreme, die diese Reise zu bieten hat, Angenehmes sowie Unangenehmes.

In der ayurvedisch-yogischen Philosophie heißt es, dass vor allem das Festhalten und Habenwollen von angenehmen Dingen und das Ablehnen und Nichthabenwollen von unangenehmen Dingen, Leid verursachen. Wenn wir an das Angenehme festhalten und das Unangenehme bekämpfen, geraten wir aus unseren natürlichen Zyklen und blockieren so den Energiefluss. Denn wir machen Erfahrungen, um zu lernen und Krisen sind genauso lehrreich wie Glücksmomente.

Der Schlaf: Zeit für Reinigung und Regeneration

Genügend Schlaf ist langfristig gesehen eine wesentliche Voraussetzung für die körperliche und psychische Gesundheit. Neuere Forschungen zeigen, dass nicht nur die Menge des Schlafs wichtig ist, sondern auch der Zeitpunkt des Zubettgehens. Wenn wir früh schlafen gehen, hat der Körper mehr Zeit für die Prozesse der Regeneration, bevor diese durch das körpereigene Aufwachhormon Cortisol am frühen Morgen beendet werden. Ein altes Sprichwort lautet:

Früh schlafen gehen und früh aufstehen
schließt vielen Krankheiten die Tür zu.

Während wir schlafen ist unser Körper damit beschäftigt, schädliche Stoffe abzubauen, Zellen zu erneuern und die Energiespeicher aufzufüllen. Auch der Geist regeneriert sich durch Träumen, und das, was am Tage zuvor gelernt wurde, wird im Gedächtnis fest verankert. Der individuelle Schlafbedarf ist natürlich sehr unterschiedlich und jeder hat sein eigenes Schlafbedürfnis. Ein Säugling braucht in den ersten Lebensmonaten um die 16 Stunden Schlaf pro Tag, das Schlafbedürfnis nimmt mit dem Alter ab und im erwachsenen Alter benötigen wir nur noch sechs bis acht Stunden Schlaf.

Ayurveda empfiehlt vor 22 Uhr ins Bett zu gehen. Durch die Umstellung der Zeit kann das im Sommer etwas später und im Winter etwas früher sein. Der Grund für diese Empfehlung ist, dass in der Zeit von 18 bis 22 Uhr das Kapha Dosha in der Atmosphäre herrscht und dies auf das Kapha in unserem Organismus wirkt. Kapha ist das Dosha, das mit Regeneration und Wachstum zu tun hat. Der Organismus stellt sich auf Ruhe und Erholung ein. Es ist jetzt wichtig den Körper in seinen Bedürfnissen zu unterstützen und aufregende oder anstrengende Aktivitäten zu meiden. In der Kaphazeit kommt in der Natur alles zur Ruhe und es ist die Zeit um sich auf den Schlaf vorzubereiten. Entspannende Körperübungen, ein Spaziergang im Grünen oder die meditative Rückbesinnung sind als Vorbereitung für einen ruhigen und erholsamen Schlaf jetzt genau das Richtige. Eine weitere wertvolle Hilfe ist das Aufschreiben Deiner Gedanken, Tageserlebnisse und Gefühle vor dem Schlafengehen um sie zu ordnen. Das Gehirn und die Psyche sehen dann keine Notwendigkeit mehr, die Sachen ständig in Erinnerung zu rufen, da sie ja notiert sind. Die immer gleichen Gedanken, die Dich am Einschlafen gehindert haben, können nun abgeschaltet werden. Auch die Verdauung wird etwas träge, weshalb es ratsam ist nichts mehr zu essen oder wenn doch, dann nur eine kleine, leicht verdauliche Mahlzeit.

Bereits eine Stunde nach dem Einschlafen setzt gewöhnlich die größte Ausschüttungswelle des Wachstumshormons Somatropin ein. Dieses Wachstumshormon wird in der Hirnanhangdrüse gebildet und ist im Kindes- und Jugendalter wichtig für das Längenwachstum. Im Erwachsenenalter ist Somatropin das wichtigste Hormon für Reparaturarbeiten im Körper, wie Wundheilung, Aufbau der Muskeln, Fettabbau, Festigkeit der Knochen, Gehirnfunktion und allgemeine Regeneration. Es spielt eine wichtige Rolle für das körperliche und geistige Wohlbefinden eines Menschen. Bei einem Mangel an Somatropin kann es zur Erhöhung des Körperfetts, zu reduzierter Knochen-Mineraldichte, zum Abbau von Muskelmasse sowie zur verminderten Leistungsfähigkeit kommen.

Für all diese Reparaturarbeiten verbraucht der Körper reichlich Energie, die sich das Hormon aus dem im Fettgewebe gespeichertem Fett besorgt, was zu Verringerung des Arteriosklerose-Risikos führt und auch manche Fettpolster auf die Dauer schmelzen lässt. Bei Schlafmangel oder wenn wir zu spät ins Bett gehen, wird nicht genügend Wachstumshormon ausgeschüttet und folglich kann auch nicht genügend Energie freigesetzt werden. Der Organismus versucht jetzt auszugleichen, indem er eine erhöhte Energiezufuhr von außen einfordert. Am schnellsten gewinnt der Körper Energie aus Kohlenhydraten. Viele kennen das als Heißhungerattacken oder süße Gelüste am späten Abend und in der Nacht. Das Problem: nach dem Naschen steigt der Blutzuckerspiegel und es wird vermehrt Insulin ausgeschüttet. Insulin wird in der Bauchspeicheldrüse hergestellt und bewirkt, dass der Blutzucker in die Zellen zur Energiegewinnung aufgenommen wird. Je mehr Insulin der Körper ausschütten muss, um den Blutzuckerspiegel schnell wieder in den Griff zu bekommen, desto größer ist die Gefahr, dass der Blutzucker zu stark abfällt. Ist der Blutzuckerspiegel dann zu niedrig, reagiert der Körper wieder mit Heißhunger: wieder isst Du zu viel, zu süß oder zu fett und der Teufelskreis beginnt von vorne.

Für die Umwandlung der Energie bei den Reparaturarbeiten ist das Pitta-Dosha verantwortlich. Es ist die Zeit des Tiefschlafs zwischen 22 und 2 Uhr. Die beste Zeit einzuschlafen ist in der Kapha-Zeit, d.h.

vor 22 Uhr. In dieser Zeit entsteht aufgrund der Biorhythmen eine natürliche Müdigkeit. Je später Du ins Bett gehst, desto wacher und aktiver wirst Du. Denn in der Pitta-Zeit von 22 bis 2 Uhr wird Energie frei, die für den Zellstoffwechsel und die inneren Reinigungsarbeiten sowie für die Selbstheilungskräfte gedacht ist. Wenn Du nach 22h ins Bett gehst, kann diese freigewordene Energie bewirken, dass Du immer wacher und aktiver wirst und schwer einschlafen kannst. Für einen guten, natürlichen Schlaf, in dem eine optimale Regeneration und Reinigung des Körpers stattfinden kann, empfiehlt Ayurveda Folgendes:

- *Esse früh am Abend.*

  Ideal ist es, eine letzte, leichtverdauliche Mahlzeit noch vor Sonnenuntergang bis spätestens drei Stunden vor dem Schlafengehen zu sich zu nehmen. Dann kommt die Verdauung in den frühen Abendstunden zur Ruhe, die Werte für Blutzucker und Insulin sinken und das bewirkt wiederum die Ausschüttung des Wachstumshormons Somatropin, das die Energie aus den Fettzellen holt.

- *Mache ein paar entspannende Körperübungen, einen ruhigen Spaziergang oder eine meditative Rückbesinnung.*

  Du kannst auch das, was Dich tagsüber beschäftigt hat, in Deinem Tagebuch aufschreiben, damit Dein Kopf Kino Dich nicht vom Schlafen abhält, wenn Du Dich hinlegst.

Lass Dich am Abend nicht auf schwierige Diskussionen ein und vermeide aufregende Aktivitäten, die Dich vom Schlafen abhalten können.

- *Gehe früh ins Bett.*

  Denn zu spät ins Bett gehen macht hungrig und wenn Du früh ins Bett gehst hat der Körper länger Zeit für Reinigung und Regeneration. Du fühlst Dich am nächsten Morgen frischer, ausgeruhter und energievoller. Das wirkt sich wiederum auf Deine Stimmung aus und Du wirst den Tag voller Elan beginnen. Wenn Du nicht gleich einschlafen kannst, dann lese ein schönes Buch oder höre sanfte, angenehme Musik, die Dein Gemüt entspannt. Leg Dich auf jeden Fall ins Bett und bleibe nicht vor dem Fernseher oder Computer sitzen.

Eine neuere Studie zeigt, dass bei Erschöpfung Fernsehen und Computer nicht entspannen, sondern dass sie im Gegenteil Belastungsgefühle und Stress noch verstärken. Der Umgang mit digitalen Medien im Belastungszustand führt nach Aussagen der Forscher zu erneutem Stress. Bei den Studien gaben die Probanden an, dass sie statt Erholung verstärkt unzufrieden waren und dazu noch ein schlechtes Gewissen hatten.[6]

[6] Idw-online.de: Using media as a stress reducer after a tough day at work can lead to feelings of guilt and failure.

Bevor wir einschlafen, ist es gut die Gehirntätigkeit zu vermindern. Für einen ruhigen Geist kannst Du Dich aller Sorgen des Tages entledigen, indem Du Deine Gedanken ablegst und zu Papier bringst. Meide alles, was aufregend ist, wie z.B. Videospiele, Actionfilme und Streit. Du kannst vielleicht ein warmes, entspannendes Bad vor dem Zubettgehen nehmen, einen kleinen Abendspaziergang oder auch entspannende Körper- und Atemübungen machen. Alles, was Deine Aufmerksamkeit nach innen lenkt und Dich wieder in Deine Mitte bringt, ist hier willkommen.

Zeit zum Aufstehen

Vielleicht kannst Du Dir, wie viele andere, nicht vorstellen früh ins Bett zu gehen. Denn Du meinst abends noch einiges erledigen zu müssen oder Du befürchtest, dass Du morgens früh wach wirst und dann nicht mehr einschlafen kannst. Das ist eine Einstellungssache! Du kannst, wenn Du früh wach wirst, diese Zeit nutzen, um die unerledigten Aufgaben zu machen und Du wirst sehen, dass Du schneller damit fertig wirst als am Abend, wenn Du vom Tag müde und unkonzentriert bist. Früh am Morgen ist die Welt noch friedlich und still und Du hast genügend Zeit entspannt den Tag zu beginnen. Ein Morgenritual mit Körper- und Atemübungen hilft den Stoffwechsel anzukurbeln, hebt die Stimmung und macht gute Laune für den Start in den Alltag.

Manche befürchten auch, dass sie den Tag bis zum Abend nicht durchstehen, wenn sie früh aufstehen. Auch das ist eine Einstellungssache. Wenn Du Dich daran gewöhnst immer früher ins Bett zu gehen, wirst Du am Abend eine natürliche Müdigkeit verspüren, die Dich automatisch Richtung Bett zieht. Du wirst morgens frisch und erholt aufwachen, Du kommst wieder in Deinen natürlichen Rhythmus und wirst von Tag zu Tag energievoller.

Die natürlichen Zyklen der Doshas erstrecken sich von Sonnenaufgang (6 Uhr) bis Sonnenuntergang (18 Uhr) und von Sonnenuntergang bis Sonnenaufgang. Das Vata-Dosha macht sich in den frühen Morgenstunden bemerkbar. Vata steht für Bewegung. Wir wissen, dass wir in dieser Zeit vermehrt träumen. Die Pitta-Zeit von 22 bis 2 Uhr ist die Tiefschlafphase und dient hauptsächlich der körperlichen Erholung, während die Vata-Zeit von 2 bis 6 Uhr die Traumschlafphase ist und hauptsächlich zur Erholung der Psyche dient.

Es kann sein, dass Du in der Pitta- und Vata-Zeit manchmal wach wirst und dann nicht mehr einschlafen kannst, weil Dein Geist sehr bewegt ist. Gedanken reihen sich aneinander und Du wirst stets gereizter. Schlafstörungen haben meist mit einem chronisch überhöhten Cortisol Spiegel im Blut zu tun. Cortisol ist ein Stresshormon, das zu einer verminderten Ausschüttung des Wachstumshormons, reduziertem Tiefschlaf und zu erhöhten Schlafstörungen führt. Wenn wir uns, durch körperlichen oder mentalen Stress, erschöpft ins Bett legen, können wir vielleicht kurz einschlafen, aber der erhöhte Cortisol Spiegel im Blut verhindert die Regenerationsphase des Körpers, so dass wir immer wieder wach werden, nicht mehr einschlafen können und am nächsten Morgen erschöpft und dazu gereizt sind. Deshalb ist es wichtig abends Aufregung, Anstrengung und Arbeit zu meiden und für die Vorbereitung eines entspannten Schlafes zu sorgen. Wenn Du den Empfehlungen für einen gesunden Schlaf folgst, wirst Du bald merken, dass auch die Schlafstörungen weniger werden und Du allmählich einen natürlichen, erholsamen Schlaf genießen kannst. Dies stärkt wiederum das Immunsystem und vertreibt gleichermaßen die schlechte Stimmung.

Morgenstund hat Gold im Mund sagt eine Volksweisheit. Ayurveda empfiehlt noch in der Vata-Zeit (2 bis 6 Uhr) aufzustehen. Idealerweise ist das vor Sonnenaufgang. Es ist die Zeit, in der das Cortisol Hormon vermehrt ausgeschüttet wird, weshalb dieses Hormon auch als Aufwachhormon bekannt ist. Die Natur hat Zeiten, in der sie aktiv ist (der Tag) und Zeiten der Regeneration (die Nacht). Wenn ein neuer Tag beginnt, wirkt eine schwungvolle Antriebskraft in der Natur. Diese Kraft wird *Prana* genannt und ist mit den ersten Sonnenstrahlen besonders intensiv in der Atmosphäre vorhanden. Die ganze Natur erwacht, eine vibrierende Lebendigkeit umgibt uns in dieser Zeit. Wir können diese schwungvolle Energie der Morgenstunde kurz vor Sonnenaufgang nutzen, indem wir aufstehen, die Fenster öffnen und beispielsweise den yogischen *Sonnengruß* vor geöffnetem Fenster oder im Freien machen. Auch ein Spaziergang im Grünen inmitten der erwachenden Natur gibt uns einen neuen energetischen Schwung, die uns den ganzen Tag Frische und neue Lebenskraft verleiht. Vata ist auch für die Bewegung des Dickdarms zuständig, weshalb die Ausscheidung in der Vata-Zeit leichter fällt. Wenn Du direkt nach dem

Aufstehen ein Glas warm abgekochtes Wasser trinkst, regst Du die Darmperistaltik zusätzlich an und sorgst so für die regelmäßige Reinigung und Entleerung des Dickdarms. Bei unregelmäßigem Stuhlgang oder Verstopfung helfen indische Flohsamen, die mit ausreichend Wasser eingenommen werden.

Der Tagesrhythmus

Bleibst Du in der Kapha-Zeit (6 bis 10 Uhr) zu lange im Bett liegen, wirst Du immer träger und müder werden. Dieses Phänomen kennst Du vielleicht, wenn Du beispielsweise am Wochenende keine Lust hast aufzustehen und Dich nochmals umdrehst um etwas weiter zu schlafen. Je länger Du schläfst, desto müder und matter fühlst Du Dich. Du hast zu nichts mehr Lust und der Tag ist für Dich gelaufen. Damit Du Dich fit für den Tag fühlst, ist nicht das lange Ausschlafen wichtig, sondern von Bedeutung ist die Länge des Tiefschlafes. Je früher Du zu Bett gehst, desto länger sind auch die Tiefschlafphasen. Das haben Forscher im Schlaflabor festgestellt und das deckt sich mit der ayurvedischen Empfehlung, vor 22 Uhr ins Bett zu gehen. Der Körper hat so genügend Zeit für die reinigenden und regenerierenden Prozesse. Das Schlafen in die morgendliche Kapha-Zeit hinein erhöht das Kapha-Dosha, so dass Du müder statt fitter wirst.

Nach der Kapha-Zeit folgt die Pitta-Zeit von 10 bis 14 Uhr. Der Mensch ist ein Abbild des Universums: In der Pitta-Zeit ist die Wirkung der Sonne am intensivsten und so ist auch unsere innere Sonne, das *Agni* - wie unser Verdauungsfeuer genannt wird - auf dem Höhepunkt. Es ist die beste Zeit für unsere Hauptmahlzeit und auch die günstigste Zeit zum Planen, Handeln und Organisieren.

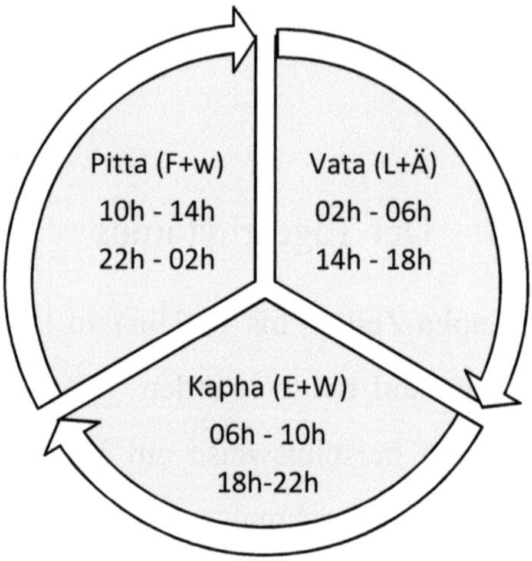

Die Doshas und der Tag und Nacht-Rhythmus

Von 14 bis 18 Uhr herrscht wieder das Vata-Dosha, das mit Bewegung zu tun hat. Das ist der Grund weshalb Geist und Körper in dieser Zeit unruhig sind, die Konzentration nachlässt und wir manchmal einen Energieknick erleiden. Wenn Du Dich in dieser Zeit erschöpft fühlst, kannst Du Dich, wenn möglich, eine Viertelstunde hinlegen oder Du machst einen ruhigen Spaziergang im Grünen. In den Mittelmeerländern, wie z.B. Spanien, macht man in dieser Zeit *Siesta*. Empfohlen ist ein Mittagsschläfchen von 10 bis maximal 20 Minuten, denn länger tagsüber zu schlafen erhöht das Kapha-Dosha zu sehr und macht eher müde statt fit. Außerdem besteht bei einem längeren Mittagsschlaf die Gefahr, in der Nacht wach zu liegen.

Die Lebensphasen und die Doshas

In unserem Leben gibt es drei unterschiedliche Lebensphasen, welche den drei Doshas Vata, Pitta und Kapha zugeordnet werden. In jeder Phase herrscht ein Dosha vor.

- *Die erste Lebensphase* ist die Kindheit bis zur Pubertät. In diesem Lebensabschnitt will das Kind wachsen und eine innere Stabilität für sein weiteres Leben erwerben. Es ist die *Kapha-Zeit,* für Wachstum, Stabilität und Immunität zuständig. In dieser Zeit ist es ganz normal, dass Kinder oft krank werden, denn während sie Krankheiten durchlaufen, stärken sie ihr Immunsystem.

  In der Pubertät, dem Übergang von der Kindheit zum Erwachsensein, wird das Kapha-Dosha allmählich vom Pitta-Dosha abgelöst. Wenn das Kind körperlich und emotional einen guten Boden erhalten hat - wobei die Liebe und Respekt der Erwachsenen dem Kind gegenüber hier eine große Rolle spielen - wird der Pubertierende diesen Zeitabschnitt ohne große Probleme durchstehen. Häufige Begleiterscheinungen in der Pubertät sind körperliche Pitta-Störungen wie z.B. Akne u.a.

Hautirritationen, sowie emotionale Befindlichkeitsstörungen wie Wut und Aggressionen, die durch die hormonelle Umstellung hervorgerufen werden. Es ist wichtig, dass Eltern die Symptome des Erwachsenwerdens, wie z.B. das Aufbrausen im jugendlichen Alter, als vorübergehendes Ungleichgewicht sehen und nicht gleich als negative Charakterzüge abstempeln. Das Pitta-Dosha treibt die Jugendlichen zu ihrer eigenen Selbstständigkeit, sie bilden ihre eigene Meinung und lehnen zunächst alle gut gemeinten Ratschläge der Erwachsenen ab.

- *Die zweite Lebensphase* ist vom Ende der Pubertät bis zu den Wechseljahren. In dieser Zeit wird der Mensch vom *Pitta-Dosha* beeinflusst. Das Wachstum ist abgeschlossen und jetzt tritt eine Phase der Umwandlung ein. In dieser Zeit ist unsere Energie und Schöpferkraft am höchsten. Wir lernen einen Beruf, gründen eine Existenz oder vielleicht auch eine eigene Familie.

Jetzt folgt der Übergangszustand von der zweiten Phase in die *dritte Phase.* Das Pitta-Dosha wird allmählich vom Vata-Dosha abgelöst. Diese Zeit kann, wie in der Pubertät, Störungen mit sich bringen. Es sind die s.g. Wechseljahre, bei Frauen Menopausen und bei Männern Andropausen oder auch Midlife-Crisis genannt. Es können Pitta und/oder Vata Störungen auftreten. Die Symptome können folgende sein:

- Hitzewallungen, auch bei Männern vermehrt Wärmeempfindlichkeit
- Stimmungsschwankungen, Reizbarkeit, Unzufriedenheit
- Schlafstörungen
- abnehmende Leistungsfähigkeit
- Erschöpfungszustände
- Bei Frauen Trockenheit der Scheide, bei Männer Potenzstörungen
- Sexuelle Unlust
- Nervosität
- Gewichtszunahme ohne Veränderung der Lebensgewohnheiten
- vermehrt Haarausfall

Diese Beschwerden haben laut der klassischen Schulmedizin vor allem mit der verminderten Hormonproduktion zu tun. Mittlerweile weiß man, dass durch eine entsprechende Lebensführung das Risiko eines Hormon-Mangel-Syndroms minimiert werden kann. Die medikamentöse Behandlung sollte erst dann erfolgen, wenn die Möglichkeiten der Prävention und Veränderung des Lebensstils nicht zum gewünschten Ziel führen. In Ayurveda kommt dem Lebensstil eine entscheidende Bedeutung bei, da alles mit

Allem verbunden ist und sich gegenseitig beeinflusst. Innere und äußere Faktoren, wie die Ernährungs- und Lebensweise, das Klima, sowie der Umgang mit privaten und beruflichen Belastungen gehören zu den wichtigsten Themen in diesem Lebensabschnitt.

Auch eine positive mentale Einstellung zum Älterwerden führt in diesem Lebensabschnitt zu mehr Gesundheit und Zufriedenheit. In unserer Gesellschaft wird die Jugendlichkeit wie selbstverständlich mit Gesundheit und Lebensfreude gleichgesetzt. Die Werbung und die Medien tragen dazu bei, dass viele ab einem bestimmten Alter versuchen diesem verzerrten Bild nachzueifern. Interessant ist, dass z.B. in Indien die Wechseljahres Beschwerden kaum ein Thema sind. Dort verbindet man ein hohes Alter mit Weisheit und Kompetenz und respektiert ältere Menschen. Hier im Westen verbinden viele Menschen das Alter mit Gebrechlichkeit und Krankheiten. Wir leben in einer Gesellschaft, die vom Jugendwahn geprägt ist.

- In der *dritten und letzten Lebensphase* ist *Vata* das vorherrschende Dosha. Der Mensch wird feinstofflicher und sollte sich mehr den geistig-spirituellen Dingen zuwenden. Alle Körpergewebe nehmen ab und der Organismus verliert an Kraft und Widerstandsfähigkeit. Es können Vata Störungen wie z.B. Alzheimer, Parkinson oder auch Schwerhörigkeit auftreten. Da auch die Verdauungskraft abnimmt, ist es für ältere Menschen wichtig den Stoffwechsel zu aktivieren und Vata-reduzierende Nahrungsmittel zu sich zu nehmen. Besonders geeignet sind warme, leicht verdauliche Mahlzeiten und warme Getränke. Durch eine seiner Konstitution angepasste, gesunde Lebensführung ist es möglich, ein hohes Alter mit guter Lebensqualität zu erreichen.

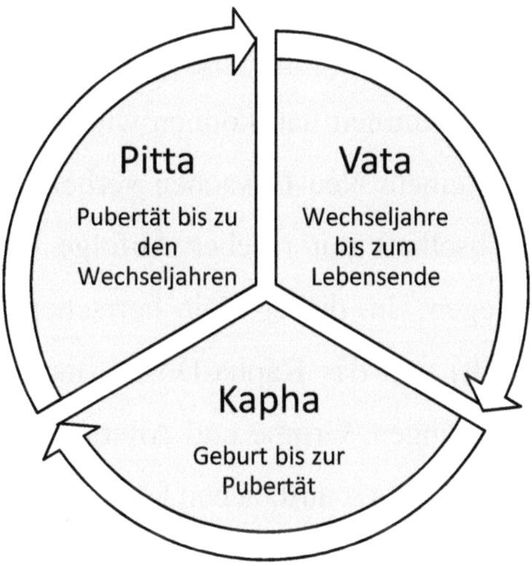

Die Doshas und die Lebensphasen

Die Doshas im Rhythmus der Jahreszeiten

Wie weiter oben bereits erwähnt, haben die Rhythmen in der Natur einen tiefgreifenden Einfluss auf unser körperlich-geistiges Wohlbefinden. Wir sind eingebunden in das Sonnensystem und unterliegen den Veränderungen der kosmischen Energien. So wie in der ganzen Natur haben die Veränderungen der Doshas im Rhythmus der Jahreszeiten auch auf die Doshas in uns eine unmittelbare Wirkung.

Der Frühling ist die Zeit, in der alles wieder neu erwacht. Nach einer langen Winter-Ruhezeit, in dem sich auch das Kapha-Dosha im Körper vermehrt hat, möchte das Übermaß im Frühjahr ausgeschieden werden. Wie in der Natur können auch wir die Erneuerung in unserem Organismus beobachten. Wir haben Frühlingsgefühle und wenn sich nicht zu viel Kapha im Winter gesammelt hat, fühlen wir uns auch wie neugeboren. Wenn sich durch einen ungesunden Lebensstil im Winter doch zu viel Kapha gesammelt hat, können wir durch richtiges Fasten Körper und Geist zu einem Neu-Erwachen verhelfen. Im Frühling ist das Wetter oft wechselhaft mit rascher Abfolge von Sonnenschein, Bewölkung und Regen. In dieser Zeit herrschen das Vata-Dosha (wechselhaft und kalt) und das Kapha-Dosha (nass und kühl). Frühjahrsmüdigkeit, Erkältungen, Grippe und Allergien sind die typischen Krankheitssymptome, die jetzt auftauchen können.

In der Sommerzeit steigt das Pitta-Dosha in der Atmosphäre. Bei zu großer Hitze dreht unser Selbstregulierungssystem das Pitta im Körper herunter und wir fühlen uns oft schlapp und ohne Antrieb. Auch das Verdauungsfeuer wird dadurch schwächer, wir haben weniger Appetit als in der Winterzeit. Um das Verdauungsfeuer nicht weiter zu schwächen ist es ratsam nicht zu kalte Getränke zu sich zu nehmen und das Essen gut zu würzen. In den heißen Ländern nimmt man deshalb auch oft heiße Getränke und scharf gewürzte Speisen zu sich.

Die Vata-Zeit ist der Herbst und der kalte Winter. Vor allem die Herbststürme und der kalte trockene Spätwinter erhöhen das Vata-Dosha. Im Spätherbst und im Frühwinter kann es nasskalt sein und zu einer Zunahme von Kapha kommen. Hier kann man, wie im Frühjahr, mit Fasten entgegen wirken. Da in den kalten, trockenen Wintermonaten Vata dominiert, verbrauchen wir zur Aufrechterhaltung des Wärmehaushalts mehr Energie und haben auch mehr Appetit als in den Sommermonaten.

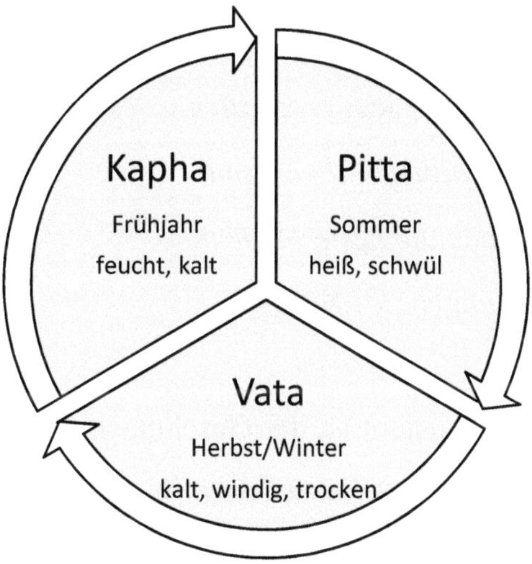

Die Doshas im Rhythmus der Jahreszeiten

Die individuelle Ernährung

Nahrung ist der wichtigste Energielieferant für unseren Organismus. Sie gibt dem Körper die Stoffe und die Energie, die er braucht und hat gleichzeitig eine bedeutende Wirkung auf die Psyche. Die Wirkung der einzelnen Nahrungsmittel können wir anhand der Geschmacksrichtungen *süß, sauer, salzig, scharf, bitter und zusammenziehend* feststellen. In den Upanishaden steht über die Nahrung Folgendes geschrieben:

Aus Nahrung fürwahr entstehen alle Geschöpfe,
die auf Erde sind. Durch Nahrung leben sie
und werden schließlich wieder zu Nahrung.
Nahrung ist das Erste, was erschaffen wurde
und wird deshalb allheilend genannt;
so ist sie denn auch die beste Medizin
für alle Erkrankungen des Körpers.

Nach ayurvedischer Ansicht ist der Geschmack unserer Nahrung nicht zufällig, sondern ein Hinweis auf ihre Wirkung. Jede Geschmacksrichtung besitzt ihre spezifische Heilwirkung. Feuer ist z.B. in drei Geschmacksrichtungen präsent, nämlich sauer, salzig und scharf. Sie können brennende Gefühle hervorrufen, sei es bei einer äußeren Verletzung oder im Magen-Darm-Trakt. Sie können jedoch auch reinigend und verdauungsfördernd wirken. *Sauer* und *salzig* werden bei Vata-Störungen und *scharf* bei Kapha-Störungen eingesetzt, wobei Störung immer ein zu viel des jeweiligen Doshas bedeutet. Wenn zu viel Vata-

Energie (Luft und Raum) im Körper ist, dann kann sie wieder durch die Qualitäten der anderen Elemente in der Nahrung harmonisiert werden. Diese sind Erde, Wasser und Feuer und sind in den Geschmacksrichtungen *süß, sauer und salzig* enthalten. *Bitter und zusammenziehend* sind mit Kühle, Trockenheit und Rauheit verbunden, typische Eigenschaften von Vata und werden bei Pitta- und Kapha-Störungen eingesetzt. *Süß* wirkt beruhigend und nährend (Eigenschaften von Kapha) und reduziert Pitta- und Vata-Störungen.

Der Geschmack eines Lebensmittels beruht auch auf Aromen, die vom Geruchssinn wahrgenommen werden. Deshalb funktioniert unser Geschmacksinn bei einer Erkältung auch nicht optimal. Das Verlangen nach einer bestimmten Geschmacksrichtung zeigt uns die Schwingungsart, die der Körper momentan braucht, um wieder in seine Schwingungsmitte zu kommen. Das Vata- und das Pitta-Dosha steigen z.B. bei Stress, Anspannung oder Aufregung und geraten aus dem Gleichgewicht. Der Körper braucht jetzt die Art von Schwingungsenergie, die ihn entspannen lässt und ihn wieder erdet. Es sind salzige oder süße Gelüste, die wir dann oft haben. Wenn nur das Vata erhöht ist, dann verlangen wir nach salzigen Speisen. Sind Vata und Pitta erhöht verlangen wir nach Süßem. Leiden wir dagegen unter schwerer Müdigkeit oder Lustlosigkeit, ist das Kapha-Dosha gestiegen und wir verlangen dann häufig nach etwas Scharfem. Natürlich ist es hierbei wichtig das angeborene Temperament zu berücksichtigen. Wenn wir ein Pitta Temperament haben, werden wir bei einer Kapha-Störung eher nach etwas Bitterem greifen um nicht das Pitta durch den scharfen Geschmack noch mehr zu stärken. Bitter beruhigt gleichermaßen Pitta und Kapha.

Bei der Gestaltung der Ernährungsweise spielen nicht nur die Geschmacksrichtungen eine große Rolle, sondern auch die Qualität und Frische der Nahrungsmittel. Am energiereichsten sind saisonbedingte Lebensmittel aus der eigenen Region. Es sind vor allem pflanzliche Nahrungsmittel, die uns die lebensnotwendigen, aus der Sonnenenergie gewonnenen Lebensstoffe weitergeben. Wenn wir uns hauptsächlich von tierischen Produkten, Fastfood, tiefgefrorenen, bestrahlten oder industriell verarbeiteten Lebensmitteln ernähren, fehlt dem Körper der Nährwert der Sonnenenergie. Diese Nahrungsmittel haben vielleicht die Stoffe, die ein lebloser Körper auch enthält, ihnen fehlt aber das *Prana* für einen lebendigen Körper; nach und nach verlässt die Lebenskraft den Körper und lässt ihn „verhungern". Die Folge sind gestörte Organfunktionen, häufige Infektionskrankheiten und chronische Erkrankungen.

Wenn wir Liebe, Freude und Dankbarkeit erfahren, fühlen wir uns energievoll und haben weniger Verlangen nach Nahrung. Umgekehrt beeinflusst die Nahrung das Bewusstsein und somit unser psychisches Wohlbefinden. Ob und wie sehr eine Speise dem psychischen Befinden zuträglich ist, beurteilt man im Ayurveda danach, ob das betreffende Nahrungsmittel Sattva-, Rajas- oder Tamas-Qualitäten hat.

Sattvische Speisen sind mild, saftig und voller Geschmack. Sie sind frisch, bekömmlich und wirken beruhigend auf Körper und Geist. Es sind Speisen, die Energie und Gesundheit spenden und das Körper-Geist-System in Harmonie bringen. Dazu gehören z.B. frisches Obst, Gemüse und Salate, Vollkorn-Getreide und Reis, Nüsse und Samen, leicht verdauliche Hülsenfrüchte wie z.B. gelbe und rote Linsen (kurze

Garzeit), Ghee, Kokosfett und kaltgepresste Öle, Milch und süße Sahne, natürliche Süßungsmittel wie Honig, Vollrohrzucker, Ahornsirup u.a.

Geschmacksrichtung	**Elemente**	**Eigenschaft**	**Dosha**	**Agni**
Süß	E+W	schwer, feucht, kalt	K+ VP-	-
Sauer	F+E	heiß, leicht, feucht	PK+ V-	+
Salzig	F+W	heiß, feucht, schwer	PK+ V-	+
Scharf	F+L	heiß, trocken leicht,	PV+ K-	+
Bitter	L+Ä	kalt, trocken leicht,	V+ PK-	-
Zusammenziehend Herb	L+E	kalt, trocken, fest	V+ PK-	-

Die Geschmacksrichtungen und ihre Wirkungen auf die Doshas.
\+ = erhöhende Wirkung; - = reduzierende Wirkung

Sattvische Nahrung ist nicht nur vegetarisch, sondern sie besteht aus Nahrung, die reich an *Prana* ist, wie frisches, biologisch-organisch angebautes Obst und Gemüse. Dazu gehört auch, auf Dosennahrung, Tiefkühlkost und künstlich verarbeitete, gespritzte oder gedüngte Nahrungsmittel zu verzichten. Es bedeutet, dass wir die Nahrung bewusst, mit guten Gedanken und Liebe zubereiten. Wir verkochen unsere Speisen nicht und essen möglichst sofort nach der Zubereitung.

Rajasische Speisen verursachen Verstimmung des Körper-Geist-Systems und bringen Unwohlsein, Gefühlsschwankungen und Krankheit. Zur rajasischen Nahrung gehören übermäßig salzige, saure und zu stark gewürzte Speisen. Rajasische Nahrung wird gerne in hektischer Umgebung gegessen oder wenn wir in Eile, unruhig oder aufgeregt sind. *Rajasische* Nahrungsmittel sind Fleisch, Fisch, Eier, Erdnüsse u.a. schwerverdauliche Hülsenfrüchte, weißer Zucker, weißes Mehl, Knoblauch, Zwiebel, Pfeffer, Chili, Salz, jede Art von Drogen wie Kaffee, schwarzer Tee, Alkohol, fermentierte Nahrungsmittel wie z.B. Joghurt, Käse, Sauerkraut, Bier. Rajasische Nahrungsmittel sind von leidenschaftlicher Qualität, die wir manchmal *in gewissen Maßen* brauchen um uns durchsetzen zu können und unsere Ziele zu erreichen. Das Essen von *zu viel* rajasischer Nahrung hat auf lange Sicht eine tamasische oder energieblockierende Wirkung.

Tamasische Speisen sind schal, geschmacklos, verdorben und unrein. Sie lähmen den Geist und verursachen Krankheiten. Unter tamasischer Nahrung versteht man abgestandene, alte, aufgewärmte, ranzige, künstliche, fettige, angebrannte oder schwere Speisen. Tamasische Nahrung bremst die Aktivität und verursacht Lethargie, Apathie, übermäßigen Schlaf und sammelt Schleim und Abfallstoffe an. Sie dämpft die Sinne, trübt den Geist und lässt die Emotionen schwer werden. Beispiele für tamasische Nahrungsmittel sind: zu viel Fleisch, Fisch, Eier, Tiefkühlkost, konservierte Lebensmittel, Essen aus der Mikrowelle, jede Art von Drogen, Medikamente, chemische Zusätze, Pilze, Meeresfrüchte und jeder Übermaß an rajasischer Nahrung.

Das Verdauungsfeuer - Agni

Im Darm sitzt der Tod sagt der Volksmund. Eine schlechte Verdauung ist einer der Hauptursachen für das Entstehen von Krankheiten. Für einen gesunden Stoffwechsel ist Agni, das Verdauungsfeuer, ein wichtiger Faktor. Agni wird im Körper von Pitta erzeugt und hilft uns die in der Nahrung enthaltene, pranische Energie freizusetzen und dem Organismus verfügbar zu machen.

> *Lebensdauer, Ausstrahlung, Stärke, Begeisterungsfähigkeit,*
> *Gesundheit, Körperfülle, Glanz, Immunität, Energie, Wärmeprozesse*
> *und vitaler Atem – das alles hängt vom Körperfeuer (Agni) ab.*
> *Man stirbt, wenn dieses Feuer erlischt, man lebt lange frei von*
> *Störungen, wenn es seine Aufgabe richtig erfüllt und wird krank,*
> *wenn es geschwächt ist, denn AGNI liegt all dem zugrunde.*
> (*Caraka Samhita 15:3-5)*

Damit Agni in einem angemessenen Maß entstehen kann, ist wiederum ein Gleichgewicht zwischen den drei Doshas erforderlich. Ist das Gleichgewicht nicht vorhanden, wird entweder zu *wenig Agni* erzeugt und selbst die wertvollsten Speisen werden nicht verdaut und lagern sich als Schlacken ab, oder es entsteht zu *viel Agni*, was ständigen Hunger und Unausgeglichenheit zur Folge hat. Qualität, Menge und Art der verspeisten Nahrungsmittel beeinflussen Agni ebenso wie körperliche Aktivität, Schlaf, Tageszeit, Wetter und Lebensalter. Körperliche Untätigkeit, langes Schlafen und das Essen von zu fetter und zu süßer Nahrung schwächen das Verdauungsfeuer nachhaltig. Alles was zu viel, zu wenig oder falsch gehandhabt wird - wie z.B. zu viel oder zu häufiges Essen, zu schweres Essen am Abend, Dauerstress und fehlende Erholung - wirkt beeinträchtigend auf unser Verdauungssystem. Ausschlaggebend für ein gut funktionierendes Agni ist eine maßvolle Ernährungs- und Lebensweise.

Kapha-Störungen	**Pitta-Störungen**	**Vata-Störungen**
•Blässe •Gewichtszunahme •Schwere Müdigkeit •Verschleimung •Häufige Erkältungen •Kältegefühl •Ödeme •Verstopfung •Lethargie •Neid •Gier •Melancholie	•Entzündungen •Brennende Gefühle •Hitzewallungen •Sodbrennen •Übersäuerung •Starke Körpergerüche •Durchfall •Einschlafstörungen •Gereizheit •Ärger •Ungeduld •Eifersucht	•Erschöpfung •Frieren •innere Unruhe •Nervosität •Unkonzentriertheit •Verspannungen •Schwindel •Schmerzen •Blähungen •trockene Haut •brüchige Haare und Fingernägel •Durchschlafstörungen •Sorgen und Ängste
•Agni: zu schwach	**•Agni: zu stark**	**•Agni: wechselhaft**

Beispiele spezifische Dosha- und Agni-Störungen

Die Konstitution und die jeweilige Dosha-Störung haben ebenfalls eine Wirkung auf Agni. Bei Vata-Störungen entsteht eine wechselhafte Verdauung (abwechselnd Verstopfung oder Durchfall), während bei Pitta-Störungen meist ein zu starkes Agni mit Durchfall entsteht. Menschen mit einer Kapha-Störung leiden unter einem zu schwachen Verdauungsfeuer, das Verstopfung verursachen kann.

Agni sorgt nicht nur für die Verdauung in unserem Magen-Darmtrakt, wie z.B. einen regelmäßigen Stuhlgang, Agni ist auch zuständig für den Zellstoffwechsel sowie für die Energie-Erneuerung des Körpers. Wenn Agni optimal funktioniert, haben wir eine gesunde Ausstrahlung, eine hohe Vitalität, ein gutes Immunsystem und eine lange Lebensspanne. Mit einer konstitutionsgerechten Lebensweise, Bewegung, Atem- und Entspannungsübungen können wir Agni positiv beeinflussen. Agni pflegen wir auch mit einer natürlichen Ernährungsweise, die aus frischen, energiereichen Lebensmitteln besteht.

Wenn wir auf unseren Körper achten, erhalten wir genau die Hinweise, welche Nahrungsmittel wir brauchen und welche uns gut tun. Dafür hat die Natur uns die Sinne geschenkt. Beim Sehen, Riechen und Schmecken können die Sinne noch von Food-Designern, Erinnerungen und Unkenntnis getäuscht werden. Nach der Mahlzeit wirkt die Täuschung nicht mehr; bei nicht geeigneten Speisen bekommen wir Verdauungsstörungen, fühlen uns schwer, müde oder kraftlos, während wir uns nach einer natürlichen, gesunden Mahlzeit leicht, energievoll und zufrieden fühlen.

Wann wird Agni gestört?

- wenn wir uns überessen oder Mahlzeiten auslassen
- wenn wir über längere Zeit fasten oder eine Diät machen
- bei einer unregelmäßigen Lebensweise
- wenn wir zu spät ins Bett gehen und lange ausschlafen
- wenn wir Nahrung zu uns nehmen, die zu schwer, zu kalt, unverträglich oder verdorben ist
- wenn wir zum Essen Kaltes oder zu viel trinken
- wenn zu viele Genussmittel (Kaffee, Alkohol u.a.) verzehrt werden
- wenn am Abend schwer verdauliche Kost serviert wird
- wenn beim Essen gelesen, ferngesehen oder gestritten wird
- wenn wir die Nahrung nicht der Tageszeit, der Jahreszeit, dem Alter oder einem Ortswechsel anpassen
- wenn wir uns körperlich und psychisch überlasten oder unterfordern.
- wenn Gefühle unterdrückt und nicht „verdaut“ werden

Allgemeine Essens-Empfehlungen zum Ausgleich von Agni

- Esse in ruhiger Umgebung und nie in erregtem Zustand
- Richte Deine Aufmerksamkeit auf das, was Du isst
- Esse langsam, dann merkst Du rechtzeitig, wann Du satt bist

- Im Mund fängt die Verdauung an, kaue deshalb jeden Bissen 30x
- Vermeide eisgekühlte Getränke und Speisen
- Warte mit dem Essen bis die vorherige Mahlzeit verdaut ist
- Trinke zu den Mahlzeiten wenig, am besten warme Getränke
- Trinke über den Tag verteilt ca. 2 Liter warm abgekochtes Wasser
- Esse nach Möglichkeit frisch zubereitete Nahrung
- Ruhe nach dem Essen noch etwas oder mache einen Spaziergang.

Die Stoffwechselschlacken - Ama

Ist *Agni* geschwächt oder gestört, entsteht *Ama*. Wörtlich heißt Ama ungekocht oder unverdaut und ist in Ayurveda das Konzept von allem, was in einem Zustand der unvollständigen Umwandlung existiert. Ama entsteht durch unverdaute Nahrungsbestandteile, aber auch durch unverdaute psychische Konflikte und chronischen Stress. Ama vergiftet den Körper und führt letztendlich zu chronischen Erkrankungen. Unsere modernen Lebensbedingungen begünstigen die Entstehung von Ama und folglich von vielen Zivilisationskrankheiten wie Bluthochdruck, Diabetes, Krebs, Übergewicht, sowie Depressionen. Mit der wachsenden Zahl der Krankheiten wächst auch der Medikamentenkonsum mit seinen Nebenwirkungen und Risiken. Laut Ayurveda ist Ama der Samen fast aller Krankheiten. Um leichtes Ama zu entfernen empfiehlt Ayurveda das regelmäßige Trinken von heiß abgekochtem Wasser. Auch mit einer einwöchigen Fastenkur im Frühjahr und/oder im Herbst kann angesammeltes leichtes Ama ausgeschieden werden.

Erste Anzeichen von Ama sind z.B.:

- Schweregefühl am Morgen gleich nach dem Aufstehen
- steife Gelenke
- Antriebslosigkeit
- geschwächtes Abwehrsystem
- Verdauungsbeschwerden
- weißer Belag auf der Zunge.

Ama ist die Wurzel der meisten chronischen Erkrankungen und hier wird auch eine intensivere Reinigungskur empfohlen. Diese Kur wird Pancha-karma genannt und löst mit fünf (pancha) verschiedenen Behandlungsarten (karma) Stoffwechsel-Abbauprodukte und Umweltgifte aus dem Körper. Die Behandlungsmethoden fördern auch eine mentale Entschlackung und den Umgang mit Stress Situationen.

Die Panchakarma Kur wird individuell, nach Konstitution, Befindlichkeitsstörung und Krankheit des zu Behandelnden durchgeführt. Vor der Kur werden vorbereitende mobilisierende Anwendungen gemacht und nach der Kur folgt eine Aufbau- und Stabilisierungsphase mit Kräutermedizin und Empfehlungen für eine natürliche, gesunde Ernährungs- und Lebensweise. Die Kur kann, je nach Krankheitsgrad, bis zu sechs Wochen dauern. Sie ist eine intensive Reinigungskur mit entsprechenden Ausleitungsverfahren und harmonisierenden Therapien für die Lebensenergien. Die Betreuung dieser Kuren durch Fachkräfte ist unerlässlich, denn nur eine gut geschulte Fachkraft versteht die Wirkungen der Entgiftung und das Ausleiten der Gifte aus dem Körper.

Nicht jede Panchakarma-Kur, die den Namen trägt, ist auch eine Panchakarma-Kur. Manchmal werden s.g. Wellness-Kuren als Panchakarma-Kur bezeichnet, was natürlich irreführend ist. Eine Panchakarma-Kur hat nichts mit Wellness zu tun, man kann sich während der Kur sogar sehr krank fühlen. Krankheit ist ein biologischer Prozess, in dem der Körper versucht sich von Giftstoffen zu erledigen. Dieser physiologische Vorgang, der Bestandteil unseres Immunsystems ist, findet dauernd statt. Nur wenn der Körper überlastet ist, lagert er die Giftstoffe ab; diese Ablagerungen werden in der Panchkarma Kur mobilisiert, um dann ausgeleitet zu werden.

Damit der Körper optimal funktionieren kann, müssen wir für die richtigen Lebensbedingungen sorgen. Eine gesunde Ernährung und Lebensweise im Einklang mit den natürlichen Rhythmen, Ausgewogenheit zwischen Ruhe und Aktivität, genügend Schlaf und eine ausreichende Flüssigkeitszufuhr sind ebenso wichtig wie Körper-, Atem- und Entspannungsübungen, die den Stoffwechsel ankurbeln und ausgleichend auf die Doshas wirken. Auch der richtige Umgang mit Sonnenlicht hilft Dir das Immunsystem zu stärken, ist wichtig für die Bildung von Vitamin D und nicht zuletzt für Dein Gemüt. Die Sonnenstrahlen am frühen Morgen und am späten Nachmittag sind am günstigsten zum Sonnenbaden.

Unser Erbgut und die genetische Disposition

Wie wir bereits wissen, hat bei der Zeugung eines Lebewesens das genetische Material der Eltern einen großen Einfluss auf die Bildung des neuen Individuums. Das genetische Material der Eltern besteht nicht nur aus körperlichen Merkmalen wie Geschlecht, Statur, Haar- und Augenfarbe, sondern auch die Veranlagung für Erkrankungen und die psychische Konstitution werden schon festgelegt. Sogar emotionale Verstrickungen aus der Herkunftsfamilie können generationsübergreifend im Energiefeld fortbestehen.

Weiter geht aus der indischen Reinkarnationstheorie hervor, dass dazu noch unvollendete Lektionen *(Karma)* aus anderen Erdenleben hinzukommen. Die Grundvorstellung von Karma ist, dass unsere Handlungen und Taten unser Schicksal bestimmen. Es ist das Gesetz von Ursache und Wirkung. Der gewöhnliche Mensch ist meistens für seinen eigenen Gewinn und seine Befriedigung tätig und handelt aus selbstsüchtigen Motiven, die ihn von der Ganzheit trennen. Das Gesetz von Ursache und Wirkung hilft uns wieder die Ganzheit zu erkennen.

Nach der Geburt wird das angeborene Temperament des Kindes durch seine Umwelt beeinflusst und seine ursprüngliche Natur kann bereits in jungen Jahren aus dem Gleichgewicht geraten. Das größte Ungleichgewicht wird verursacht durch die Unterdrückung der ureigenen Verhaltensweisen und Bedürfnisse des Kindes. Dies kann vermieden werden, indem man das Kind nicht allzu sehr in seiner Persönlichkeit einengt und ihm Raum für seine natürliche Entwicklung gibt, es respektiert und liebevoll umsorgt.

Liebe hat die größte Schwingungsenergie und wenn Kinder bedingungslos geliebt werden, ist das die wertvollste Nahrung für ihr junges Erdenleben. Liebe stärkt das Nerven- und Immunsystem und das Kind kann sich optimal entwickeln. Umgekehrt entstehen die meisten Traumata in der Kindheit, wenn Kinder von der Liebesenergie getrennt werden.

Jeder Mensch hat von Geburt an das Potenzial zu einer großartigen Entwicklung mitbekommen. Wir kommen alle mit unterschiedlichen Temperamenten auf die Welt, die durch individuelle Zusammenstellungen der drei Doshas Vata, Pitta und Kapha geprägt sind und uns die Möglichkeit geben, so sein zu dürfen wie es die Natur vorgesehen hat: *Wir fühlen uns in unserem Element.* Leben wir nicht gemäß dem individuellen Temperament, geraten wir in Ungleichgewicht und werden krank. Der Körper hat ein Selbstheilungssystem, das immer wieder bemüht ist den Organismus in sein Gleichgewicht zu bringen. Wenn wir uns unwohl fühlen, signalisiert der Körper, dass etwas nicht stimmt. Achten wir nicht auf seine Signale und überfordern ihn, dann kollabiert das System.

Der ayurvedische Ausdruck für einen gesunden Zustand ist *Swasthya*, was übersetzt *in sich selbst ruhen* bedeutet. Der Körper ist ständig bemüht diesen Zustand aufrechtzuerhalten und spiegelt uns in seiner eigenen Sprache seine Bedürfnisse wieder. Achten wir auf unsere Gefühle und Körpersignale, dann können wir optimale Bedingungen schaffen für die Bedürfnisse und Interessen, die für unser körperliches und psychisches Wohlbefinden wichtig sind. Übergehen wir unsere persönlichen Bedürfnisse und unterordnen sie den Interessen anderer, dann führt das früher oder später zu einer verminderten Lebensqualität oder sogar zu Erkrankungen.

Da wir Teil der Natur sind, können wir uns nicht in Gegensatz zur Natur stellen. Der Mensch als Mikrokosmos ist eingebettet im Makrokosmos. Das heißt, dass wir nur gesund sein können, wenn wir uns den natürlichen Rhythmen anpassen und eine Harmonie zwischen uns und der Außenwelt aufrechterhalten. Wir werden ständig aus dem Gleichgewicht geworfen um zu lernen. Denn nur in der Veränderung der Dinge können wir uns weiterentwickeln. Gesundheit heißt in Ayurveda nicht nur das Fehlen von Krankheit, sondern der harmonische Einklang von Körper, Geist und Bewusstsein. Dazu gehört auch das Wohlbefinden, das durch einen harmonischen und befriedigenden Kontakt zwischen den einzelnen Menschen und ihrer Umwelt entsteht.

Die sechs Krankheitsstadien

Die ayurvedische Medizin geht davon aus, dass Erkrankungen sechs Stadien durchlaufen. Die ersten Stadien können sich im emotional-energetischen Bereich zeigen. Du fühlst Dich vielleicht energielos (Vata-Störung) oder wütend (Pitta-Störung) oder leidest unter einer schweren Müdigkeit (Kapha-Störung). Es können sich auch körperliche Beschwerden entwickeln, wie z.B. Hitzewallungen oder Sodbrennen (Pitta), Blähungen oder Kopfschmerzen (Vata), Verschleimung oder Verstopfung (Kapha). Werden diese Frühsymptome ignoriert, entwickeln sich daraus mit der Zeit ernstere Erkrankungen mit entsprechenden Komplikationen.

Krankheiten werden vorwiegend durch ein Übermaß der Doshas verursacht. Die Doshas werden durch schädigende Einflüsse von Ernährung, Klima, Jahreszeiten, Lebensstil, blockierenden Gedanken und Emotionen erhöht. Wird ein Dosha, das sich in erhöhtem Zustand befindet, nicht wieder ausgeglichen, entsteht ein Ungleichgewicht, das zu einer ernsthaften chronischen Erkrankung führen kann. Bis eine Krankheit chronisch wird, durchläuft er laut Ayurveda die folgenden sechs Stadien:

1. Ansammlung

Die Doshas werden durch schädigende Einflüsse erhöht und sammeln sich zunächst an ihrem jeweiligen Hauptsitz. Diese Dosha-Störungen kann man jetzt schon mit der Pulsdiagnose erkennen.

- Vata im Dickdarm, verursacht Blähungen und einen unregelmäßigen Stuhlgang
- Pitta im Dünndarm und unteren Magen, verursacht Sodbrennen und saures Aufstoßen.
- Kapha im oberen Magen, in der Lunge und im Hals-Nasen-Ohren-Bereich, verursacht Verschleimung.

2. Provokation

An den jeweiligen Hauptsitzen verstärken sich die Symptome und durch den Druck der Ansammlung bilden sich auch an anderen Körperteilen Beschwerden:

- *Vata* versucht sich in die Flanken auszubreiten und verursacht Krämpfe und Schmerzen im Bauch und im Lendenbereich.
- Der Dünndarm wird mit *Pitta* gefüllt und führt zu brennenden Gefühlen im Magen-Darm-Trakt.
- *Kapha* verursacht Appetitmangel, Übelkeit und durch Schwächung des Immunsystems werden wir anfälliger für Infektionskrankheiten.

In diesen ersten Phasen lassen sich die Dosha-Störungen noch am leichtesten behandeln, indem man die Ursachen erkennt und diese in Zukunft meidet. Sobald sich der Krankheitsprozess über den Bereich des Magen-Darm-Trakts hinaus entwickelt und in die dritte Phase eintritt, wird eine Selbstbehandlung schwieriger.

3. Ausbreitung

Werden die Doshas nicht ausgeglichen, steigen sie an den Orten ihrer Entstehung weiter an. Das Dosha fängt an, sich von seinem Ursprungsort auszubreiten, es dringt in das Blut ein und verteilt sich auf diesem Weg über den gesamten Organismus. Der Krankheitsprozess ist jetzt so weit fortgeschritten, dass die bloße Ausschaltung der verursachenden Faktoren nicht mehr ausreicht, um das Übel zu beseitigen.

- *Vata* führt zu trockener Haut, Schmerzen und Steifheit in den Gelenken, Kopfschmerzen, Krämpfen, Zuckungen, Müdigkeit einem trockenen Husten, Durchschlafstörungen, Kreuzschmerzen u.a. Beschwerden des Nervensystems.
- *Pitta* verursacht entzündliche Erkrankungen, brennende Gefühle, Migräne, Durchfall, Einschlafstörungen und Störungen des Hormon- und Stoffwechselsystems.
- *Kapha* verursacht Verschleimungen, geschwollene Lymphknoten, Ödeme, Übelkeit, Schwellungen der Gelenke und Anfälligkeit für Infektionskrankheiten.

4. Ablagerung

In diesem Stadium verbinden sich die erhöhten Doshas mit den Geweben. Bevorzugte Stellen sind Organe, die aufgrund genetischer Veranlagung geschwächt oder vorgeschädigt sind, wie z.B. die Lunge durch Rauchen. Die Symptome konzentrieren sich jetzt stärker an bestimmten Stellen, während sie im Stadium der Ausbreitung durch den Körper gewandert sind.

5. Manifestation

An den Stellen der Ablagerung manifestiert sich die Krankheit mit der für sie typischen Symptomatik und wird chronisch. Jetzt können wir die Krankheit als Asthma, Diabetes, Arthritis, Rheuma, usw. identifizieren.

6. Differenzierung

In diesem Stadium findet die Differenzierung statt. Es können Gewebezerstörungen und Komplikationen auftreten, die schwer zu behandeln sind. Möglich ist der Übergang zur vollständigen Heilung oder Defektheilung, zur Chronifizierung der Krankheit oder den Tod des Patienten.

Die Behandlung und die Wiederherstellung des Gleichgewichts sind in den ersten drei Stadien wesentlich einfacher als in den drei letzten Stadien. Deshalb empfiehlt Ayurveda die achtsame Wahrnehmung der eigenen Bedürfnisse um in jedem Augenblick die richtigen Entscheidungen zu treffen, die die Selbstheilungskräfte des Organismus stärken. Prävention wird in Ayurveda großgeschrieben!

Die meisten Krankheiten werden durch ein Ungleichgewicht der drei Doshas ausgelöst. In der ayurvedischen Medizin verzichtet man darauf jeder Krankheit einen Namen zu geben, denn man kann viele Störungen allein schon dadurch behandeln, indem man folgende Aspekte berücksichtigt:

- den Zustand der Doshas
- die Krankheitsursache
- den Beginn der Erkrankung
- den Ort der Manifestation

Unterschiedliche Dosha Störungen können bei zwei Menschen dieselben Krankheitssymptome auslösen, die aber durch verschiedene Ursachen ausgelöst wurden und entsprechend individuell behandelt werden müssen. Hier wird der *Mensch* behandelt und nicht die *Krankheit*.

Empfehlungen bei anfänglichen Dosha-Störungen

Jeder Mensch ist einzigartig und unterscheidet sich von allen anderen durch seine individuelle physische und psychische Verfassung. Dementsprechend braucht auch jeder Einzelne seine ganz individuelle Art von Heilung und Gesunderhaltung. Unser Organismus ist in der Lage sich selbst zu heilen, d.h. seine Balance wiederherzustellen. Wir müssen ihm nur die Gelegenheit dazu geben, indem wir auf seine Signale und Symptome achten um den eigenen Bedürfnissen gerecht zu werden.

Empfehlungen bei Vata-Störungen

Ein zu hohes Vata entsteht meistens durch übermäßige körperliche und mentale Belastungen, sowie durch eine unregelmäßige und unausgeglichene Lebensweise. Dadurch verliert der Organismus viel Energie, wir fühlen uns energielos und unkonzentriert. Beginnende Vata-Störungen sind oft die Basis für viele andere Dosha-Störungen. Vata-Störungen können folgende Symptome aufweisen:

- ein sich unablässig drehendes Gedanken-Karussell
- innere Unruhe
- Sorgen und Ängste
- Tinnitus
- Kreislaufstörungen, Schwindel
- Erschöpfung
- Durchschlafstörungen
- diffuse Schmerzen, muskuläre Verspannungen u.a.

Bei Vata-Störungen ist vor allem das Nervensystem angegriffen, weshalb sanfte Massagen mit warmem Öl, Yoga und Meditation hier besonders zu empfehlen sind. Um nicht noch mehr Energie zu verlieren ist eine regelmäßige Lebensführung, sowie genügend Ruhe und Wärme ein Muss! Weitere Empfehlungen: über den Tag verteilt viel heißes Wasser trinken, früh ins Bett gehen und sich auf das Wesentliche konzentrieren. Menschen mit einer Vata-Konstitution sollten aufgrund ihres sensiblen Darmes, immer angenehm warme Speisen und Getränke zu sich nehmen und die Geschmacksrichtungen *süß, sauer und salzig* bevorzugen. Die Regelmäßigkeit ist sehr wichtig, so geben drei regelmäßige Mahlzeiten aus gedünsteten, saftigen Speisen am Tag dem Vata Dosha die nötige Ruhe und Wärme. Das Motto bei Vata-Störungen lautet: *In der Ruhe liegt die Kraft.*

Empfehlungen bei Pitta-Störungen

Pitta steuert alle Stoffwechselprozesse im Körper und ist mit dem Hormonsystem verbunden. Die Ursachen für Pitta-Störungen können eine chronische Vata-Störung sein oder zu viel Hitze in Form von Sonne, scharfes Essen, aber auch unterdrückte Gefühle, Konkurrenzkampf und Erfolgsdruck können Pitta-Störungen hervorrufen. In den Wechseljahren treten vermehrt Pitta-Störungen in Form von Hitzewallungen, Schlafstörungen und Stimmungsschwankungen auf. Weitere Pitta-Beschwerdebilder sind:

- Sodbrennen
- übermäßiger Hunger oder Durst
- starke Mund- und Körpergerüche
- Durchfall
- Entzündungen
- starkes Schwitzen
- Hautirritationen und Haarausfall
- Aggressivität, Ärger, Ungeduld und Intoleranz

Pitta dominante Personen sollten aufgrund ihrer hitzigen Konstitution alle scharfen, sauren, salzigen und heißen Nahrungsmittel meiden. Viel kühle, aber nicht eiskalte Getränke trinken. Scharfe Gewürze, Salz, Kaffee, Alkohol, Drogen und rotes Fleisch erhöhen das Pitta Dosha und sollten gemieden werden. Frisches, saftiges und süßes Obst,

Blattsalate, grüne, bittere und süße Gemüsesorten, etwas Rohkost und die Geschmacksrichtungen *bitter, süß und herb* können das Pitta-Dosha wieder harmonisieren. Das Joggen in der freien Natur ist optimal für Pitta, da die überschüssige hitzige Energie abgekühlt wird und so ein Ventil nach außen hat. Auch Schwimmen, Kampfsport und die yogischen Drehhaltungen sind ideal für das Pitta-Dosha. Genügend Phasen zum Entspannen einplanen, früh ins Bett gehen und kühl schlafen. Unerledigtes kann bis morgen warten. Eine kühle Umgebung mit viel frischer Luft und genügend Flüssigkeit ist ideal. Das Motto hier lautet: *Loslassen und offen sein für Neues.*

Empfehlungen bei Kapha-Störungen

Das Kapha Dosha ist für das Immun- und Lymphsystem zuständig. Kapha-Störungen entstehen meistens durch einen Mangel an Bewegung, ein Übermaß an süßer und fettiger Nahrung und feucht-kaltes Wetter. Aber auch hier können chronische Vata-Störungen zu einem Kapha-Ungleichgewicht führen. Typische Kapha-Beschwerdebilder sind:

- Schweregefühl im Körper und einen trägen Geist
- Übergewicht
- Ödeme
- schwere Müdigkeit
- häufige Erkältungen und Verschleimung der Atemwege
- Antriebslosigkeit

- Immunschwäche
- Melancholie und depressive Stimmungen

Das beste Motto für Kapha lautet: *Rege statt träge.* Gegen schwere, müde Glieder hilft viel Bewegung an der frischen Luft und eine leichte Ernährung. Schon zehn Minuten Yoga-Übungen am Tag (z.B. der Sonnengruß am Morgen) kurbeln die Stoffwechselprozesse an und stärken das Immunsystem. Morgendliche Wechselduschen, Sauna und Bürstenmassagen bringen zudem den Kreislauf in Schwung. Menschen mit einer Kapha-Konstitution sollten aufgrund ihrer Neigung zu Trägheit und Übergewicht alle sehr schweren und süßen Speisen meiden. Frische Früchte am Morgen und einen kleinen Anteil an Rohkost und Blattsalate zu jeder Mittagsmahlzeit helfen den eher trägen Körper zu aktivieren. Zu viel Schlaf und schlafen am Tage sollten vermieden werden. Bevorzugte Geschmacksrichtungen sind *scharf, bitter und herb.*

Die ayurvedische Ernährungs- und Lebensweise ist nicht immer einfach zu verstehen, denn meistens kommen mehrere Ursachen für unsere Befindlichkeitsstörungen in Frage und mit der Zeit geraten alle Doshas aus dem Gleichgewicht. Jetzt muss man die Puzzleteile zusammensuchen um wieder ausgleichend auf die Doshas einzuwirken. Ein gut ausgebildeter Ayurveda-Spezialist kann Dir dabei behilflich sein. Mit der Zeit wirst Du immer bewusster, nimmst die eigenen Bedürfnisse besser wahr und Du lernst wieder auf die Signale und die Weisheit Deines Körpers zu hören.

Zusammenfassung

Alles ist Schwingung; Mikrokosmos (Mensch) und Makrokosmos (Universum) schwingen miteinander und bilden in Wirklichkeit eine untrennbare Einheit. Jeder Mensch hat seine individuelle Eigenschwingung, in welcher er sich wohlfühlt und mit der er sich auf der kosmischen Urschwingung einstimmen kann. In diesem harmonischen Zustand sind die Doshas in Gleichgewicht, die Lebensenergie kann frei fließen und die Selbstheilungskräfte funktionieren optimal. Sind wir verstimmt, ist es wie bei den Saiten einer Gitarre. Erst wenn die Saiten aufeinander abgestimmt sind, ergeben die Töne einen harmonischen Klang. Befinden sich die drei Doshas nicht im *harmonischen Einklang*, wird die Lebensenergie blockiert und Befindlichkeitsstörungen oder Erkrankungen sind die Folge. Zur Optimierung des Energieflusses gibt Ayurveda folgende Empfehlungen:

- eine konstitutionsgerechte Ernährungs- und Lebensweise
- die regelmäßige Reinigung und Entgiftung von Körper und Geist
- eine gesunde Balance zwischen Aktivität und Erholung
- konstitutionsgerechte Körper-, Atem- und Entspannungsübungen
- tägliche Zeiten für Besinnung und Einkehr

Das freie Fließen der Lebensenergie wird auch vom Geisteszustand bestimmt, der von den Körpersinnen und den interagierenden Energiefeldern beeinflusst wird. Wenn wir unsere Sinnes-Antennen ständig nach außen richten, wird der Geist unruhig und wir geraten aus dem

Gleichgewicht. Deshalb wird gleich am Anfang der Yogalehre empfohlen, regelmäßig zu entspannen und den Geist zu beruhigen um wieder in Balance zu kommen. Denn wenn wir nicht in unserer Schwingungsmitte sind, können wir uns auch nicht mit den kosmischen Schwingungen der Lebenskraft, Kreativität, Weisheit und Liebe in Einklang bringen.

5. Das Energiesystem des Menschen

Innerhalb Deines Körpers gibt es einen Strom von Energie, Liebe und Intelligenz, der den Körper führt, erhält und mit Energie versieht. Entdecke diesen Strom und bleibe in seiner Nähe.

Sri Nisargadatta Maharaj, (1897 - 1981)
Indischer spiritueller Meister

Die Lebensenergie - Prana

Alles in unserem Universum besteht aus Energie mit verschiedenen Schwingungsfrequenzen und Energieformen wie z.B. chemische Energie, thermische Energie, kinetische Energie, Lichtenergie sowie die Energie, die in elektrischen und magnetischen Feldern gespeichert ist. Die Rishis nennen all diese unterschiedlichen Energiequellen *Prana.*

Prana ist das Fundament allen Lebens, die Energie der Lebenskraft, die das ganze Universum erfüllt. Alles, was existiert wird von Prana durchströmt. Alles im Universum schwingt miteinander. Die Schwingungen nehmen wir mit unseren fünf Sinnen auf. Wie weiter oben schon erwähnt, sind die Sinne den großen Elementen zugeordnet und nehmen ihre jeweiligen Schwingungsqualitäten auf. Über den Äther wird Klang übertragen, demnach entspricht es dem Gehör, das Ohr ist das entsprechende Sinnesorgan. Luft wird dem Tastsinn (Berührung) zugeordnet, das Sinnesorgan hierzu ist die Haut. Feuer (Licht) ordnet man dem Sehvermögen zu, das Sehorgan ist das Auge. Wasser wird dem Geschmackssinn zugeordnet, denn ohne Wasser kann die Zunge nicht schmecken. Erde entspricht dem Geruchssinn, das Sinnesorgan ist die Nase.

Prana ist Kraft, Energie, Vitalität und gleichzeitig das Verbindungsglied zwischen Materie, Geist und Bewusstsein. Prana ist die universelle vitale Energie, die der Natur (*Prakriti*) die Kraft gibt sich ununterbrochen in vielfältiger Weise zu manifestieren. Um die Erscheinungen dieser Welt zu erschaffen, ist neben Energie Bewusstsein notwendig. Energie und Bewusstsein sind zwei Aspekte unseres Seins, die eine Einheit formen. *Prana* ist die Kraft, die das Universum in Bewegung hält und *Purusha* ist unendliches allgegenwärtiges Bewusstsein, das das ganze Universum durchdringt und auch in uns vorhanden ist. Prana ist der aktive, erschaffende Aspekt und Purusha ist der stille, ruhende, allgegenwärtige Zeuge in uns, obgleich er die Ursache für die Erschaffung der Welt ist.

Prana regelt all unsere physischen und psychischen Funktionen, wie die Nahrungsaufnahme, die Atmung, die Ausscheidung sowie die Verarbeitung von Sinneswahrnehmungen, Gedanken und Emotionen. Der menschliche Organismus wirkt dabei wie ein Transformator, der die benötigte Energie durch die Sinne aufnimmt, transformiert, verteilt und wieder nach außen ausdrückt.

Prana steht uns in Überfluss und unbeschränkt zur Verfügung. In jeder einzelnen Zelle unseres Organismus ist sie vorhanden und regelt sämtliche Prozesse im Körper. Um vollen Zugang zu dieser Kraftquelle zu finden, muss der Organismus frei von Blockaden sein, damit die Energie ungestört fließen kann. Dies gelingt am besten mit *einem entspannten Körper und einem ruhigen Geist.* Immer wieder in diesem ausgeglichenen Zustand zu verweilen, vermeidet Energiemangel und die daraus resultierenden Missempfindungen und Erkrankungen. Weitere Faktoren, die das Fließen von Prana begünstigen, sind eine individuell angepasste Ernährung, moderates Sonnenlicht, frische saubere Luft sowie eine gesunde Denk- und Lebensweise.

Einen Großteil von Prana beziehen wir aus der Luft, die wir einatmen. Körperliche Vorgänge und der allgemeine psychische Zustand hängen eng mit der Häufigkeit, der Tiefe und dem Rhythmus der Atmung zusammen. Unsere natürliche Atmung ist die Bauchatmung, d.h. eine regelmäßige, ruhige und tiefe Atmung. Beobachten wir Babys, können wir sehen, wie entspannt und tief sie atmen. Beim Einatmen wölbt sich ihre Bauchdecke und beim Ausatmen senkt sie sich wieder. Die Lunge wird vollständig mit Luft gefüllt und wieder vollständig geleert. Das ist unser natürlicher Atemvorgang, den die meisten Erwachsenen leider verlernt haben. Denn bedingt durch negative Gedanken und eine unnatürliche, hektische Lebensweise vermehren sich die Verspannungen im Körper und die verkrampften Atemwege verhindern, dass die Lunge vollständig mit Luft gefüllt und wieder vollständig geleert wird. Der natürliche Fluss von Prana wird blockiert. Wenn wir lernen, unsere Atmung willentlich zu vertiefen und zu verlangsamen, können wir unser Energie-System positiv beeinflussen. Atemübungen *(Pranayama)* spielen in Yoga seit jeher eine wesentliche Rolle für das psychisch-körperliche Wohlbefinden. Wir fördern die Gesundheit und verlängern unser Leben, wenn wir lernen tief und entspannt zu atmen. In den Prashna Upanishaden wird folgende Geschichte erzählt:

Einmal stritten die fünf wichtigsten Sinnesfunktionen des menschlichen Wesens, wer wohl die wichtigste von ihnen sei. Die Sprache, das Sehvermögen, das Ohr und der Geist gaben nach einander an: „ich bin die bedeutendste, denn ich erhalte und stütze diesen Körper". Aber die Lebensenergie Prana sagte: „Gebt euch keiner Täuschung hin, denn ich bin es, der sich fünffach[7] aufteilend diesen Körper zusammenhält." Um die Wahrheit heraus zu finden, vereinbarten sie, dass jeder der Reihe nach den Körper verlassen solle, dann werde man wohl sehen, wie der Körper darauf reagiere. Nacheinander wurde der Körper stumm, blind, taub und kam in einen unbewussten Zustand. Ungeachtet dessen konnte der Körper aber unbehelligt weiter leben. Als Prana sich erhob und den Körper verließ, fing dieser an zu sterben und alle anderen Sinnesfunktionen verloren ihre Kräfte. Als Prana zum Körper zurückkehrte, waren auch sie wieder da und sie mussten zugestehen, dass das Leben ohne Prana nicht möglich sei.

[7] Die fünffache Aufteilung von Prana wird weiter unten erklärt.

Prana ist die schöpferische Urkraft. Kann Prana ungehindert fließen, wird unsere Schwingungsenergie erhöht und wir strahlen Stärke und Vitalität aus. Umgekehrt fühlen wir uns energie- und kraftlos, wenn Prana blockiert wird. Verlässt Prana den Körper, kommt es zum Atemstillstand, zum Aufhören des irdischen Lebens. Prana ist das wichtigste Verbindungselement zwischen Körper und Geist. Nur wenn Prana ungehindert durch den Körper fließen kann, sind wir physisch und psychisch im Einklang mit uns selbst. Wir befinden uns dann in unserer Schwingungsmitte und harmonieren mit den kosmischen Lebensenergien. Die mächtigste Energieform von Prana ist *bedingungslose Liebesenergie.* Sie verbindet und hat eine starke Anziehungskraft. Alles in unserem Kosmos entsteht und gedeiht durch Liebe. Sie ist die Anziehungskraft unseres Sonnensystems, die die Planeten zusammenhält und uns bedingungslos das Leben hier auf Erden ermöglicht. Die Kraft der bedingungslose Liebe vereint alles in unserem Universum.

Im Mundaka-Upanishad steht Folgendes geschrieben:

Brahman, die universale Essenz, ist das Allem innewohnende Selbst.
Es ist wahrlich die Wirklichkeit von Leben und Erleuchtung.
Wenn der Mensch Brahman erkennt, wird er erleuchtet.
Es gibt keinen Weiseren als den, der die innere Göttlichkeit
erkannt hat. Er verrichtet alle täglichen Arbeiten als Ausdruck
seines göttlichen Selbst und seine Freude ist von
Universeller Liebe durchdrungen.

Purusha wird auch Brahman genannt. Purusha heißt *das was in uns ruht.* Brahman ist das *göttliche Prinzip*, das in uns ruht und das jenseits von Zeit, Raum und Kausalität ist, ohne Anfang, ohne Ende, ohne Ursache, unveränderlich und unendlich. Unsere innerste Essenz und wahre Natur ist Brahman und sie ist durchdrungen von universeller Liebesenergie, die wir freimachen können, indem wir die Schleier im Geiste lüften und unser Herz öffnen. Dann leuchtet das innere liebende Wesen, das von unseren inneren einschränkenden Programmierungen verdeckt wurde.

Bedingungslos zu lieben ist eine innere Einstellung; es ist ein Gefühl, das aus dem Herzen kommt, ohne egoistische Erwartungen oder Bedingungen. Bedingungslose Liebe ist, wenn Eltern das Wohlergehen und die Befriedigung der Bedürfnisse ihres Kindes unterstützen, ohne das Kind in seiner persönlichen Entwicklung zu hemmen, d.h. ohne eigennützige Erwartungen zu verfolgen. Kinder brauchen für ihre Entwicklung und ihr Wachstum Geborgenheit und eine liebevolle Atmosphäre ohne Leistungsdruck. Liebe ist die wichtigste Nahrung für die kindliche Seele.

Bedingungslos zu lieben ist nicht, wenn ich glaube, andere Menschen verändern zu müssen, weil ich meine, dass es ihnen dann besser geht. Jeder Mensch kann nur sich selbst verändern. Es liegt nicht in unserer Verantwortung anderen unsere Sichtweise und Meinung aufzudrängen. Du kannst es vorleben, wie es für *Dich* stimmt, aber überlasse es jedem seine eigenen Erfahrungen zu machen. Es geht auch nicht darum die Verantwortung für eine Person zu übernehmen oder ihr alles recht zu machen. Denn dann halten wir diese Person nur davon ab, sich selbst weiterzuentwickeln. Du musst auch nicht so sein, wie andere Menschen Dich brauchen, denn das würde bedeuten, dass Du Dich selbst nicht bedingungslos liebst und Dir durch Manipulation die Liebe erkaufen musst. Bedingungslos zu lieben ist, sich selbst und andere achtsam, respektvoll und mitfühlend zu begegnen, ohne Bedingungen oder manipulative Freiheitsberaubung. Es fängt alles mit der Selbstachtung und der Selbstliebe an, denn erst wenn Du Dich selbst bedingungslos liebst, kannst Du diese Liebe auch anderen zukommen lassen. Ansonsten wirst Du die Liebe, die Dir fehlt von anderen erwarten.

Es ist die gleiche Empfehlung, die Jesus uns gab, als er sagte: *Liebe Deinen Nächsten so wie Dich selbst.* Denn nur in dem Maße wie ich mich selbst liebe, kann ich auch die anderen lieben und so wie ich die anderen liebe, kann ich mich selbst lieben. Es geht um Einklang und Harmonie mit sich und seiner Umwelt.

Der Weg zum wahren Glück kommt von einem Selbst, von seiner inneren Einstellung und er führt zu Mitgefühl für sich und seine Umwelt. Das fällt den meisten ichbezogenen Mitbürgern der modernen Leistungs- und Konsumgesellschaften schwer, denn sie suchen das Glück in äußeren Dingen wie Besitztümer, Erfolg und Status. Diese Dinge machen nicht wirklich glücklich, denn wenn man innerlich kein Glück empfindet, machen auch äußere Dinge nicht wirklich glücklich.

Es gibt Menschen, die ihren Körper ewig jung halten wollen, andere sind stolz auf ihr erworbenes Wissen und ihren Status, wieder andere identifizieren sich mit ihren materiellen Reichtümern. Die Identifikation mit diesen Dingen mag vorübergehend befriedigen, sie machen aber nicht wirklich glücklich. Identifizieren wir uns zu stark mit unseren materiellen Eigentümern und mit den Rollen, die wir im Leben spielen, werden diese uns irgendwann beherrschen. Sie hindern uns zu erkennen, wer wir wirklich sind. Alles in unserer materiellen Welt ist einer stetigen Veränderung unterworfen. Unser Körper ändert sich, die Rollen in unserem Leben ändern sich und auch das irdische Wissen und die Besitztümer, die wir erworben haben sind nicht von ewiger Dauer. Irgendwann müssen wir sie alle wieder abgeben.

Das Leben ist ein ständiger Austausch zwischen Geben und Empfangen, zwischen Loslassen und Neues erschaffen. Halten wir zu sehr an den Dingen der Vergangenheit fest, verhindern wir den Energiefluss des Lebens und unsere Erwartungen, Wunschvorstellungen und Befürchtungen erzeugen Leid. Wenn die Vergangenheit uns stark belastet, können wir das Hier und Jetzt nicht leben und übersehen die Chancen der Gegenwart. Lernen wir von der Vergangenheit loszulassen und die Dinge geschehen zu lassen, können wir neue, überraschende Erfahrungen machen, die uns in unserem spirituellen Lebensprozess vorwärts bringen.

In der Balance aus Anstrengung und
Gelassenheit wird der Geist ruhig. (Yoga Sutra 1:12)

Tue das Beste, was in Deiner Kraft steht und lasse los, lass die Dinge geschehen und habe Vertrauen und die Gewissheit, dass alles, was kommt gut ist. Akzeptiere auch die unangenehmen Dinge, denn alles hat seinen Sinn, egal was geschieht. Es sind meistens gerade die unangenehmen Erfahrungen, die die besten Lernaufgaben des Lebens mit sich bringen. Erwecke das kindliche Vertrauen - tief im Inneren sicher und geborgen zu sein - wieder in Dir! Wir erschaffen unsere Realität mit unseren Gedanken und Überzeugungen. Mit unseren falschen Überzeugungen und Glaubenssätzen bauen wir eine Mauer um uns hin und sind Gefangene unserer eigenen inneren Programmierungen. Wenn Du still wirst, Dich aus dem inneren Lärm zurückziehst, wirst Du allmählich erkennen, dass Du ohne Deine selbstprogrammierte Software vollkommen bist. Du bist durchflutet von universeller Liebesenergie, die nicht richtet oder trennt. Du wirst bedingungslos geliebt, egal wer oder was Du bist.

Es geht in unserem Leben immer wieder um den *Einklang*, d.h. um das harmonische Schwingen mit sich und seiner Mitwelt. Und das mächtigste Werkzeug, die höchste Schwingungsenergie, ist *bedingungslose Liebe*, die wir durch das Mit*fühlen* mit uns selbst und mit allen Geschöpfen erfahren können. Achte deshalb auf Deine *Gefühle!* Solange Du Hass empfindest, verletzt bist und andere negative Gedanken und Gefühle hegst, verlierst Du den Kontakt zu dieser höchsten Schwingungsenergie. Es ist nur eine Entscheidung entfernt den Kontakt wieder herzustellen. Mit Achtsamkeit, Respekt, Wahrhaftigkeit und Mitgefühl uns selbst und der Mitwelt gegenüber, bringen wir uns wieder im Einklang und ein tiefes Gefühl von Zufriedenheit, Freude und Gelassenheit kann sich in uns verbreiten.

Die fünffache Aufteilung von Prana im Körper

Das kosmische Prana wird im Körper, entsprechend seiner Funktion und Bewegungsrichtung, fünffach aufgeteilt. Die Sanskrit Begriffe hierfür sind: *Prana vayu, Udana vayu, Vyana vayu, Samana vayu und Apana vayu.* Diese Energien sind in einem gesunden Körper harmonisch auf einander abgestimmt. In der ayurvedischen Medizin und Yoga geht es darum, diesen unterschiedlich verlaufenden Fluss der Lebensenergie mit ihren Funktionen zu verstehen, mit bestimmten Praktiken zu stärken und in ein harmonisches Gleichgewicht zu bringen.

1. Prana vayu ist die lebensnotwendige Energie, die wir von außen aufnehmen: die Luft, die wir einatmen, die Nahrung, der kosmische und zwischenmenschliche Austausch und weitere Sinneseindrücke wie Klang, Düfte und Farben. Alles, was wir durch die Sinne aufnehmen, kann - je nach Qualität der einzelnen Schwingungsmuster - den Fluss der Lebensenergie stärken oder Disharmonien und Blockaden hervorrufen. Gesunde, vollwertige Nahrung verleiht uns Energie, ungesunde Nahrung raubt uns Energie. Es gibt Musik, die uns wohlgesinnt ist und Musik, die uns nervt. So gibt es auch Menschen, in derer Nähe wir uns wohlfühlen und Menschen, die unseren Energietank leeren. Unsere Lebensenergie wird nicht nur von äußeren Faktoren beeinflusst, sondern auch von unserem inneren Zustand, von unseren Gedanken und Emotionen sowie von unserer Widerstandskraft. *Prana vayu* hat seinen Sitz im *Stirnchakra* und korrespondiert mit allen fünf Elementen.

2. Samana vayu fließt von außen zur Mitte des Körpers. Im Verdauungskanal sorgt sie für die Nahrungsverwertung, in den Lungen absorbiert sie Sauerstoff und im neuroendokrinen System verarbeitet sie sinnliche, emotionale und geistige Erfahrungen. Samana vayu reguliert unser inneres *Feuer* und ist die vitale Energie im dritten Energiezentrum, das s.g. *Nabelchakra.* Hier vermutet man in der modernen Wissenschaft auch das Bauchgehirn. Kopf- und Bauchgehirn sind zwei Nervensysteme, die im ständigen Kontakt miteinander stehen. Das Bauchgehirn, auch enterisches Nervensystem genannt, ist ein komplexes Geflecht aus etwa 100 Millionen Nervenzellen, die nahezu den gesamten Magen-Darm-Trakt durchziehen. Studien belegen, dass weitaus mehr Nervenstränge vom Bauch in das Gehirn führen als umgekehrt und man entdeckte, dass das enterische System auch ohne Hilfe des Gehirns arbeitet. Wenn Samana gut funktioniert, *fühlen wir uns wohl im Bauch und ruhen in unserer Mitte.*

3. Vyana vayu ist die zirkulierende Prana-Energie; sie transportiert Energie zum kleinsten Winkel im Körper. Wenn z.B. eine Mahlzeit schwer verdaulich ist, dann wird besonders viel Energie zum Magen-Darm-Trakt geschickt, was an einer anderen Stelle wiederum fehlt. Wir werden müde und schläfrig. Oder wenn der Geist überdreht ist, wird zum Gehirn vermehrt Energie gesendet und der Rest des Körpers fühlt sich schlaff und energielos. Auf psychischer Ebene können unverarbeitete Emotionen eine Energieblockade hervorrufen. Uns geht es dann psychisch schlecht. Umgekehrt können wir *Bäume ausreißen,* wenn Vyana vayu ungehindert fließen kann. Vyana vayu hat ihren Hauptsitz im *Herzchakra* und ist dem *Luftelement* zugeordnet. Auch unser Tastsinn ist dem Luftelement zugeordnet, weshalb liebevolle Berührungen so viel direkte Kraft spenden können.

4. Apana vayu ist für die Bewegung nach unten und nach außen zuständig. Ihre Funktion ist die Ausscheidung von Abfallprodukten, sowohl auf körperliche als auch auf geistig-emotionaler Ebene. Alles, was der Körper nicht mehr braucht wird von Apana vayu ausgeleitet. Außerdem reguliert sie die Fortpflanzung, indem sie den Samenerguss, die Menstruation und die Ausstoßung des Fötus bei der Geburt steuert. Sie ist in den zwei untersten Energiezentren *(Wurzel- und Sakralchakra)* lokalisiert. Störungen von Apana vayu führen zu Beschwerden und Krankheiten in Unterleib, Dickdarm, Nieren und Harnwege, sowie zu Impotenz und Unfruchtbarkeit. Die korrespondierenden Elemente sind *Wasser und Erde.* Wenn Apana vayu gut funktioniert *fühlen wir uns geerdet, stabil und ausgeglichen.*

5. Udana vayu ist das sich aufwärts bewegende Prana und hat seinen Hauptsitz im *Kehlchakra.* Sie steuert den Selbstausdruck sowie die Sprache und ist zuständig für unser geistig-spirituelles Wachstum. Udana vayu lässt unsere vitale Lebensenergie nach außen strahlen. Ihr Element ist *Raum.* Sie wird durch Stille und Meditation gefördert.

Kurz zusammengefasst kann man sagen, dass mit Hilfe von *Samana vayu* die durch *Prana vayu* aufgenommene Energie von außen absorbiert und in körpereigene Energieformen umgewandelt wird. *Vyana vayu* sorgt für die Verteilung der bereitgestellten Energien. *Apana vayu* ist die Kraft, die alles, was nicht mehr gebraucht wird, ausscheidet und *Udana vayu* bringt die verarbeitete Körperenergie zum Ausdruck.

Die Versorgung des Körpers mit Prana erfolgt durch das feinstoffliche Nerven- und Energiesystem. Zur Harmonisierung und Aufladung des Energiekörpers brauchen wir neben einem gesunden Schlaf und viel frischer sauberer Luft, eine natürliche, auf die Konstitution abgestimmte Ernährungs- und Lebensweise. Unumgänglich ist auch das Lösen von negativen Emotionen und Denkmuster, die den Energiefluss blockieren.

Die drei Komponenten unseres Energiesystems

Damit wir Prana aufnehmen können, ist der menschliche Organismus von einem Energiesystem durchzogen, das sowohl die physische als auch die psychische Ebene beeinflusst. Der Unterschied zwischen einem lebendigen Körper und einem leblosen Körper ist die Lebensenergie, die ihn belebt und ihm Empfindungen und Ausdrucksfähigkeit verleiht. Die Kraft, die hinter der materiellen Erscheinungsform des Körpers mit seinen Funktionen und Fähigkeiten wirksam ist, besteht aus einem komplexen Energiesystem, ohne das der physische Körper nicht existieren könnte. Dieses Energiesystem setzt sich aus drei grundlegenden Komponenten zusammen:

- die Nadis - Energiekanäle
- die fünf Koshas - Körperhüllen
- die sieben Chakren – Energiezentren

Die Energiekanäle - die Nadis

In diesem System stellen die Nadis eine Art feinstoffliche Arterien dar. Ihre Aufgabe besteht darin, Prana durch das feinstoffliche Energiesystem zu leiten. In den alten vedischen Texten wird eine Anzahl von 72.000 Nadis erwähnt. Die drei wichtigsten sind Sushumna, Ida und Pingala. Sie verbinden über die Chakren die fünf Körperhüllen miteinander. Ida und Pingala laufen jeweils links und rechts an der Wirbelsäule entlang aufwärts und begegnen sich dabei mehrmals in den Chakren. Sie versorgen den Menschen mit der nötigen Energie, die er für sein irdisches Leben und das Meistern seiner weltlichen Aufgaben braucht.

Ida Nadi verläuft links von der Wirbelsäule, transportiert die weibliche Mondenergie und endet im linken Nasenflügel. Dieser Energiekanal beherrscht die linke Körperhälfte sowie die rechte Gehirnaktivität, die gefühlsorientiert ist. Die Mondenergie, die von Ida transportiert wird, arbeitet eher während der Nacht und fördert den Schlaf und die Träume. Sie entspricht dem Parasympathikus, der für Entspannung verantwortlich ist. Auf psychischer Ebene wirkt sie emotional, mitfühlend, intuitiv.

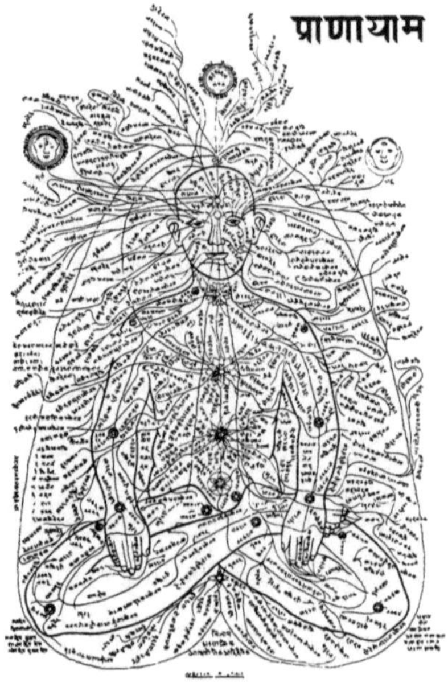

Eine alte Darstellung der Energie-Zentren
und Nadis im menschlichen Körper

Pingala Nadi verläuft rechts von der Wirbelsäule, transportiert die männliche Sonnenenergie und endet im rechten Nasenflügel. Pingala beherrscht die rechte Körperhälfte sowie die linke Gehirnaktivität. Die Sonnenenergie arbeitet eher während des Tages, verleiht Wachheit und Aktivität und entspricht dem Sympathikus. Auf mentaler Ebene ist sie zuständig für Vernunft, logisches Denken, Durchsetzungsvermögen.

Der Hauptkanal ***Sushumna*** verbindet alle Chakren miteinander und verläuft auf feinstofflicher Ebene durch die Wirbelsäule aufwärts und endet im Scheitelchakra. Er ist für die spirituelle Entwicklung von großer Bedeutung. Durch Meditation, Yogatechniken, die Arbeit mit den Chakren und den feinstofflichen Körperhüllen wird der Energiefluss im Sushumna-Nadi angeregt, was zu höheren Bewusstseinszuständen führt. Der Sushumna-Kanal wird in Indien auch *Brahma-Nadi* genannt, die Verbindung zum Höchsten, zum Absoluten.

Die fünf Körperhüllen - die Koshas

Die fünf Körperhüllen oder *Koshas* sind Bestandteile von Prakriti, durch die sich Purusha, das reine Selbst, in seinem inkarnierten Leben ausdrückt. Die Koshas beeinflussen sich gegenseitig und gehen von der feinstofflich höchstschwingenden Ebene in die grobstofflich niedrigstschwingende Ebene über. Sie sind über die Chakren miteinander verbunden und wirken durch Prana. Es sind:

Anandamaya Kosha - Kausal Körper - Hülle der Glückseligkeit
Vijnanamaya Kosha - Mental Körper - Hülle der Erkenntnis
Manomaya Kosha - Emotional Körper - Hülle der Emotionen
Pranamaya Kosha - Vital Körper - Hülle der Lebensenergie
Annamaya Kosha - Physischer Körper - Hülle der Nahrung

Jede Hülle hat ihre eigene Grundschwingung. Der physische Körper und der Vital Körper schwingen mit der niedrigsten Frequenz. Der Emotional- und der Mentalkörper schwingen jeweils mit höheren Frequenzen und im Kausal Körper finden wir die höchsten Schwingungsfrequenzen repräsentiert. Im Laufe der spirituellen Weiterentwicklung eines Menschen erhöhen sich die Frequenzen der Energiekörper zunehmend. Die Energiekörper stellen demnach Bewusstseinsträger auf bestimmten Schwingungsebenen dar, und wenn sich ihre Schwingungszahl erhöht, vermitteln sie dem Menschen höhere Lebensenergien und Erkenntnisse innerhalb ihres spezifischen Aufgabenbereiches.

Der physische Körper - Annamaya Kosha

Unser physischer Körper besteht aus den großen Elementen Erde, Wasser, Feuer, Luft und Raum, so wie auch unsere Nahrung aus den gleichen Elementen zusammengestellt ist. Der physische Körper bezieht die Lebensenergie hauptsächlich aus der Nahrung, die wir zu uns nehmen. Hier stimmt die Aussage: *Du bist, was Du isst.*

Eine individuelle, d.h. eine auf unsere momentane Schwingung abgestimmte Nahrung, die frisch und naturbelassen ist, bringt unserem Körper am meisten Energie. Die ayurvedische Ernährungsmedizin basiert auf dieser Sichtweise und beinhaltet ein ausgeklügeltes Konzept, wie man Krankheiten mit der richtigen Nahrung heilen und die Gesundheit des Körpers fördern kann. Die Ärzte früherer Zeiten haben gegen körperliche Krankheiten hauptsächlich Nahrungsmittel und Kräuter verschrieben. *Lass die Nahrung deine Medizin und Medizin deine Nahrung sein!* Dieser Rat gab uns auch Hippokrates, der als bedeutendster Arzt der Antike gilt. Wie wir im letzten Kapitel bereits erfahren haben, begünstigt auch eine Lebensweise im Einklang mit den natürlichen Rhythmen die Gesundheit des Körpers. Für unseren physischen Körper ist somit die Ernährungs- und Lebensweise von allergrößter Bedeutung.

Unser physischer Körper ist vergänglich und so wie wir alles Hab und Gut, was wir hier auf Erde gesammelt haben hinterlassen, müssen wir auch ihn eines Tages wieder abgeben. Laut der Reinkarnationstheorie löst sich beim Sterben die physische Hülle auf. Prana zieht sich aus dem physischen Körper zurück und trennt den physischen vom geistig-spirituellen Körper. Dieser existiert weiter und sucht sich bei der nächsten Wiedergeburt für die Erfüllung seiner intensivsten Gedanken und Emotionen den dafür geeigneten physischen Körper.

Wir können den Menschen auf vereinfachte Weise mit einem intelligenten Biocomputer vergleichen. Der physische Körper entspricht der Hardware. Der Vital Körper liefert uns die Energie für die Weiterleitung der Informationen, Verbindungen und Prozesse, allesamt Funktionen des Hormon-, Nerven- und Energiesystems. Software sind die Programme - kulturelle und familiäre Prägungen, innere Einstellungen usw. - die im Emotional Körper gespeichert sind. Und dann brauchen wir noch den Programmierer: der Mental Körper, der je nach Beschaffenheit der mentalen Qualitäten (Sattva, Rajas oder Tamas)[8] seine

[8] Siehe Kapitel 2

Ideen und Wissen entweder aus dem Kausal Körper (Sattva) oder aus dem Emotional Körper (Rajas oder Tamas) holt. Der Kausal Körper ist verbunden mit unserer gemeinsamen Bewusstseinsquelle, die uns bedingungslose Liebe, Kreativität, Weisheit und Schöpferkraft verleiht.

Der lebendige physische Körper ist ein höchst komplexes biologisches System, das durch die Lebenskraft Prana ständig bemüht ist, sich selbst zu erhalten. Wir sollten ihn pflegen und die Bedingungen schaffen, die er braucht um optimal zu funktionieren. Er dient uns hier auf Erde als Werkzeug, um durch Erfahrungen zu lernen. Wie mit jedem Werkzeug ist die Benutzbarkeit unseres physischen Körpers auch nicht für die Ewigkeit vorgesehen. Auch ihn müssen wir einmal ablegen. Eine individuelle gesunde Ernährung, reines Wasser, Sonnenlicht, saubere Luft, regelmäßige Bewegung, sowie ausreichend Schlaf und Entspannung sind die wichtigsten Faktoren für einen gesunden physischen Körper.

Übung - Bodyscan

Nimm Dir für die Übung ausreichend Zeit und Ruhe!

Schließe die Augen und atme ruhig und gleichmäßig ein und aus. Beginne damit Dich körperlich und geistig so weit zu entspannen, dass Du Dich wohl fühlst. Konzentriere Dich auf untengenannte Körperteile und stelle Dich geistig auf Entspannung ein. Lenke Deine Aufmerksamkeit auf Deine Kopfhaut und spüre wie sie sich entspannt…. Die Entspannung fließt weiter zu Deiner Stirn. Du spürst wie die Stirn sich glättet und dabei beide Augenbrauen ein wenig auseinander gleiten… Die Augenlider beginnen sich zu entspannen …und die Entspannung breitet sich nun um Deine Augen herum aus….Beide Kieferhälften entspannen sich, die Zahnreihen gleiten ein wenig auseinander…..die Lippen sind leicht geschlossen…die Zunge fühlt sich angenehm schwer und breit an….Dein ganzer Kopf ist jetzt völlig entspannt ….Das warme Gefühl der Entspannung fließt weiter zum Nacken und zu den Schultern….und dringt immer tiefer in Deine Arme bis hinein in Deine Fingerspitzen….Das wohlige und warme Gefühl der Entspannung erfasst Deinen Brustkorb, Rücken, Bauch und Beckenbereich…..Die Entspannung fließt nun in Deine Oberschenkel….Knie….und Waden…Alle Muskeln entspannen sich…..Deine Fußgelenke sind locker und Deine Füße sind bis in die Zehen völlig entspannt.

Nimm noch einmal die wohlige Entspannung Deines ganzen Körpers von Kopf bis Fuß wahr und genieße diesen Zustand der Geborgenheit in Deinem Körper noch einige Minuten lang……Bewege sanft Hände und Füße, reibe beide Hände in einander und lege sie auf die Augen……

Der Vital Körper - Pranamaya Kosha

Der Vital Körper hat auf der feinstofflichen Ebene die gleiche Form und Ausdehnung wie der physische Körper und wird bei jeder Wiedergeburt neu geformt. Er fungiert als Mittler zwischen den feinstofflichen Energiehüllen und dem physischen Körper, belebt den Körper und umschließt die fünf Aufteilungen von Prana im Körper (s. weiter oben) sowie die fünf subtile Elemente Klang, Berührung, Form, Geschmack und Geruch. Der Atem ist sein subtilster Aspekt und ist auch die Brücke zwischen Geist und Körper. Der erste Atemzug verbindet beim Neugeborenen Geist und Körper und der letzte Atemzug trennt den Geist vom Körper.

Der eigentliche Sitz des Vital Körpers sind die Chakren, die auf der körperlichen Ebene den Hormondrüsen entsprechen. Das endokrine Drüsensystem bzw. Hormonsystem ist eng am Nervensystem gekoppelt, weshalb man sie auch als neuroendokrines System bezeichnet. Unsere Chakren liefern die Energie und wirken eng mit diesem System zusammen. Der physische Körper besteht aus ca. 70 Billionen Zellen, die pro Sekunde und pro Zelle 30.000 bis 100.000 chemische Reaktionen steuern. Dabei stehen alle Zellen miteinander in Verbindung. Um dieses komplexe Verfahren aufrecht zu erhalten, geschieht die Steuerung nicht so sehr auf physikalische Ebene, sondern viel mehr über zahlreiche bioenergetische Informationskanäle, die s.g. Nadis.

Dieses Informationssystem kann durch eine negative Lebensführung aus dem Gleichgewicht geraten und Energieblockaden verursachen. Zunächst verdichtet sich die Energie in den Chakren und verursacht

Stauungen, die allmählich in die physische Dimension durchsickern und Unwohlsein, Befindlichkeitsstörungen sowie Erkrankungen auslösen.

Grobstoffliche Elemente	**Erde**	**Wasser**	**Feuer**	**Luft**	**Raum**
Sinnesorgane	Nase	Zunge	Augen	Haut	Ohren
Handlungsorgane	Ausscheidungs-organe	Geschlechts-organe	Füße	Hände	Mund
Subtile Elemente	Geruch	Geschmack	Form	Berührung	Klang
Pranas	Apana	Apana	Samana	Vyana	Udana
Chakras	Wurzel Chakra	Sakral Chakra	Nabel Chakra	Herz Chakra	Kehl Chakra

Der physisch-vitale Körper und die Elemente

Wie in der ayurvedischen und in der chinesischen Medizin, gehen moderne Energiemediziner ebenfalls davon aus, dass die meisten körperlichen Erkrankungen sich zuerst auf der feinstofflichen Ebene als Energieblockade manifestieren um sich erst dann körperlich bemerkbar zu machen.

Krankheiten, Kummer und Sorgen dienen unserer Weiterentwicklung und es sind meist unsere eigenen Denk- und Verhaltensweisen, die uns Leid und Schmerz erfahren lassen. Wenn wir uns falsch ernähren, unseren Körper nicht gut behandeln oder wenn wir eine destruktive Lebensführung befolgen, dann hat das natürlich entsprechend negative Auswirkungen, deren Folgen sich oft erst nach Jahren im physischen Körper manifestieren. Wir selbst sind verantwortlich für die Folgen unseres Handelns. Und oft sind es gerade die Krisen und Krankheiten, die uns wachrütteln und uns unser Leben neu überdenken lassen.

Unser Vital Körper ist eng mit dem Atem verbunden und wird von der Art, wie wir atmen und von der Qualität der Atemluft, beeinflusst. Eine ruhige, regelmäßige und tiefe Atmung führt dem Vital Körper Energie zu und stärkt die Gesundheit. Frische, saubere Luft hat einen positiven Effekt auf unsere Gesundheit: sie verfeinert das Nervensystem, reinigt das Blut und stärkt unser Abwehrsystem.

Der physische Körper, der Vitalkörper und die feinstofflichen Energiekörper sind durch die Nadis miteinander verbunden und beeinflussen sich gegenseitig. Sind sie harmonisch aufeinander abgestimmt, fühlen wir uns zufrieden und gesund. Sind wir *verstimmt*, ist es wie bei den Saiten einer Gitarre. Erst wenn die Saiten aufeinander abgestimmt sind, ergeben die Töne einen harmonischen Zusammenklang. Wenn Prana ungehindert durch die Körperhüllen fließen kann, sind wir im Einklang mit uns selbst und mit der Natur. Wir fühlen uns in unserer Mitte.

Übung - Atem Meditation

Nimm Dir für die Übung ausreichend Zeit und Ruhe!

Suche Dir einen ruhigen Ort und setze Dich bequem hin.

Richte Deine Aufmerksamkeit auf den Atem und lass den Geist ruhig werden...Spüre wie der Atem durch die Nase ein und wieder ausströmt...Spüre wie die etwas kühlere Luft in Deinen Nasenlöchern ein- und die etwas wärmere Luft durch die Nasenlöcher ausströmt...Versuche genau die Stellen zu erspüren wo die Atemluft ein und wieder ausströmt...(etwa 2-3 Minuten). Spüre Deinen Atem in der Kehle...spüre auch hier wie die etwas kühlere Luft ein- und die etwas wärmere Luft ausströmt...Nun spüre wie Deine Brust sich beim Einatmen ausdehnt und sich beim Ausatmen wieder zusammenzieht...(2-3 Min).

Beobachte, wie die Einatmung sich an einem bestimmten Punkt in die Ausatmung umwandelt und dann die Ausatmung in die Einatmung...versuche an jenem Punkt konzentriert zu sein, ohne den Atem anzuhalten...(2 - 3 Min)...Auch die Bauchdecke hebt und senkt sich sanft....Achte auf diese Weise etwa 10 bis 20 Minuten auf Deinen Atemrhythmus...gehe ganz auf den Atemrhythmus ein...Denke beim Einatmen...*ich atme Ruhe ein* und beim Ausatmen...*Ich atme alles Störende und Belastende aus...*

Konzentriere Dich jetzt auf Deine Körperteile (wie beim Bodyscan) und atme ganz gezielt in alle Körperteile....*Ruhe*...hinein...und... *Spannung*... hinaus... Befreie so Deinen ganzen Körper von jeglicher Unruhe und Spannung.

Der Emotional Körper - Manomaya Kosha

Der Emotional Körper ist der Träger unserer Emotionen und Gedanken, die an unsere Erfahrungen, Erinnerungen und Einstellungen gekoppelt sind. Das heißt, dass bestimmte Emotionen und Gedanken auf dieser Ebene gespeichert sind, die je nach Sinneswahrnehmung oder Erinnerung, aktiviert werden.

Der Emotional Körper entspricht auf der physischen Ebene dem limbischen System im Gehirn. Wenn Sinnesinformationen das Gehirn erreichen, wird vom uralten limbischen System mit rasender Geschwindigkeit unser Gedächtnispool abgescannt, mit gespeicherten Erfahrungen und Denkmuster abgeglichen, bewertet und uns als Ergebnis präsentiert, wonach wir dann handeln. Das ist in akuten Gefahrenmomenten auch gut so, denn der Verstand bräuchte sonst viel zu lange, um den Körper in Alarmbereitschaft zu versetzen. In Situationen, in denen wir schnell reagieren müssen, ist es hilfreich, wenn uns alte Muster schnelle Handlungen ermöglichen. Wenn wir allerdings im Alltag auf Autopilot einschalten, laufen viele Vorgänge automatisch ab und obwohl wir bei Bewusstsein sind, sind wir irgendwie doch nicht richtig bei der Sache.

Der Emotional Körper durchdringt den physischen und den Vital Körper. Er entspricht im physischen Körper dem limbischen System im Gehirn, das Erfahrungen als mental-emotionale Erinnerungen speichert. Jede Erinnerung und jeder Gedanke bekommt eine emotionale Verbindung, die negativ, positiv oder neutral sein kann. Da jeder Mensch über sein eigenes Erfahrungspotential verfügt, sind auch die möglichen Verbindungen sowie die daraus entstehenden Gefühlsregungen sehr individuell. Jeder sieht und erfährt die Welt durch seine Brille mit anderen Augen. Wie wir denken, bestimmt wie wir fühlen und handeln.

Unsere Emotionen, Gefühle und Körperempfindungen sind wichtige Wegweiser unseres Lebens. Bereits Säuglinge äußern ihre Bedürfnisse nach Nahrung, Schlaf oder Zuwendung mit angeborenen Emotionen. Werden ihre Bedürfnisse gestillt, sind sie zufrieden und entspannt, wenn nicht, können sie mit heftigen Emotionen wie Wut, Trauer oder auch Angst reagieren.

Wenn das Kind heranwächst, kommen je nach Erfahrungen weitere Emotionen dazu, die an neutrale, freudige oder traurige Erlebnisse erinnern. Das Unterbewusstsein speichert all diese Emotionen mit entsprechenden Gedanken- und Verhaltensmuster ab, die bei bestimmten Wahrnehmungen oder Erinnerungen automatisch aktiviert werden und das Denken und Verhalten beeinflussen. Deine Gefühls- und Verhaltenswelt hängt also davon ab, wie Du die Situation, in der Du Dich gerade befindest, bewertest.

Emotionen steuern unser Denken und Handeln und haben einen enormen Einfluss auf unseren Energiehaushalt. Es sind vor allem die negativen Emotionen wie Hass, Wut, Ärger, Trauer oder Angst, die stark destruktive Eigenschaften haben und blockierend auf unser Energiesystem wirken, was sich auch entsprechend messen lässt. Du kannst z.B. beim nächsten Ärger oder Wut auch selber beobachten wie Atem, Körperspannung und Herzschlag sich verändern. Es entstehen Energieblockaden, die unseren Organismus und seinen Selbstheilungssystem schwächen. Mit der Zeit können destruktive Emotionen, die nicht gelöst werden, chronische Erkrankungen verursachen.

Negative Emotionen stammen aus einem Mangelbewusstsein und haben mit bestimmten Glaubensüberzeugungen zu tun, die aus eigenen Erfahrungen oder auch einfach nur übernommen worden sind. Wir glauben kämpfen zu müssen um unsere Existenz zu sichern. Wir klagen, dass es schwer ist, glücklich zu sein, Geld zu haben oder einen Partner zu finden. Wir fühlen uns nicht gut genug, wir werden von den anderen nicht beachtet, wir sind zu hässlich, ungebildet, zu arm, zu dick usw. Es sind immer wieder Mangelgefühle, die negative Emotionen auslösen und die wir nach außen ausstrahlen, auch wenn wir versuchen sie zu unterdrücken. Der Mangel spiegelt sich in unserer Realität wieder, denn wir ziehen genau das an, woran wir glauben. Das Mangelbewusstsein ist die Ursache für unsere Vorlieben und Abneigungen sowie für unsere Unsicherheiten und Ängste. Wir hadern mit unserem Schicksal und können von der Vergangenheit nicht loslassen, denn wir glauben, dass uns Unrecht getan wurde. Wir halten am Alten fest und können nicht vergeben. Wir erleben Mangel, weil wir vieles, was uns geschah nicht haben wollen und wir haben das Gefühl, um vieles betrogen worden zu sein. Oder wir meinen für etwas kämpfen zu müssen, das uns glücklicher, reicher und begehrter macht.

Das Festhalten an diesen Mangelgefühlen blockiert die Lebensenergie und verhindert, dass Du das Gegenteilige, die Fülle erleben kannst, ein Überfluss an Dingen, die Du haben, sein oder tun kannst. Auf energetischer Ebene steht der Emotional Körper in Verbindung mit dem Energiezentrum im Brustbereich, das als Herz Chakra bezeichnet wird. Das Herz Chakra verbindet unser Ego-Selbst mit unserem spirituellen Selbst. Hier fließt unablässig reine Liebesenergie aus der universellen Schöpferquelle. Wenn Du Dich darin übst, das Herz zu öffnen um die Verbindung mit Deinem wahren Wesenskern zu fühlen, dann erzeugst Du gleichzeitig konstruktive Gefühle, die Dich mit Deiner inneren Quelle verbinden und Dir Geborgenheit vermitteln. Im Moment, in dem Du einverstanden bist mit allem, was geworden ist, loslässt von Habenwollen und nicht Habenwollen, erlebst Du eine Welt voller Vielfalt und Möglichkeiten.

Wir sind es gewohnt alles schwarz oder weiß zu sehen, die Dinge in gut oder böse einzuteilen und darüber zu urteilen und zu verurteilen. Wir glauben, dass es so sein muss, denn wir haben es nicht anders gelernt. Wir trennen die Dinge in angenehm oder unangenehm, in Habenwollen und Nichthabenwollen. In unserer materiellen Welt besteht alles aus Gegensätzen. Pol und Gegenpol sind jedoch untrennbar miteinander verbunden und zwischen beiden gibt es viel Spielraum.

Zum Beispiel kann der Wechsel vom sonnenhellen Tag zur finsteren Nacht oder umgekehrt mehrere Stunden dauern - es dämmert. Die Dämmerung kann je nach Art der Dunkelheit und Dauer sehr verschieden sein. Zwischen Tag und Nacht gibt es keine scharfe Trennung. In der Dämmerung gibt es für die Sonnenstrahlen viel Spielraum. So liegt auch viel Spielraum zwischen unangenehmen und angenehmen Ereignissen. Eine unangenehme Erfahrung kann unser Sichtfeld vergrößern und uns neue angenehme Wege zeigen. Das Gute enthält stets den Samen des Bösen und das Böse enthält den Samen des Guten wie wir weiter oben im Yin und Yang Symbol schon sehen konnten. Beide Pole gehören zusammen und ergeben eine Einheit.

Die Essenz des Mangelbewusstseins beruht auf einen Mangel an Liebe, Zuwendung und Anerkennung und findet seinen Anfang oft schon in der frühen Kindheit. Schon früh fangen wir an - durch eigene Erfahrungen und durch übernommene Glaubenssätze und Überzeugungen - unsere wahre Identität zu verleugnen. Der Fluss der verbindenden Liebesenergie wird blockiert, wir verlieren den Kontakt zu unserem wahren Selbst und versuchen nun alles um den Mangel an Liebe und Verbundenheit auszugleichen. Leider sind es genau die falschen Dinge, die wir aus den Mangelgedanken heraus machen, sie erzeugen noch mehr Mangelgefühle und Trennung.

Ein Beispiel aus der heutigen Zeit sind die vielen Schönheitsoperationen oder Essstörungen, die sich aus der Ablehnung des eigenen Körpers ergeben. Der eigene Körper wird, so wie er von Natur aus geschaffen ist, nicht akzeptiert, wir glauben etwas daran ändern zu müssen, um uns selbst akzeptieren zu können und von anderen bewundert und geliebt zu werden. Oder wir lehnen andere Menschen ab, weil sie nicht unserem Idealbild entsprechen und die Welt nicht so wahrnehmen, wie wir es tun. Wir sehen sie durch unsere Prägungsbrille und können nicht verstehen, dass sie anders denken, fühlen und handeln. Wir fühlen uns unsicher in der Nähe dieser Menschen und haben Angst, weil wir glauben, dass sie uns etwas wegnehmen könnten. Aus der Perspektive des Mangelbewusstseins glauben wir um unsere Existenz, die scheinbar in Gefahr ist, kämpfen zu müssen. Wir schließen uns

Menschen an, die mit uns kämpfen und fühlen uns vermeintlich wieder geborgen innerhalb dieser Gruppe.

Mangelgedanken können wir erst dann loswerden, wenn wir erkennen, dass sie aus Erfahrungen der Vergangenheit oder auch aus übernommenen Wertvorstellungen kommen. Mit einem erweiterten Bewusstseinsblick und einer gesunden Urteilskraft erkennen wir unsere Denk- und Verhaltensmuster, sowie die Ursache für unsere Mangelgefühle.

Wenn wir erkennen, dass wir aus Sicht eines Mangelbewusstseins handeln und dass uns im *wahren Sein* alle Möglichkeiten offen stehen, dann gewinnen wir das ursprüngliche kindliche Vertrauen zurück, das uns in den Jahren verloren gegangen ist. Es entwickelt sich allmählich ein Bewusstsein der *Fülle und Harmonie* und wir erfahren mehr Lebensfreude sowie Liebe und Mitgefühl für uns selbst und für unsere Mitwelt.

Um in einem Bewusstsein der Fülle zu leben ist es wichtig zu verzeihen, loszulassen von Menschen, von denen Du meinst, dass sie Dir Unrecht getan haben. Wenn Du verzeihst, machst Du das hauptsächlich für Dich selbst, denn Du befreist *Dich* aus den Fesseln der destruktiven Folgen dieser unangenehmen Erinnerung. Verzeihen heißt nicht, dass Du versuchst die Verletzung zu verdrängen. Es heißt auch nicht, dass Du es gut heißt, was der andere getan hat. Verzeihen heißt, dass Du nicht zulässt, dass die Tat des anderen Dein Leben negativ beeinflusst und Du dadurch leiden musst. Es ist allerdings nicht so einfach zu verzeihen. Um verzeihen zu können ist es wichtig in einem ruhigen Moment die ganze Situation, in der Du verletzt wurdest, wieder Revue passieren zu lassen. Wenn Du versuchst, ein bestimmtes

Ereignis auch aus dem Blickwinkel Deines Gegenübers wahrzunehmen, hilft es Dir vielleicht zu begreifen, warum der andere so gehandelt hat. Du musst das Verhalten nicht gut heißen, aber es hilft Dir das Ganze nachzuvollziehen um auch Dich selbst in dieser Situation neu kennen zu lernen. Du erfährst vielleicht, dass bestimmte eigene Persönlichkeitsanteile hier ebenfalls eine Rolle gespielt haben. Manchmal scheint es aber nicht möglich zu sein, aus eigener Kraft zu verzeihen, vor allem wenn man zu tiefst verletzt wurde wie z.B. bei Gewaltverbrechen oder bei anderen schweren Traumata. Dann ist es wichtig sich professionelle Hilfe zu holen.

Wir alle haben die Fähigkeit, uns in die Gedanken, Gefühle und das Weltbild unserer Mitmenschen hineinzuversetzen um sie zu verstehen. Dazu brauchen wir aufrichtige Kommunikation und Mitgefühl. Es geht nicht darum unser Weltbild den Anderen überzustülpen, sondern um die Fähigkeit nachzuvollziehen, was unser Gegenüber aus *seiner* Erfahrungswelt heraus zu bestimmten Handlungen und Meinungen bewegt. Man nennt diese Fähigkeit Einfühlungsvermögen oder auch Empathie.

Das Mangelbewusstsein geht aus unserem Ego hervor, das uns glauben lässt, vom Ganzen getrennt zu sein. Wir glauben kämpfen zu müssen um zu existieren und haben den Zugang zu unserem wahren Selbst verloren. Mit dem Verstand allein kommen wir nicht weiter, denn der Verstand kann nur das verstehen, was die Sinne und die Erfahrungen aus der Vergangenheit ihm übermitteln. Wir brauchen eine höhere Dimension unseres Geistes um zu erkennen, dass wir aus Erfahrungen der Vergangenheit für die Zukunft lernen können.

Aus der Vergangenheit zu lernen heißt nicht, ständig in der Vergangenheit zu leben, sondern destruktive Emotionen, die an Erinnerungen und Erfahrungen aus der Vergangenheit gekoppelt sind und den Energiefluss blockieren, zu erkennen und heraus zu finden, was hinter diesen negativen Emotionen steckt. Wir erfahren mehr über uns selbst und kommen unserem wahren Wesen ein Stück näher. Was haben diese Gefühle mit mir zu tun? Welche Persönlichkeitsanteile werden hier angesprochen? Wie kann ich diese blockierenden Emotionen transformieren?

Das Ego mit seinen Persönlichkeitsanteilen, lässt uns glauben, dass wir getrennt sind vom Ganzen. Entweder überschätzen wir uns oder wir haben Minderwertigkeitskomplexe und verfallen in Selbstmitleid. Auch die Anhaftung an bestimmte Personen oder Dinge entspringt dem Ego und einem Gefühl des Mangels. Ebenso das Ablehnen von Personen und Situationen, mit denen man einmal schlechte Erfahrungen gemacht hat. Das Ego mit all seinen Persönlichkeitsanteilen ist weder gut noch schlecht. Wir können aus ihm lernen. Nur wenn wir glauben, dass das Ego unser wahres Selbst ist, verrennen wir uns immer mehr in eine Illusion, die uns gefangen hält in alten Vorstellungen der Vergangenheit.

Wir begegnen immer wieder den gleichen Situationen und erleben immer wieder den gleichen Schmerz, bis wir verstehen, dass die Ursache in unserem Denken zu suchen ist und nicht im Außen. Erleben wir etwas, das uns an ein Ereignis in der Vergangenheit erinnert, bewusst oder unbewusst, kommen bestimmte Emotionen hoch, die uns entsprechend handeln lassen. Oder wir sind von etwas überzeugt und verschließen uns für Neues. Wir reagieren nicht auf das was wirklich geschieht, sondern auf das was wir in uns gespeichert haben. Es sind meistens unsere unbewussten Geisteskonzepte, die den Lebensfluss blockieren und Leid erzeugen. Die Außenwelt widerspiegelt uns das, was sich im Innern abspielt. So ziehen wir genau die Menschen und Situationen an, die wir auf unserem Lebensweg brauchen um bewusster zu werden und um uns weiterzuentwickeln.

Durch Selbsterforschung lernen wir unsere Gefühle und Gedanken kennen und können unsere destruktiven Sichtweisen und Einstellungen korrigieren. Wir sehen immer mehr die Welt so wie sie ist, statt die innere Welt nach außen zu projizieren. Wir hören auf, über unsere Mitmenschen zu urteilen und sie verändern zu wollen, oder uns zu ärgern, weil sie nicht ähnlich denken, fühlen und handeln wie wir es tun. Wir begreifen, dass jeder das Recht hat so zu sein, wie er ist.

Du kennst es vielleicht auch, dass zwei Menschen, die dasselbe sehen und erleben, völlig verschieden reagieren können. Dein Chef sagt etwas zu Dir und zu Deiner Kollegin, was *Dich* verärgert und Du wunderst Dich warum Deine Kollegin dabei so entspannt bleibt. Du und Deine Kollegin reagieren unterschiedlich, weil eure Erfahrungswelt nicht die Gleiche ist. Du bist verärgert, weil der Ärger bereits in Dir ist. Diese Emotion wird durch das, was Du wahrnimmst aktiviert. Dein Chef ist nur der Auslöser. Alles, was wir erfahren, hat einen Sinn und wie wir darauf reagieren ist gleichzeitig auch ein wertvoller Hinweis auf den momentanen Zustand unseres Innenlebens. Es sind meist die unbewussten Geisteskonzepte, die uns einen Strich durch die Rechnung machen. Wenn Du in Deiner Kindheit nicht genügend Zuwendung erfahren hast und Dir vermittelt wurde, dass Besitztümer, Geld oder Status Dich zu einem wertvollen Menschen machen, dann wirst Du wahrscheinlich im Erwachsenenalter diese Werte weiterhin pflegen. Du wirst Dich vielleicht wundern, warum Du keine liebevolle Partnerschaft halten kannst, die Du Dir doch so sehr wünschst und Du wirst ständig auf der Suche sein. Selbsterforschung ist deshalb eine besonders wichtige Übung für den Alltag. So wie wir jeden Tag für eine gesunde Ernährung und körperliche Hygiene sorgen, sollten wir uns auch jeden Tag um eine gesunde Gedankenwelt und psychische Hygiene kümmern.

Negative Emotionen resultieren aus einem Mangelbewusstsein. Es sind Emotionen, die uns vom Ganzen trennen und aus Unwissenheit entstehen. Unwissenheit bedeutet, dass wir glauben, dass die Welt so ist, wie wir sie durch unsere verschleierte Brille wahrnehmen. Erkennen wir, dass die Trennung nur im Geiste geschieht, können wir zu unserem wahren Selbst, dessen Essenz *bedingungslose, vollkommene Liebe* ist, zurückfinden.

Bedingungslose, vollkommene Liebe ist alles was ist! Sie ist das Einzige in unserer dualen Welt, zu der es kein Gegenteil gibt. Es gibt wohl viele Ausdrucksformen der Liebe, die wie ihr Gegenteil wirken und sich in der Angst vor Trennung zeigen. Diese Angst spielt sich jedoch nur in unserem Geiste ab, denn es ist nicht möglich vom Ganzen abgetrennt zu werden. Du bist nicht Körper, nicht Verstand oder Gefühle und auch nicht die Geschichten und Erinnerungen im Geiste. All das bist Du nicht. Denn all diese Dinge verändern sich ständig und das was sich verändert, kann nicht Dein Selbst sein. Vielmehr bist Du das was sich in diesen Dingen ausdrückt. Die Rishis nannten es *Purusha*, das ewige und reine Selbst, der unberührbare

Zeuge, der unveränderbare Beobachter in Dir, den Du erkennen kannst, wenn Du die Schleier im Geiste lüftest.

Mit dem Verstand allein suchen wir vergeblich nach Lösungen. Lösungen finden wir, indem wir anfangen unsere Gefühle intensiver wahrzunehmen und indem wir uns vom Kopf zum Herzen begeben. Verstand und Gefühle gehören zusammen. Der Verstand widerspiegelt das, was wir wahrnehmen und leitet diese Informationen zum Unterbewusstsein weiter, das dann das Kommando übernimmt. Das heißt, wenn Du nur auf den Verstand hörst, kann es sein, dass Du von Deinen destruktiven Glaubensüberzeugungen gesteuert wirst. Mit anderen Worten: Es zeigen sich eingefahrene Denkmuster und negative Überzeugungen, die Dir in der Lösung des Problems wenig dienlich sind. Achtest Du dagegen auf Deine Gefühle, dann erhältst Du das richtige Signal als Wegweiser aus der Herzgegend. Einen freien Energiefluss, d.h. ein wohliges Gefühl, gibt meist die richtige Lösung an, wogegen ein ungutes Gefühl nochmal überdacht werden sollte.

Der Verstand allein kann das Problem nicht lösen. Nur in Verbindung mit dem Herzen finden wir die richtige Lösung für unsere Schwierigkeiten und Hindernisse im Leben. Gefühle sind die Wegweiser auf unserem Lebenspfad und zeigen uns, wann wir uns vom wahren Selbst trennen. Wir erfahren Schmerz wenn wir uns getrennt glauben und erfahren Freude in der Verbundenheit. Die Energie der Liebe im Herzen verbindet uns mit unserem höheren Selbst und mit dem Kosmos. Der Verstand alleine dient dem Ego, trennt uns von der Einheit und erzeugt Leid, sowie Schmerzen. Zusammen mit der leisen Stimme im Herzen kann der Verstand uns auf den richtigen Pfad unseres Lebens bringen. Das Herz ist der Sitz bedingungsloser Liebe, die stärkste Kraft der Schöpfung! Der Verstand mit Liebe verbindet uns und erzeugt Freude, Frieden und Wohlbehagen. Wenn Du Deine Gefühle liebevoll annimmst und ihnen den Raum gibst, den sie brauchen, beginnen sie sich zu verwandeln und führen Dich zu Dir selbst, zu Deinem wahren Selbst. In diesem Moment kann Heilung geschehen. Passend hierzu ein Vers aus der Edda, einer Sammlung nordischer Dichtungen aus dem 13. Jahrhundert:

Die Macht der Liebe

Freundlichkeit ohne *Liebe* macht heuchlerisch
Verantwortung ohne *Liebe* macht rücksichtslos
Erziehung ohne *Liebe* macht widerspruchsvoll
Wissen ohne *Liebe* macht rechthaberisch
Pflicht ohne *Liebe* macht verdrießlich
Gerechtigkeit ohne *Liebe* macht hart
Ehre ohne *Liebe* macht hochmütig
Besitz ohne *Liebe* macht geizig
Ordnung ohne *Liebe* macht kleinlich
Wahrheit ohne *Liebe* macht kritisch
Klugheit ohne *Liebe* macht gerissen
Macht ohne *Liebe* macht gewalttätig
Glaube ohne *Liebe* macht fanatisch
So lass die *Liebe* in Dein Leben - sie verwandelt es.
Denn Leben ohne *Liebe* ist sinnlos – Leben in *Liebe* aber göttlich.

Übung - Selbsterforschung

Nimm Dir für die Übung ausreichend Zeit und Ruhe!

Unsere Innenwelt zeigt sich immer als ein Gefühl im Körper. Meistens ist ein Gefühl von Unwohlsein mit Stress verbunden. Stress bedeutet Überforderung des Körper-Geist-Systems und ist gleichsam energieraubend. Um Deine innere Welt zu erforschen, kannst Du Dir folgende Fragen stellen: Was genau stresst mich? Wo im Körper fühle ich diesen Stress? Wie fühlt sich dieser Körperteil an? Welche Emotion kommt bei mir hoch? Was ist der Wurzel dieser Emotion? Es kann etwas sein, das lange zurück liegt, vielleicht sogar in Deiner Jugend oder Kindheit…..

Akzeptiere das, was gerade ist und lenke Deine Aufmerksamkeit zum Herzen. Hier hat Dein wahres Sein seinen Sitz. Wie fühlt sich Deine Herzgegend an? …..Entsteht hier Unruhe, Enge oder sogar Schmerzen?.... Bleibe mit Deiner Aufmerksamkeit im Herz-Raum und warte ab, was passiert…… Wenn Du dem Gefühl, das entsteht, den Raum gibst, den es braucht, wirst Du irgendwann eine Veränderung feststellen. Es kann sein, dass das Gefühl zunächst stärker wird, aber allmählich löst es sich im inneren Raum des Herzens auf und Du wirst Dich freier fühlen…..Stell Dir jetzt vor, dass Du klares reines Licht in Dein Herz atmest.... das Licht dehnt sich immer mehr aus, bis Dein ganzer Körper hell leuchtet… nun strahlt das Licht weiter nach außen aus und umhüllt Deinen Körper wie einen Lichtschutz-Mantel……….Bleibe noch eine Weile in diesem Zustand und höre auf die leise Stimme im Herzen, die nicht aus dem Verstand kommt und die Dir ein wohliges Gefühl der Geborgenheit, der Wärme und des Angenommen Seins vermittelt.

Anschließend kannst Du Deine Erkenntnisse in Deinem Tagebuch aufschreiben; das hilft Dir Deine Gedanken und Gefühle zu ordnen und Belastendes loszulassen, um dann Abstand zu gewinnen. Durch das Schreiben kannst Du Dich mit Dir selbst und mit Deinen Mitmenschen auseinandersetzen. Du kannst das Tagebuchschreiben als Mittel zur täglichen Gedankenhygiene benutzen.

Der Mental Körper - Vijnanamaya Kosha

Über die Sinne nehmen wir Informationen auf, die über den Vital Körper auf den Emotional Körper, den Speicher unserer Emotionen, übertragen werden. Hier werden die Informationen in Gefühle umgewandelt und weiter an den Mental Körper vermittelt, wobei ein Gedanke entsteht. Umgekehrt erzeugt jeder Gedanke wiederum ein Gefühl. Jeder Gedanke wird also von einem bestimmten Gefühl begleitet und jedes Gefühl ruft einen entsprechenden Gedanken hervor. Unsere Gedanken, Absichten, Ideen und Visionen werden vom Mental Körper getragen.

Unsere Sinneswahrnehmungen spiegeln sich in unserem Gedanken- und Gefühlsleben wieder und umgekehrt. Das heißt, dass die Informationen, die wir durch die Sinne empfangen entweder richtig transformiert werden oder dass durch eine emotionale Blockade die Informationen verfälscht weitergegeben werden. Es entsteht sozusagen ein wahres Informiert-Sein oder eine Verstärkung der emotionalen Blockade.

Negative Gedanken erzeugen Blockaden im Mental Körper. Sie können sich manifestieren und sind dann schwer zu lösen. Auch unterdrückte Gefühle erzeugen im Mental Körper einen Energiestau, der eine klare Sicht auf die Dinge verhindert. Um Energieblockaden zu lösen, ist es unumgänglich eine ehrliche Selbstanalyse zu machen. Regelmäßige Körper- und Entspannungsübungen, Rückbesinnung und Meditation helfen uns Blockaden zu lösen und die Energiekanäle wieder frei zu machen. Der Geist wird immer ruhiger und klarer.

Unser rationaler Verstand kann nie objektiv sein. Er ist immer von unserer Innenwelt, sprich von unseren inneren Programmierungen abhängig. Die Welt ist so wie Du denkst, dass sie ist. Die subjektiv erfahrbare Realität wird somit zum Abbild Deiner eigenen Gedankenwelt. Diese besteht aus Glaubensätzen, Bewertungen und Einstellungen, die aus Erfahrungen entstanden oder auch einfach nur übernommen worden sind. Sollte Dein Gegenüber eine andere Sicht der Dinge haben, bedeutet das lediglich, dass er oder sie etwas anders erfahren oder auch nicht erfahren hat.

Befinden wir uns auf der niederen Ebene unseres Mental Körpers, dann glauben wir, dass das was wir wahrnehmen auch die Wirklichkeit ist. Wir beurteilen und verurteilen die anderen und können nicht verstehen, dass sie anders denken und fühlen. Wir glauben, dass unsere persönliche Realität die Wirklichkeit ist. Das ist das, was die Yogis *Maya oder Illusion* nennen. Wenn unser Mental Körper sich auf der niederen Ebene bewegt, kommen wir aus der Illusion von *„alle sollen gleich denken, fühlen und handeln"* nicht heraus. Auf der höheren Ebene stellen wir fest, dass es Purusha, das göttliche Gewahrsein und unsere gemeinsame Quelle ist, das sich in unendlich vielen möglichen Aspekten - hier Menschen - erfahren möchte, um sich selbst zu erkennen. Es ist die Vielfalt der Schöpfung, die aus der Einheit entstanden ist und uns als einzigartige Individuen das Erleben der Einheit ermöglicht.

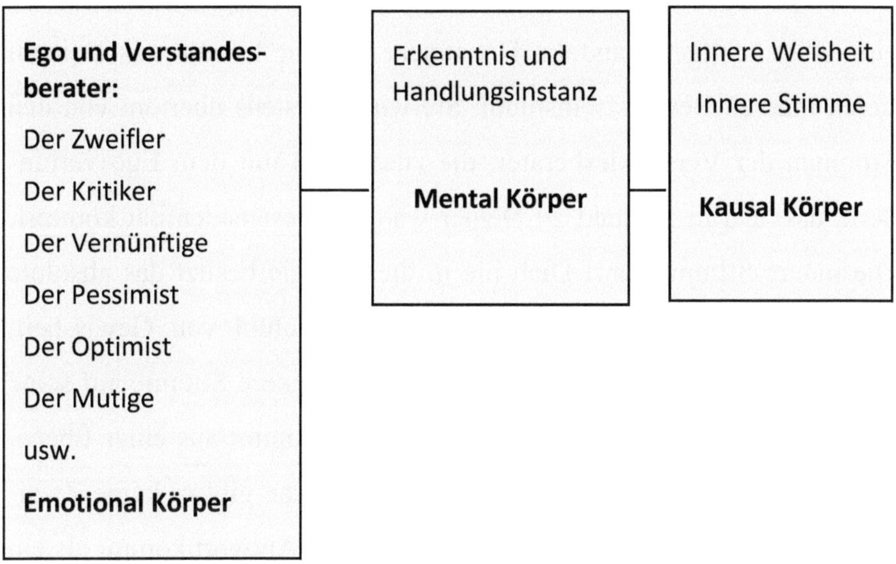

Schematische Darstellung der Funktionen unserer geistigen Ebenen.

Unser Mental Körper enthält das gesamte Potenzial unserer eigenen Schöpferkraft. *Du bist was Du denkst.* Der Mental Körper ist der Mittler zwischen dem Emotional- und dem Kausal Körper. Entweder hörst Du auf Deinen Emotional Körper und bleibst in Deiner Bewusstseins-entwicklung stecken oder Du hörst in Dir die leise Stimme des Kausal Körpers, manchmal auch Intuition genannt, und freust Dich an einem erweiterten Bewusstseinsblick.

Der Mental Körper ist unsere Entscheidungsinstanz und verleiht uns Unterscheidungs-, Willens- und Tatkraft. Idealerweise werden auf dieser Ebene Entscheidungen getroffen, die zu einem bewussten und friedvollen Handeln führen.

Der Verstand dient dem Ego und führt uns in eine Illusion des Getrenntseins. Daraus entstehen Ängste, Befürchtungen, Wünsche und ein selbstsüchtiges Handeln. Die innere Stimme kommt aus Deinem tiefen inneren Bewusstseinsraum. Sie wird meistens übertönt von den Stimmen der Verstandesberater, die zusammen mit dem Ego verhindern, dass Du in Kontakt zu Deiner wahren Wesensidentität kommst. Die innere Stimme führt Dich nie in die Irre, sie besitzt das absolute und wahrhaftige Wissen und gibt Dir ein Gefühl von Gewissheit, Freiheit und Verbundenheit. Jeder erfährt die innere Stimme auf seine eigene Art und Weise. Deine innere Stimme kommt aus einer Ebene, die tiefer liegt als Dein Verstand. In dieser Ebene gibt es keine Zweifel, keine Überlegungen oder Erklärungen. Die Antwort kommt als ein sicheres Gefühl, als klares Wissen, als Bild oder als genauer Hinweis. Die innere Stimme führt zu einem unmittelbar wohligen und sicheren Gefühl der Geborgenheit. Der Intuition zu folgen heißt loszulassen von den Stimmen Deiner Verstandesberater und einer Ebene in Dir zu vertrauen, die tiefer liegt als Dein Verstand.

Die innere Stimme können wir nur hören, wenn wir in die Stille gehen. Dazu müssen wir den äußeren Lärm beiseitelassen. Ein geeigneter Raum mit angenehmer Atmosphäre oder die Stille der Natur helfen uns Sinne, Gedanken und Gefühle für eine Weile zu beruhigen. So können wir die innere Stimme hören und ihr als unsere innere Führung folgen.

Übung - die innere Stimme wahrnehmen

Nimm Dir für die Übung ausreichend Zeit und Ruhe!

Stell Dir Deinen Mental Körper in der Mitte vor. (siehe Seite 163)

An der einen Seite ist Dein Ego mit seinen verschiedenen Verstandesberatern, wie z.B. der Kritiker, der Vernünftige, der Bewertende, der Zweifler, der Mutige oder der Pessimist. Sie alle gehören zum Emotional Körper. An der anderen Seite kannst Du Deine leise innere Stimme hören, die aus der Tiefe Deines Bewusstseins, aus Deiner inneren Weisheit kommt.

Stelle Deine Frage zu einem aktuellen Lebensthema. Höre zuerst ganz aufmerksam Deinen Verstandesberatern zu und nimm wahr welche Gefühle bei Dir wachgerufen werden. Entscheide ob diese Hinweise, die Du bekommst *wahr* sind, ob sie *nützlich* sind und ob sie Dir *dienen*. Schreibe am besten alles auf, so dass Dein Kopf frei wird.

Um jetzt Deine innere Stimme wahrzunehmen, musst Du Dich in die Stille begeben. Dazu müssen Körper und Geist ruhig und entspannt sein. Du kannst z.B. die beiden Übungen *Body Scan* und *Atem-Meditation* (siehe weiter oben) machen.

Jeder Mensch kann die innere Stimme hören, die darauf wartet, uns dienlich zu sein und uns auf dem rechten Weg zu führen. Ist unsere Aufmerksamkeit nach außen gerichtet, können wir die innere Stimme nicht wahrnehmen, denn unser Leben wird dann von den lauten Stimmen des Egos mit all seinen Konditionierungen, Wunschvorstellungen, Befürchtungen und Anhaftungen übertönt. Um die innere Stimme zu hören müssen wir uns in die Stille begeben. Dazu brauchen wir die tägliche Übung ohne Zwang und Erwartungen. In Yoga heißt es:

Mit Hingabe und Begeisterung üben,
von den Ergebnissen loslassen und
auf das Leben selbst vertrauen.

Der Kausal Körper - Anandamaya Kosha

Der Kausal Körper besitzt von allen Energie Körpern die höchste Schwingungsfrequenz. Aus dem unendlich weiten Raum des reinen Seins fließt unablässig die höchste Energie in den Kausal Körper ein. Indem diese Energie in zunehmend niedrige Frequenzen umgewandelt wird, durchflutet sie auch alle anderen Körper Hüllen. Im Laufe unserer spirituellen Weiterentwicklung erhöhen sich die Frequenzen der Energie Körper zunehmend. Dieser Prozess läuft auf einer höheren Schwingungsebene ab, die der gewöhnliche Verstand nicht zu erfassen vermag. Um uns den höheren Dimensionen unseres Kausal Körpers bewusst zu werden, müssen wir unsere Gedanken und Gefühle klären. Der physische Körper soll von Giftstoffen befreit, gereinigt und entlastet werden. Im Emotional Körper sollen Blockaden, die durch unangenehme Erfahrungen und negative Geisteskonzepte entstehen, erkannt und geläutert werden. Der Mental Körper muss von seinen egozentrischen Persönlichkeitsanteilen gelöst werden, um zu einem Werkzeug der Klarheit und Harmonie heranzureifen.

Der Kausal Körper verbindet uns mit der allumfassenden Weisheit und wird auch als Glückseligkeitskörper bezeichnet. Sind die anderen Körper durchlässig, rein und klar, dann werden sie vom Kausal Körper durchdrungen und mit der höchstschwingenden Energie der Liebe gespeist. Diese Bewusstseinsebene gilt es im Yoga zu erreichen, sie wird *Samadhi* (Erwachen) genannt. Das Wort *Yoga* kommt aus dem Sanskrit und bedeutet Vereinigung oder Verbindung. Samadhi ist der höchste Zustand, die Verbindung mit dem reinen Gewahrsein, mit dem höchsten Selbst, der ruhende Beobachter in uns. Es ist ein Gewahrsein im Hier und Jetzt, befreit aus den Fesseln der Vergangenheit mit ihren störenden Geisteskonzepten und Gewohnheiten. Unsere Welt im Außen ist nur ein Abbild unserer inneren Welt. So wie wir denken und fühlen, handeln wir auch und ziehen genau die Ereignisse und Menschen an, die mit unserem Verhalten in Resonanz gehen. Die meisten Entscheidungen, so sagen uns die Gehirnforscher, hat unser Gehirn schon getroffen, bevor wir uns dessen bewusst sind.

Unser inneres Erleben ist unsere eigentliche Führung, sie bestimmt unser sichtbares Leben im Außen. Es ist deshalb wichtig sich mit dem Inneren zu beschäftigen um einschränkende Verhaltensmuster und dem Bewusstsein verhüllenden Geisteskonzepte aufzulösen. Wirklich zu wissen, was man will oder was man im Positiven verändern sollte, ist kein leichter Erkenntnisprozess. Der Verstand hat meist ganz andere Ansichten, da es ihm um die Stabilisierung des Egos geht und das Unterbewusstsein sorgt für die entsprechende Unterstützung.

Wie kommen wir an die notwendigen Informationen, die wir für unseren geplanten Transformationsprozess benötigen? Wenn wir still werden, können wir, tief in uns, vorbei an den störenden Gedankenmustern, die innere Stimme hören. Sie erscheint als Intuition, unmissverständlich, wahrhaftig und ohne gedankliche oder emotionale Anstrengung.

Wenn wir uns für die Schwingungen des Kausal Körpers öffnen, gewinnt unser Leben eine völlig neue Qualität. Wir werden in all unseren Handlungen von unserem Höheren Selbst getragen und unser Leben drückt die Weisheit, die Kraft und die bedingungslose Liebe aus, welche die natürlichen Eigenschaften des höchsten Aspektes unserer wahren Wesensidentität darstellen. Unser Höheres Selbst überblickt das ganze Leben und ist sich Dingen bewusst, von denen das alltägliche Bewusstsein keine Ahnung hat. In diesem Schwingungsbereich trennen wir nicht, hier haben wir das Wohl der ganzen Welt vor Augen, uns selbst mit eingeschlossen.

Der Kausal Körper ist die Quelle unserer Talente und schöpferischer Kraft. Hier befindet sich das Meer von Möglichkeiten für die Welt von morgen. Große Werke oder hervorragende Erfindungen finden ihren Ursprung meist auf dieser Ebene. Der Kausal Körper ist die subtilste

Hülle, die unser wahres Selbst noch verdeckt, denn er ist Teil von Prakriti, der sich im Raumzeit-Kontinuum befindet. Von dieser Ebene aus können wir unser wahres Selbst, Purusha, der ewig ruhende Beobachter und Zeuge in uns, erkennen.

Die wichtigsten Eigenschaften des Kausal Körpers sind Weisheit, Kreativität, bedingungslose Liebe und das Bewusstsein der Verbundenheit mit allem, was ist. Die Intuition ist die Sprache des Kausal Körpers, seine Stimme kommt aus den Tiefen des Unbewussten. Nur wenn wir still und in unserer Mitte sind, können wir diese Stimme aus der ruhenden inneren Weisheitsquelle hören. Der Intuition zu folgen fällt den meisten Menschen schwer, da das Ego mit seinen Persönlichkeitsanteilen zu dominant ist.

Solange wir die störenden Blockaden nicht gelöst haben, werden wir Mühe haben tiefer in uns zu hören, um die *Stimme unseres höheren Selbst* wahrzunehmen. Die Intuition kommt aus einer tiefen Bewusstseinsdimension mit einer Erfahrung der Glückseligkeit und einer starken inneren Gewissheit. Es ist ein Unterschied zum Instinkt, der aus dem emotionalen Bereich kommt und manchmal mit negativen Emotionen wie z.B. Angst verbunden ist.

Der Kausal Körper ist die direkte Verbindung zur göttlichen Weisheit. Hier sind auch die Spuren vergangener Leben abgespeichert. Der Kausal Körper ermöglicht uns den Zugang zur universellen Weisheit, schöpferischen Ideen und neuen Erkenntnissen. Hier erhalten wir Informationen über unser wahres Selbst und über unseren persönlichen Lebensweg. Tief in uns schlummert das Wissen, dass wir in Liebe geborgen sind und bereits alles haben, was wir brauchen. Wir haben es nur vergessen, weil unser Geist mit so vielen weltlichen Dingen beschäftigt ist. Es liegt in Deiner Hand, Dich wieder zu erinnern, indem Du Dich von störendem Ballast befreist und Dich für die Weisheit Deines Höheren Selbst öffnest. Du selbst bestimmst über Deine Lebensqualität, und zwar durch das, worauf Du Deine Aufmerksamkeit richtest. Alles wonach Du suchst hast Du bereits in Dir.

Jedes Ereignis speicherst Du mit den jeweiligen Gefühlen ab und Du schaffst Dir so Deine einzigartige Welt von Erfahrungen und Emotionen. Wenn Du bewusst damit umgehst, kannst Du Deine Erfahrungs- und Gefühlswelt zum Lernen und zur Weiterentwicklung nutzen. Es gibt viele Methoden, die Dir dabei helfen können. Eine ganzheitliche Unterstützung bieten hier Yoga und Ayurveda mit dem kosmischen Wissen und Erkenntnissen sowie ihren über Jahrtausenden erprobten Empfehlungen.

Beide Wissenschaften haben gemeinsame Wurzeln, sind aus empirischen Erfahrungen und durch intensive, meditative Praktiken und Innenschau entstanden. Sie haben sich bereits über Jahrtausende bewährt und sind gerade in unserer modernen, schnellen und hektischen Welt eine außerordentlich große Stütze. Ayurveda und Yoga bieten Dir wertvolle Hinweise und Methoden, die zu einem gesunden, entspannten Körper und einem ruhigen Geist führen. Du kannst in die Stille eintauchen um eine Reise in Dein tiefstes Inneres zu unternehmen und auf Deine innere Stimme zu lauschen. So bekommst Du einen wertvollen Wegweiser auf Deinem Lebensweg und Du kannst die entscheidende Antwort auf die Frage nach dem eigenen Lebenssinn in Deiner Innenwelt finden.

Übung - Stille Meditation

Nimm Dir für die Übung ausreichend Zeit und Ruhe!

Suche Dir einen ruhigen Ort und setze Dich bequem hin.

Richte Deine Aufmerksamkeit auf den Atem und lass den Geist ruhig werden...Beobachte Deine Gedanken, ohne sie zu bewerten... die Gedanken freuen sich, dass sie eingeladen werden und achtsam wahrgenommen werden...Stell Dir vor, dass die einzelnen Gedanken sich jeweils auf einer Wolke befinden, die Du nach einander beobachtest...

Erinnere Dich, dass Du nicht Deine Gedanken bist, sondern sie nur beobachtest....Halte die Gedanken nicht fest, löse Dich von dem einen Gedanken und warte bis der Nächste kommt...Nimm die Augenblicke zwischen den einzelnen Gedankenwolken wahr... Vielleicht stellst Du Dir diese Augenblicke als das tiefe Blau des Himmels vor...Oder als die unendliche Weite des Universums.....Oder als das, was Du Dir unter einer Leere vorstellst....Tauche ein in diese Leere und Stille

Damit Du ohne Zeitdruck meditieren kannst und nicht dauernd auf die Uhr schauen musst, ist es von Vorteil, wenn Du Dir eine Meditationsuhr anschaffst. So wirst Du ganz sanft aus Deiner Meditation zurückgeholt.

Nach Beendigung der Meditation atmest Du ein paar Mal tief ein und aus. Nimm den ganzen Körper wieder wahr. Bewege sanft Hände und Füße, strecke und recke Dich und genieße die Geborgenheit in Deinem Körper.

6. Unsere Energiezentren - die Chakren

Stehe auf, wache beizeiten auf.
Warte nicht, bis harte Schicksalsschläge
dich zur Besinnung bringen.

Swami Sivananda (1887 - 1963)
spiritueller Lehrer und Yogameister

Die Chakren sind unsere Energie- und Bewusstseinszentren, die auf feinstofflicher Ebene entlang der Wirbelsäule lokalisiert sind. Sie verbinden alle fünf Körperhüllen miteinander und versorgen diese durch die Nadis mit Prana, kosmische Lebensenergie. Mit unseren Sinnen sind die Chakren nicht wahrzunehmen, wir können sie wohl aber spüren, wenn wir z.B. eine Wut im *Bauch* haben, bei Trauer ein Engegefühl in der *Brust* empfinden oder ein Gefühl von Ohnmacht als Kloß im *Hals*. Dementsprechend lässt sich auch das betroffene Chakra lokalisieren. Das Wissen um die Chakren ist uralt und auch in anderen alten Traditionen wie z.B. in der chinesischen, indianischen und tibetischen wiederzufinden. Auch der Psychiater C.G. Jung und der Begründer der Anthroposophie Rudolf Steiner beschäftigten sich mit den Chakren.

Die Chakren werden durch die Energiekanäle, die s.g. Nadis, mit den verschiedenen Körperhüllen verbunden. Das Nadi-System kann mit dem Herzkreislauf-System verglichen werden. Statt Blut transportieren die Nadis Energieformen im Körper, die über die Chakren gesteuert werden.

Jedes Chakra nimmt seine spezifische Energie auf und wandelt sie in die unterschiedlichen Energieformen um, wie bei einem elektrischen Apparat, der elektrische Energie in Kraft, Bewegung, Licht, Wärme oder Kälte umsetzt. Jedes Chakra ist mit bestimmten körperlich-geistigen Funktionen verbunden und liefert die Energie hierzu.

Das Chakra System ist ein Schwingungssystem mit eigener Empfangs- und Sendefähigkeit, es verbindet unsere Innenwelt mit der Außenwelt. Die Chakren werden vor allem von unserer Gefühls- und Gedankenwelt beeinflusst und stehen in enger Beziehung zu den Sinnesorganen, die Tore zur Außenwelt. Es gibt sieben Haupt Chakren, sie befinden sich jeweils auf Höhe wichtiger Hormondrüsen und Nervengeflechte.

Die Verbindung von Chakren, Sinnen und Elementen

Die ersten fünf Chakren stehen in Beziehung zu den fünf Sinnen und den fünf Elementen.

- Unser *Geruchssinn* und das erste Energiezentrum, das *Wurzelchakra* am unteren Ende der Wirbelsäule, entsprechen beide dem *Erdelement*. Das Wurzelchakra ist für unsere Überlebensinstinkte verantwortlich und auch der Geruchssinn ist für uns Menschen überlebenswichtig. Unsere Nase schützt uns vor Gefahren wie z.B. giftige Dämpfe, verdorbenes Essen oder auch Feuer und ist schneller als alle anderen Sinnesorgane. Beide, der *Geruchssinn* und das *Wurzelchakra,* verbinden uns mit der Grundlage unserer Existenz hier auf Erde. Jeder Mensch hat seine eigene individuelle Duftnote und dieser ist laut wissenschaftlichen Untersuchungen wichtig für die Partnerwahl. Die Duftnote entscheidet mit darüber, ob wir einen Menschen auch sexuell anziehend finden. Forscher fanden heraus, dass Menschen vor allem den Duft, der sich von ihrem eigenen stark unterscheidet, als attraktiv einstufen. Beide Partner ergänzen sich so gut und sind damit auch ein Garant für gesunde Nachkommen.

❖ Der *Geschmackssinn* und das zweite Energiezentrum, das *Sakralchakra,* werden dem *Wasserelement* zugeordnet. Die Zunge besitzt mehrere Geschmacksknospen, mit denen wir verschiedene Geschmäcker wahrnehmen können. Zwischen den Geschmacksknospen befinden sich Speicheldrüsen, denn nur im *wässrig* gelösten Zustand können wir die einzelnen Geschmacksrichtungen wahrnehmen.

Das Sakralchakra - oder auch *Sexualchakra* genannt - ist das Energiezentrum für schöpferische Kräfte, sexuelle Energien und ursprüngliche Emotionen, wie Freude, Angst oder Trauer. Unsere Emotionen entladen sich oft in Tränen *(Wasserelement)* wenn uns etwas berührt, egal ob es Freude, Angst oder Trauer ist. Wir können die energetische Wechselbeziehung von Sakralchakra und Geschmackssinn auch darin erkennen, dass wir oft versuchen, negative Emotionen mit bestimmten Essgelüsten zu kompensieren. Der Volksmund nennt das Frustessen. Nach einem wutentbrannten Streit mit dem Partner (Pitta-Störung) trösten wir uns z.B. mit dem süßen Geschmack einer Tafel Schokolade oder den Stress auf der Arbeit (Vata-Störung) gleichen wir mit dem salzigen Geschmack einer Tüte Kartoffel-Chips aus. Die einzelnen Geschmacksrichtungen erzeugen ihre spezifischen Schwingungen, die unsere Körperschwingungen beeinflussen und harmonisieren können.[9]

Auch Gefühle haben einen besonderen Geschmack und können die gleiche Wirkung auf den Körper haben wie die Nahrung. Es gibt bittere Gefühle wie Kummer und zusammenziehende Gefühle wie Angst, die beide Vata erhöhen. Es gibt saure Gefühle wie Eifersucht und scharfe Gefühle wie Zorn, die Pitta erhöhen. Und es gibt süße Gefühle wie Verlangen und salzige Gefühle wie Gier, die Kapha erhöhen. Ein weiterer Beziehungshinweis zwischen Zunge und Sakralchakra ist der Zungenkuss, der ein Ausdruck von Begehren und Leidenschaft ist.

Geruchs- und Geschmackssinn sind eng miteinander verbunden. Beide Sinne sind direkt an das sogenannte limbische System, das für Gefühle und Erinnerungen zuständig ist, gekoppelt. Dementsprechend groß ist ihr Einfluss auf unser Wohlbefinden.

[9] Siehe Kapitel Ayurveda

Auch wenn wir einen Geruch nicht immer bewusst wahrnehmen, kann unser Geruchssinn unseren emotionalen Zustand prägen. Der Geschmackssinn hat seine Hauptfunktion darin, uns über Nährwert und mögliche Gefährlichkeit von Nahrungsmitteln zu informieren. Wie Geruchs- und Geschmackssinn sind auch Wurzel- und Sakralchakra eng mit einander verbunden. Sie gewähren das Überleben und den Fortbestand der Menschen.

Die Natur hat es so vorgesehen, dass das Riechen und Schmecken *natürlicher* Lebensmittel uns bereits Informationen über ihre Wirkung im Körper geben. Wenn uns etwas nicht schmeckt oder nicht gut riecht, ist das ein Zeichen des Körpers, dass diese Nahrung gerade nicht passt. Umgekehrt ist das, was wir gut riechen können und uns gut schmeckt auch gut für den Körper. Genau dieses Phänomen macht sich die Lebensmittelindustrie zum Vorteil. Sie sorgt durch eine Vielzahl von Zusatzstoffen dafür, dass industrialisierte Nahrungsmittel für Auge, Nase und Zunge angenehm sind. Die Illusion wird erst erkannt, nachdem wir diese Nahrungsmittel verspeist haben und der Körper durch Verdauungsbeschwerden wie Verstopfung, Durchfall, Blähungen, Übelkeit, Völlegefühl oder Müdigkeit signalisiert, dass wir etwas Falsches zu uns genommen haben.

Das beste Rezept für eine gesunde Ernährung ist die Nahrung so natürlich wie möglich zu belassen und sie so frisch wie möglich zu genießen. So bekommst Du genau die lebendigen Inhaltsstoffe, die Dein Körper für ein gesundes Energiesystem braucht. Wir leben nicht von dem, was wir essen, sondern von dem, was der Organismus verdauen und in körpereigene Energien umwandeln kann. Denaturierte, industrialisierte Nahrungsmittel belasten den Organismus und sind schließlich auch der Grund für Mangelerscheinungen.

❖ *Feuer* ordnet man dem *Sehvermögen* und dem *Solarplexuschakra* zu. Das Feuerelement drückt Licht und Wärme aus. Was wir mit dem Sinnesorgan *Auge* sehen ist Licht in verschiedenen Farbfrequenzen.

Unser *Solarplexuschakra,* auch *Nabelchakra* genannt, befindet sich etwas oberhalb des Bauchnabels und wandelt die von den Sinnen aufgenommenen Informationen in verschiedene Energieformen für Geist und Körper um. Das Solarplexuschakra ist unsere innere Sonne und wenn es geöffnet ist, verleiht es unserer Persönlichkeit Wärme und Kraft, die wir nach außen strahlen. So strahlen auch die Augen Vitalität und Wärme aus, wenn das Nabelchakra offen ist und wir uns in unserer Mitte fühlen. Die Augen werden deshalb auch *das Tor zur Seele* genannt.

❖ Das *Luftelement* wird dem *Tastsinn* und dem *Herzchakra* zugeordnet. Das Sinnesorgan zu unserem Tastsinn ist die *Haut* und das Handlungsorgan sind die *Hände.* Das Herz ist das erste Organ, das sich im Embryo entwickelt und auch der Berührungssinn ist der erste Sinn, der sich entwickelt. Das Bedürfnis, zu berühren und berührt zu werden, ist tief im Menschen verankert. Leider berühren die Menschen einander heute immer seltener. Liebevolle Berührungen haben eine körperlich und psychisch heilende Wirkung. Sie beruhigen das Herz, der Blutdruck normalisiert sich und Stress wird abgebaut. Das wiederum stärkt die Selbstheilungskräfte. Das ist auch der Grund weshalb wir mit einer liebevollen Berührung, einer Umarmung oder mit einer sanften Ölmassage zugleich etwas Gutes für Psyche, Nerven- und Abwehrsystem tun können. Wir sind über die Energie des Herzens miteinander verbunden und erfahren durch Körperkontakt Geborgenheit und Vertrauen. Wir trösten jemanden durch streicheln oder Handauflegen. Auch Körpertherapeuten, Masseure und Geistheiler benutzen ihre *Hände zum Heilen.* Forscher sagen, dass es kein Säugetier gibt, das sich ohne Berührung adäquat entwickeln kann. Deshalb ist der Hautkontakt vom Säugling bis ins hohe Alter von allergrößter Bedeutung. *Die Haut ist der Spiegel der Seele.*

- *Kehlchakra* und *Gehörsinn* sind dem *Raumelement* zugeordnet. Über den *Raum* wird Klang übertragen, den wir mit dem *Gehörsinn* wahrnehmen. *Das Ohr* ist das entsprechende Sinnesorgan. *Der Mund* ist das Handlungsorgan und die Funktion ist das *Sprechen.* Die zwischenmenschliche Kommunikation geschieht auf bewusster Ebene durch sprechen und zuhören. Das *Kehlchakra* steht für Kommunikation, für Selbstausdruck, Wachstum und Reifung. Für das Gelingen dieser Prozesse brauchen wir ebenfalls den *Raum als Element.*

Während die ersten fünf Chakren die geistig-körperlichen Funktionen übernehmen, sind die zwei oberen Chakren (Stirn- und Kronenchakra) mehr dem spirituellen Bereich zugeordnet.

Elemente	Raum	Luft	Feuer	Wasser	Erde
Chakren	Kehl Chakra	Herz Chakra	Nabel Chakra	Sakral Chakra	Wurzel Chakra
Sinnes-organe	Ohren	Haut	Augen	Zunge	Nase
Handlungs-organe	Mund	Hände	Füße	Fortpflanzungs-organe	Ausscheidungs-organe
Subtile Elemente	Klang	Berührung	Form, Licht	Geschmack	Geruch
Funktion	Sprechen	Tasten	Fort-bewegen	Zeugen	Ausscheiden

Zuordnung der Chakren zu den Elementen, Sinnesorganen und ihren Funktionen

Chakren, Hormon- und Nervensystem

Die Chakren sind auch eng an das Hormon- und Nervensystem gekoppelt. Die Hormondrüsen sind ein wichtiger Bestandteil unseres physischen Körpers. Sie haben Einfluss auf alle Lebensprozesse, wie Stoffwechsel, Schwangerschaft, Geburt und Wachstum. Sie wirken auf Organe und beeinflussen das Immunsystem. Es gibt kaum ein Prozess, an dem Hormone nicht beteiligt sind. Jedes Chakra wird einer Hormondrüse zugeordnet und liefert hierzu die benötigte Energie.

Das Nervensystem stellt neben dem Hormonsystem das zweite Informationssystem des Körpers dar. Beide wirken eng zusammen und werden auch als das neuroendokrine System bezeichnet. Unser Nervensystem gliedert sich in das Zentralnervensystem (ZNS) und das periphere Nervensystem (PNS). Das ZNS setzt sich aus dem Gehirn und dem Rückenmark zusammen. Die außerhalb von Gehirn und Rückenmark liegenden Nervenzellen gehören zum PNS und leiten Sinneseindrücke, die von Gehirn und Rückenmark kommen in die Peripherie des Körpers weiter und von dort zurück.

Das PNS arbeitet mit zwei völlig unterschiedlichen Teilen: einem willkürlichen und einem unwillkürlichen Teil. Der willkürliche Teil ist kontrollierbar, damit können wir bewusst z.B. Arme und Beine bewegen. Der unwillkürliche Teil entzieht sich unserer Kontrolle. Dieser entwicklungsgeschichtlich älteste Teil unseres Nervensystems wird auch als *vegetatives Nervensystem* bezeichnet und regelt insbesondere die innere Aktivität des Körpers wie etwa Herzschlag, Atmung und Verdauung. Das vegetative Nervensystem wird wiederum im *sympathischen* und im *parasympathischen* System unterteilt. In Stresssituationen und bei körperlicher Belastung wird das sympathische System zur Steigerung der Körperleistungen aktiviert. In den Ruhe- und Erholungsphasen wird automatisch das parasympathische System aktiviert. Sympathikus und Parasympathikus haben also gegensätzliche Wirkungen und ermöglichen in ihrem Zusammenspiel eine Anpassung an die jeweiligen Bedürfnisse des Körpers. Die Energiekanäle *Ida und Pingala* korrespondieren mit diesem System und liefern hierzu die Energie. *Ida Nadi* korrespondiert mit dem *Parasympathikus* und wirkt kühlend und beruhigend. *Pingala Nadi* korrespondiert mit dem *Sympathikus* und wirkt erhitzend und aktivierend.[10]

Das Nervensystem ist unsere lebenswichtige Steuerungszentrale. Zusammen mit dem Hormonsystem steuert und regelt sie alle Körperfunktionen vom Herzschlag und Atmung über sämtliche Organfunktionen und Bewegungen bis hin zur Fortpflanzung. Über die Sinnesorgane ermöglicht das Nervensystem Wahrnehmungen und verbindet uns mit der Außenwelt. Es ist auch die Grundlage für alle geistig-emotionalen Funktionen wie Stimmungen, Denken und Lernen.

Unser Nervensystem reagiert blitzschnell und die Nervenzellen übertragen viele hunderte Impulse pro Sekunde und sorgen dafür, dass Informationen sich in allen Richtungen ausbreiten und vielschichtig und differenziert sind. So kann zum Beispiel eine Sinnesinformation gleichzeitig Gedanken, Emotionen, Vorstellungen und Verhalten beeinflussen. Die Informationsübertragung über Hormone dauert dagegen viel länger, da sie über chemische Prozesse realisiert wird. Mithilfe des Nervensystems steuern und regulieren Hormone unseren ganzen Biorhythmus und beeinflussen unser körperliches Wohlbefinden.

Die Energie für das neuroendokrine System liefern die Chakren, die entlang der Wirbelsäule auf feinstofflicher Ebene angeordnet sind. Ist eine Hormondrüse aus dem Gleichgewicht geraten, kann eine gezielte Arbeit an dem dazu gehörenden Chakra Linderung verschaffen und die Drüse wieder in Einklang bringen.

---

[10] Siehe Kapitel: das Energiesystem des Menschen

Chakren	Element	Drüsen	Sinnesorgane	Handlungsorgane
Kronen Chakra		Hypophyse		
Stirn Chakra		Epiphyse	Alle Sinne	
Kehl Chakra	Raum	Schilddrüse	Ohren Hören	Mund Sprechen
Herz Chakra	Luft	Thymusdrüse	Haut Fühlen	Hände Tasten
Nabel Chakra	Feuer	Bauchspeichel-drüse	Augen Sehen	Füße Fortbewegen
Sakral Chakra	Wasser	Keimdrüsen	Zunge Schmecken	Geschlechtsorgane Zeugen
Wurzel Chakra	Erde	Nebennieren-drüsen	Nase Riechen	Ausscheidungsorgane Ausscheiden

Die Chakren und ihre Beziehung zu den Drüsen, Sinnesorganen und Elementen

Das Wurzelchakra

Das Wurzelchakra ist das unterste, erste Chakra. Es befindet sich auf der Höhe des Steißbeins, zwischen Damm und Genitalien nach unten geöffnet und verbindet uns energetisch zur Erde. Es steht in Resonanz zum physischen Körper. Das Hauptthema des Wurzelchakras ist die

Selbsterhaltung. Seine Bewusstseinsenergien sind Urvertrauen und Sicherheit. Hier liegt die erste Bewusstseinsstufe des Menschen.

Das Wurzelchakra steht in Verbindung mit unseren Ur-Instinkten und mit dem körperlichen Überleben. Für unseren körperlichen Erhalt sind es die Nebennieren-Drüsen, die Energie aufnehmen um Hormone zu produzieren, die am Wasser-, Mineralstoff- und Zuckerhaushalt beteiligt sind, wie Aldosteron und Cortison, wichtige Hormone für den Erhalt des physischen Körpers. Auch Hormone des sympathischen Nervensystems, wie Adrenalin und Noradrenalin, die für unser Überleben wichtig sind, werden hier produziert.

Das Wurzelchakra entspricht dem Erdelement und ist das Chakra, das in den ersten Lebensjahren entwickelt wird. Das neugeborene Baby erfährt sich selbst zunächst hilflos und noch nicht *geerdet*. Es braucht die Mutter um ein Gefühl der Sicherheit, Geborgenheit und Vertrauen zu entwickeln. Der Geruchssinn wird dem Wurzelchakra zugeordnet, weshalb dies auch der dominante Sinn in diesem Alter ist. Das Baby erkennt seine Umgebung nach dem Geruch. Vor allem der Geruch der Mutter ist für das neugeborene Baby der wichtigste Anhaltspunkt in einer so fremden Welt.

Ein offenes Wurzelchakra äußert sich in einem Gefühl von Sicherheit, Stabilität und Urvertrauen. Menschen mit einem ausgeglichenen Wurzelchakra stehen mit beiden Beinen fest im Leben und haben eine gesunde Beziehung zu Mensch und Umwelt. Sie fließen gelassen mit dem sich stets verändernden Strom des Lebens, da sie in sich selbst Geborgenheit und Vertrauen finden.

Störungen im Wurzelchakra

Das Wurzelchakra ist unser Fundament und bietet uns die Grundlage, unser Leben zu meistern. Eine Störung im Wurzelchakra kann sich körperlich z.B. in Verstopfungen oder Durchfällen, Kreuz- und Ischias Schmerzen sowie durch Knochen- und Zahnerkrankungen äußern. Aber auch wenn Du leicht frierst oder häufig krank und erschöpft bist, sind das mögliche Zeichen eines gestörten Wurzelchakras. Psychisch wirkt sich eine Störung im Wurzelchakra in Form von Unsicherheit bis zu Antriebslosigkeit und existentiellen Ängsten aus. Die meisten Störungen im Wurzelchakra entstehen bereits in der Kindheit. Es öffnet sich, indem wir Vertrauen im Leben gewinnen und unsere Ängste loslassen können.

Das Sakralchakra

Das Sakralchakra ist das zweite Chakra und liegt etwa eine Handbreit unter dem Bauchnabel, ungefähr auf Höhe des Kreuzbeins. Es dient als Kanal für die kreative Schöpferkraft und wird in Verbindung zum Unterbewusstsein und zu den Emotionen gebracht. Das Hauptthema dieses Chakras ist die Selbstfindung. Seine Bewusstseinsenergien sind Kreativität und Lebenslust. Manchmal wird dieses Chakra auch als

Sexualchakra bezeichnet, denn es ist auch die Quelle der Fortpflanzung. Jede Art von Neuschöpfung, alles was in übertragenem Sinne neu ins Leben gerufen wird, entsteht aus Kreativität und Freude. Wenn Du aus Deiner Kreativität schöpfst, dann erledigst Du alles mit Freude und Begeisterung. Wenn Du dogmatisch handelst oder mit Widerwillen etwas machst, wird der Energiefluss dieses Chakras gestört.

Das *Sakralchakra* ist verbunden mit dem Element *Wasser*, aus dem alles biologische Leben hervorgegangen ist. Wasser ist das Symbol der Bindekraft, es will zusammenfließen und wird dem Gefühlsbereich zugeordnet, was sich gerade in unseren zwischenmenschlichen Beziehungen auswirkt. Im übertragenen Sinne reinigt und klärt Wasser alles auf, was erstarrt ist, so dass wir wieder loslassen und das natürliche Fließen der Lebensfreude genießen können.

Auf der körperlichen Ebene reguliert das Sakralchakra alles, was im Körper fließt, wie der Blutstrom und die entgiftenden Funktionen des Lymphsystems, der Nieren, Harnwege und Blase. Weiter beeinflusst das Sakralchakra die Funktionen der weiblichen und männlichen Geschlechtsorgane und hat damit einen Einfluss auf die Fruchtbarkeit. Die Keimdrüsen, bei der Frau die Eierstöcke und beim Mann die Hoden, produzieren auf dieser Ebene die Geschlechtshormone, wie z.B. Östrogene und Testosteron. Die Qualität der Samenflüssigkeit beim Mann ist wichtig für die Beweglichkeit und Fruchtbarkeit der Samenzellen. Die Energie des Sakralchakras sorgt dafür, dass hier die Aufgaben erfüllt werden. Man kennt auch das s.g. Trockenheits-Syndrom beim Altern, wenn Frauen weniger Östrogene produzieren. In der Menopause treten diese Symptome verstärkt auf. Mit dem Abfallen der Östrogene wird das

Trockenheitssyndrom gesteigert und die alternde Haut, die alternde Schleimhaut und andere Organe, die im Alter unter Feuchtigkeitsverlust zu leiden haben, können die Gesamtbefindlichkeit der davon betroffenen Frauen extrem beeinträchtigen.

Das Sakralchakra wird dem *Geschmackssinn* zugeordnet, weshalb Babys nach dem erwähnten Geruchssinn beim Wurzelchakra sich jetzt nach dem Geschmackssinn orientieren und alles in den Mund stecken. Das Baby hat eine Beziehung zu sich selbst aufgebaut und bestenfalls ein gesundes Selbstvertrauen entwickelt und besitzt nun genügend Kraft und Sicherheit um sich anderen Beziehungen zuzuwenden. Jetzt kann es aus sich selbst wachsen und auf andere zugehen. Die Aufmerksamkeit verlagert sich von *Ich* zu *Wir* und das Nehmen und Geben kommt ins Fließen. Im Erwachsenenalter findet das *Wir* seinen Höhepunkt in der sexuellen Vereinigung. Zunge und Geschlechtsorgane werden beide dem Wasserelement zugeordnet und gehören beide zu einem freudigen Sexerlebnis.

Ein offenes Sakralchakra

Menschen, deren Sakralchakra aktiviert ist, können sich ihrer Aufgabe voll hingeben. Sie haben das Potenzial, im beruflichen und privaten Bereich neue Ideen zu verwirklichen, zeigen Offenheit in zwischenmenschlichen Beziehungen und können selbstsicher das Leben genießen. Sie strahlen Ruhe und Gelassenheit aus.

Störungen im Sakralchakra

Bei Störungen im Sakralchakra ist der Lebensfluss blockiert. Oft ist der Fluss des Gebens und Nehmens gestört. Das kann sich auf verschiedenste Weise äußern: Auf der sexuellen Ebene als Frigidität und Impotenz oder als das Gegenteil: Nymphomanie und deren männliches Pendant Don Juanismus. Des Weiteren kann sich die Störung auf körperlicher Ebene als Fettleibigkeit (Horten, alles behalten wollen) oder als Magersucht (Ablehnung, nichts nehmen wollen) zeigen. Auch das s.g. Messie Syndrom ist hier zu erwähnen. Es sind Menschen, die in ihrem Chaos leben. Das Horten wird als gewisse Sicherheit erlebt. Hier ist auch das Wurzelchakra blockiert, die Betroffenen haben oft Depressionen und leiden unter Antriebslosigkeit.

Weitere körperliche Beschwerden bei einem gestörten Sakralchakra können Nieren- Blasen- und Harnweginfektionen sein, wie auch Schmerzen in der Hüfte und im Lendenwirbelbereich. Auch Menstruationsbeschwerden und Erkrankungen der Geschlechtsorgane können vorkommen. Emotional leiden Menschen mit einem gestörten Sakralchakra unter einer seelischen Kraftlosigkeit, da sie ihre eigenen Gefühle nicht zulassen und sich zwischenmenschlich isolieren und vereinsamen. Diesen Mangel an Lebensfreude versuchen viele mit der Suche nach Ersatzbefriedigung zu kompensieren. Es entsteht die Gefahr einer Suchterkrankung.

Wir alle brauchen Liebe, Zuwendung, Unterstützung und Berührung. Ebenso wichtig sind unsere materiellen Grundbedürfnisse wie Nahrung, Kleidung und ein Dach über dem Kopf. Sich mit diesen Dingen von anderen abhängig zu machen, kann verletzbar machen. Die Entwicklung des Selbstwertgefühls aus dem Wurzelchakra hilft uns mit dem Sakralchakra unseren Platz in der Gesellschaft zu finden. Wir können unsere Bedürfnisse weitgehend aus dem eigenen Innern befriedigen und dabei eine harmonische Verbindung zur Außenwelt bewahren. Wir machen uns weniger verletzbar. Die Schwingungsfrequenzen, die von diesem Chakra ausgehen, bewirken das Prinzip der Resonanz, das besagt, dass gleiche Schwingungen einander anziehen. Das bedeutet, dass ein Mensch z.B. auf bewusster Ebene mutig sein möchte, diese Botschaft leider wieder sabotiert wird, weil er auf der unbewussten Ebene noch Angst verspürt. Er wird die Menschen und Situationen anziehen, die seine Angst verstärken. Diese unbewusste Ebene kann durch Bewusstseinsarbeit ans Licht gebracht werden.

Es kann auch sein, dass Du unbewusst Deine verborgene Seite in Deinem Gegenüber suchst, um Deine eigene Ganzheit zu erfahren. So ziehst Du womöglich Menschen an, die Du entweder bewunderst oder ablehnst. In beiden Fällen wird Dein Gegenüber Dir Deine noch unbewusste Seite widerspiegeln. Wenn Du jemanden bewunderst, projizierst Du Deine eigenen verborgenen Qualitäten und Fähigkeiten auf diese Person. Wenn Du wie jemand anders sein willst, dann deshalb, weil auch Du die Fähigkeit und Kreativität hast, so zu sein. Du bist im wahren Sein vollkommen. So verhält es sich auch mit der Ablehnung. Wenn Du eine Person z.B. für ihr forsches Auftreten ablehnst, kann es vielleicht daran liegen, dass Du auf unbewusste Ebene das Bedürfnis nach mehr Beachtung hast. Manchmal passiert es aber auch, dass wir auf Menschen treffen, die ihre eigenen emotionalen Konflikte nicht erkennen und die Ursachen für ihr Leid und Schmerz bei anderen suchen. Dazu passt folgender Text sehr gut:

Wenn du die Träne des anderen nicht abwischen kannst,
dann sorge dafür, dass du nicht die Ursache für die Tränen bist.
Aber es gibt zwei Ursachen für Tränen.
Das erste ist die Enttäuschung,
das was erwartet wurde, nicht bekommen zu haben.
Diese Tränen können wir anderen nicht ersparen.
Die anderen Tränen sind die Tränen des Getrenntseins.
Wir können diese Tränen bei den anderen vermeiden, indem wir ihnen das Gefühl geben, wertvoll zu sein, dazu zu gehören. [11]

Das Solarplexuschakra

Das dritte Chakra befindet sich etwas oberhalb des Bauchnabels. Es steht in Resonanz zum Mental Körper. Sein *Feuerelement* bewirkt, dass die Sinnesinformationen hier transformiert und verarbeitet werden. Das Hauptthema des dritten Chakras ist die Selbstbestimmung. Es ist der Sitz unserer Willenskraft und die Basis für die Entwicklung einer gesunden Persönlichkeit.

[11] Autor unbekannt

Das Kleinkind kommt jetzt in die s.g. Trotz-Phase; es entdeckt seinen Willen und seine Persönlichkeit. Es ist völlig überzeugt von seinen Ideen und will viele Dinge selbst tun, zu denen es noch nicht vollkommen in der Lage ist. Ein Nein von den Eltern versteht es als Ablehnung seiner Person, denn es kann noch nicht unterscheiden zwischen Kritik an seiner Handlung und Kritik an sich selbst.

Kinder brauchen ihren individuellen Freiraum für selbstbestimmtes, entdeckendes und forschendes Lernen. Lieber Sachen wegräumen, die nicht für ihre Kinderhändchen bestimmt sind, statt immer zu verbieten. Ihnen auch mal erlauben selbst Sachen zu erledigen, auch wenn sie es noch nicht so gut können. Und ein ehrliches Lob statt zu kritisieren und zu schimpfen stärkt das Selbstbewusstsein des Kindes.

Für die Entwicklung unserer Persönlichkeit müssen die beiden untersten Chakren geöffnet sein. Nachdem der Säugling sein Selbstvertrauen entwickelt hat, kann das Kleinkind den Kontakt mit der Außenwelt aufnehmen und seine Kreativität im zwischenmenschlichen Bereich entfalten. Jetzt brauchen Kinder ihren Freiraum, damit sie ihren eigenen Willen und ein Selbstwertgefühl entwickeln können. Diese Entwicklung zur Selbstbestimmung und Selbstständigkeit sollten Eltern aktiv unterstützen, indem sie das Kind nicht mit Verboten und Regeln überhäufen. Wenn Eltern ständig ermahnen oder erklären, auch wenn der Ton eher freundlich ist, senden sie dennoch die Botschaft: *Du bist nicht gut genug.*

Um eine gesunde und kraftvolle Persönlichkeit zu entwickeln, brauchen Kinder eine liebe- und respektvolle Umgebung. Jedes Kind hat sein eigenes Temperament und entwickelt seine eigene Persönlichkeit. Das Temperament des Kindes ist angeboren und es sind die genetisch vererbten physischen und psychischen Merkmale. Die Persönlichkeit entsteht als Resultat einer Interaktion zwischen Temperament und sozialer Erfahrung. Temperament ist eher festgelegt, die Persönlichkeit oder der Charakter reift ein Leben lang durch Erfahrungen.

Ein offenes Solarplexuschakra

Das dritte Chakra steht in Verbindung zum Feuerelement und zum Sehsinn, die Handlungsorgane sind die Füße. Im übertragenen Sinne heißt es, dass die Klarheit unserer Sicht und die Bewegungsrichtung das Vorankommen auf unserem Lebensweg bestimmen. Das Solarplexuschakra entspricht der Sonne in uns, es ist unser Kraftzentrum, das unserer Persönlichkeit Stärke und Klarheit verleiht.

Wenn das dritte Chakra geöffnet ist, spüren wir eine Helligkeit in unserer Stimmung, wir fühlen uns freudig, innerlich klar und erfüllt. Menschen mit einem offenen Nabelchakra haben ein gutes Urteilsvermögen, treffen die richtigen Entscheidungen und übernehmen Verantwortung. Diese Menschen haben eine gesunde Selbstachtung, gehen achtsam mit ihrer Umwelt um und achten auch andere, für das, was sie sind. Sie ruhen in ihrer Mitte und wirken auf ihre Umwelt stabil. Sie können über sich selbst lachen, sind gelassen und betrachten die Dinge mit Humor. Ein holländisches Sprichwort sagt: *Humor ist das Öl in unserer Lebenslampe.*

Störungen im Solarplexuschakra

Die sogenannten negativen Emotionen wie Angst, Wut, Ärger, Groll, Eifersucht und Hass sind machtvolle Energien, die das dritte Chakra blockieren. Viele dieser Emotionen entstammen unseren frühen Kindheitserfahrungen. Um zu überleben lernen wir diese Emotionen so gut zu unterdrücken, dass wir uns ihrer Existenz überhaupt nicht mehr bewusst sind und wir uns an Teile unserer Kindheit auch oft nicht mehr erinnern können.

Vielleicht wurdest Du körperlich oder psychisch mehr oder weniger gewaltsam in eine Richtung gedrängt, die für die Entwicklung Deiner eigenen Persönlichkeit ungünstig war. Auch wenn das aus Sicht der Erwachsenen gut gemeint war, wurde Deine Willenskraft geschwächt. Später, im Erwachsenenalter, fühlst Du Dich immer noch ausgeliefert mit einem schwachen Selbstwertgefühl. Du strebst nach Anerkennung und um sie zu bekommen, tust Du fast alles um anderen zu gefallen. Oder Du willst ständig Deinen Selbstwert unter Beweis stellen und strebst nach Erfolg und Ansehen. Das alles kann kurzfristig funktionieren, doch Du bist ständig unter Druck und Du verspannst Dich immer mehr und kannst immer schwerer loslassen. Die Stauung in diesem Chakra wird immer größer und Du wirst immer gereizter, fährst leicht aus der Haut oder schluckst den Ärger runter, was mit der Zeit zu schweren Krankheiten führen kann.

Beginne damit, Deine Gefühle wahrzunehmen und versuche heraus zu finden, in welchen Situationen Du ähnlich negativ reagierst oder wann Du Dich verletzt fühlst. Gehe so weit zurück, bis Du Dich aus

Deiner Kindheit an Situationen erinnerst, in denen vergleichbare Emotionen entstanden. Manchmal sind die Erinnerungen an die Kindheit so schmerzvoll, dass Du sie ganz tief vergraben hast und Du Dich nicht mehr erinnern kannst. Dann wäre es gut, professionelle Hilfe in Anspruch zu nehmen.

Das Herzchakra

Das Herzchakra befindet sich in der Mitte der Brust und nach der Überlieferung ist es der innere Tempel, der Sitz unseres göttlichen Selbst. Das Herzchakra symbolisiert bedingungslose Liebe und es fördert die Fähigkeit zum Mitgefühl und Verständnis allen Lebewesen gegenüber. Die spirituelle Bedeutung seines Kraftfeldes ist dementsprechend sehr hoch. Es ist zugleich das Zentrum des Ausgleiches zwischen den unteren, mehr emotional-mental betonten Chakren und den oberen, mehr mental-spirituell betonten Chakren.

Das Herz ist die Verbindung zwischen Himmel und Erde. Auf dieser Höhe befindet sich auch die Thymusdrüse, ein sehr wichtiges Organ für das Immunsystem. In ihm werden - vor allem im Kindesalter - die T-Lymphozyten, die eine wichtige Aufgabe bei der speziellen Immunabwehr haben, geprägt. Die Thymusdrüse produziert außerdem die Hormone Thymosin und Thymopoetin, die die Reifung der Immunzellen in den Lymphknoten steuern. Das Herz ist das am meisten betroffene Organ, denn alle Einflüsse des Körpers fließen im Herzen zusammen. Jede Stressreaktion ist sofort über den Puls messbar.

Dauerstress beeinträchtigt das Herz am nachhaltigsten und kann zu Bluthochdruck u.a. Herzerkrankungen führen.

Chakra	**Hauptthema**	**Farben**	**Bewusstseinsenergien**
Kronenchakra	Selbsterkenntnis	Violett	Weisheit
Stirnchakra	Selbstreflexion	Indigoblau	Erkenntnisfähigkeit
Kehlchakra	Selbstverwirklichung	Türkis	Authentizität Wahrhaftigkeit
Herzchakra	Selbstliebe	Grün	Liebesenergie
Nabelchakra	Selbstbestimmung	Gelb	Willenskraft
Sakralchakra	Selbsterfüllung	Orange	Kreativität Lebenslust
Wurzelchakra	Selbsterhaltung	Rot	Urvertrauen Sicherheit

Die Chakren, ihre Hauptthemen, Farben und Bewusstseinsenergien.

Das Hauptthema des Herzchakras ist die Selbstliebe. Ein Mensch, der ein energetisch gut versorgtes Herzchakra besitzt, hat gelernt, sich selbst bedingungslos zu lieben. Erst in diesem Zustand ist er in der Lage, einen anderen Menschen wirklich zu lieben ohne ihn verändern zu wollen. Diese Qualität des Herzchakras ist für jeden spürbar. Es sind Menschen, mit denen man gern zusammen ist, die bedingungslos geben und sich auch an den kleinen Dingen und Begegnungen des Lebens erfreuen können. Sie lachen viel und gerne. An ihrem Lachen erkennen wir die *Herzensfreude.* Die Farbe Grün für das Herzchakra steht für Heilung und Hoffnung. Seine Bewusstseinsenergie ist die Liebesenergie. Das Herzchakra gehört, wie auch die Haut, zum Element Luft. Über die Haut, die energetisch das Herzchakra widerspiegelt, nehmen wir die Schwingungen der Umwelt wahr, was sich in Sprichwörtern wie: *Das geht mir unter die Haut* oder *ich fühle mich nicht wohl in meiner Haut* ausdrückt. Das Herz ist der Sitz der Seele und *die Haut ist der Spiegel der Seele.*

Berührungen und Hautkontakte gehören neben Nahrung zu unseren elementarsten Bedürfnissen. Gerade für Säuglinge ist der liebevolle Hautkontakt wichtig für seine emotionale Reifung. Eine Babymassage mit warmem Öl stillt nicht nur das natürliche Bedürfnis des Kindes nach Wärme, Vertrauen und Zuneigung, sondern stärkt auch sein Immunsystem und wirkt sich positiv auf die geistige Entwicklung aus. Herz und Haut sind eng miteinander verbunden. Das Herz ist das erste Organ was sich bei einem Embryo entwickelt und lange bevor wir sehen, hören, schmecken oder riechen können, sind wir schon als Fötus im Mutterleib für Berührungen empfänglich. Unmittelbar nach der Geburt regen Berührungsreize die Atmung an und sorgen dafür, dass das Immunsystem des kleinen Körpers hochfährt. In den ersten Lebensmonaten brauchen Babys viele Streicheleinheiten, die ihnen ein Gefühl von Sicherheit und Vertrauen vermitteln und die Basis für ein gesundes Immunsystem und Wachstum sind.

Auch für Erwachsene sind Körperkontakte lebensnotwendig. Je mehr man davon hat, umso besser. Denn der Körper reagiert spürbar auf den Hautkontakt. Natürlich kommt es darauf an, wer einen berührt. Doch, wenn es eine geliebte Person ist, schüttet der Körper Hormone aus, welche beruhigend auf unseren Organismus wirken, unser Immunsystem stärken und unser Herz öffnen. Wenn Du wenig Körperkontakt zu anderen hast, kannst Du Dir dieses Gefühl auch auf andere Weise verschaffen und Dir beispielsweise eine entspannende Wohlfühlmassage gönnen. Die Haut verbindet Innen- und Außenwelt miteinander und ist über das Luftelement mit dem Herzchakra verbunden. Aus dem Herzchakra fließt die höchste Prana-Schwingung, reine Liebesenergie, die uns mit einander verbindet und uns Mitgefühl verleiht.

Das ganze Universum ist im Körper enthalten,
der ganze Körper im Herzen.
So ist das Herz der Kern des ganzen Universums. [12]

Ein offenes Herzchakra

Wenn Dein Herzchakra geöffnet ist und mit Deinen anderen Chakren harmonisch schwingt, strahlst Du Freude aus, voller Mitgefühl und Verständnis für Dich selbst und für andere. Du nimmst Dich selbst so an wie Du bist und achtest Deine Mitmenschen für das, was sie sind. Nehmen und Geben sind im Gleichgewicht. Du bist dankbar für das

---

[12] Ramana Maharshi, indischer spiritueller Meister (1879 – 1950)

was Du bekommst und Du gibst aus ganzem Herzen. Du erlebst die Welt nicht mehr als etwas von Dir Getrenntes, sondern als einen Teil Deines eigenen Lebens. Ein starkes Herzchakra verbindet uns mit unserer wahren göttlichen Identität. Es wandelt die egoistische Liebe in bedingungslose Liebe um, die sich in Verbundenheit und Mitgefühl ausdrückt.

Ein gestörtes Herzchakra

Bei einem gestörten Herzchakra ist das Nehmen und Geben gestört. Es kann sein, dass Du Dich anderen gegenüber verschließt, weil Du Angst vor Verletzungen hast. Oder Du bist immer für andere da, erwartest aber insgeheim, bewusst oder unbewusst, Anerkennung und bist enttäuscht, weil der andere Deine „Liebe" nicht erwidert. Vielleicht glaubst Du auch, dass Du so stark und mächtig bist, dass Du die Liebe der anderen nicht brauchst. Du vermeidest Zärtlichkeit und Zuwendung, denn das macht Dich in Deinen Augen schwach und verletzbar. Oder Du denkst vielleicht, dass Du an dem was Du liebst festhalten musst. Das Wesen bedingungsloser Liebe ist jedoch die Freiheit und Freiheit bedeutet loslassen und vertrauen, den anderen achten, für das was er ist und was er werden kann. Es bedeutet, dass Du das Verhalten Deines Gegenübers als *seinen Weg* zum wahren Selbst sehen kannst.

Auch wenn Du bedingungslos liebst, kann es sein, dass Du bestimmte Personen nicht mehr in Deinem Leben haben möchtest, da ihre Verhaltensweisen nicht mehr zu Dir passen. Dann heißt es hier Dich selbst zu achten und loszulassen, um Dich weiter entfalten zu können und um Deine Freiheit nicht zu gefährden.

Menschen mit einem schwachen Herzchakra können sich freundlich, hilfsbereit und tolerant geben, wirken dabei aber unpersönlich und es fehlt ihnen die Authentizität und die natürliche Wärme. Wenn sie sich anderen öffnen, was ihnen schwer fällt, tun sie das meistens in unpassenden Situationen. Ein blockiertes Herzchakra erzeugt Verbitterung, Kontaktschwierigkeiten, Isolation und Einsamkeit. Es kann auch dazu führen, dass andere die Gefühle verletzen, ohne dass man sich dagegen wehren kann. Und wenn die Liebe für sich selber schwach ist, kann man auch für andere Menschen keine wirkliche Liebe empfinden. Man erwartet dann die Liebe von außen und steht damit vor einem unlösbaren Problem.

Die schlimmste Einsamkeit besteht darin,
sich selbst nicht leiden zu können.[13]

Das Kehlchakra

Das Kehlchakra befindet sich auf der Höhe des Kehlkopfes im Bereich der Halswirbelsäule. Es ist das Zentrum der Ausdrucksfähigkeit und der Kommunikation. Hier bringen wir alles zum Ausdruck, was sich in uns bewegt: Gefühle wie Freude, Angst, Wut, aber auch unsere Wünsche, Ideen, Absichten und unser inneres Weltbild.

[13] Mark Twain, Schriftsteller 1835-1910

Der Sanskrit-Name für das Kehlchakra ist *Vishudda* und bedeutet *Reinheit*. Bestenfalls wird alles was von außen in den Körper kommt, wie Nahrung, Sinneswahrnehmungen und Erfahrungen aus zwischenmenschlichen Beziehungen, vollständig verarbeitet und transformiert, so dass wir durch Wort und Tat eine reine, wahrhafte und gesunde Persönlichkeit ausstrahlen können. Das Kehlchakra ist dem Element *Raum* und der Sinnesfunktion *Hören* zugeordnet. Das Handlungsorgan ist der *Mund*. Durch das Hören nach außen treten wir in Kontakt mit der Außenwelt und durch das Hören nach innen mit unserem Höheren Selbst. Wir stärken unser Kehlchakra, wenn wir Klarheit im Innen und Außen erzeugen.

Wir sind alle durch das Element Raum miteinander verbunden und die Auswirkungen unserer Handlungen finden immer den Weg zu uns zurück, egal wie lange es dauern mag. Das ist das kosmische Prinzip von Ursache und Wirkung, unser *Karma*. Jede Ursache hat eine Wirkung, jede Wirkung hat eine Ursache. Wenn ich meinem Gegenüber wirklich aus dem Herzen begegne, d.h. mit liebevollen Gedanken, Worten und Taten, wird mich mein Gegenüber auch mit offenem Herzen empfangen. Wenn ich aber hasserfüllt bin, bekomme ich genau die gleiche Reaktion zurück. Jede Emotion, ob angenehm oder unangenehm, wird von meinen Mitmenschen verstärkt. Der Austausch unserer Gefühle ist Teil der Kommunikation mit unseren Mitmenschen. Die Farbe des Kehlchakras ist hellblau, wie der unendlich weite Himmelsraum. Manchmal wird ihm auch die Farbe Türkis zugeordnet, die Mischung zwischen dem Grün des Herzchakras und dem Blau des Stirnchakras. Das Hauptthema des Kehlchakras ist der Selbstausdruck und seine Bewusstseinsenergie ist die Wahrhaftigkeit. Es verleiht uns die Möglichkeit ehrlich zwischen Außen- und Innenwelt zu kommunizieren. Denn nur wenn wir ehrlich mit uns selbst und mit unseren Mitmenschen umgehen, erkennen wir unser wahres Selbst. Auf der körperlichen Ebene hat das Kehlchakra Auswirkungen auf den Hals- und Nackenbereich, und versorgt die Schilddrüse mit Energie. Die Schilddrüse produziert Hormone, die für den Stoffwechsel und den Energiehaushalt des Organismus zuständig sind.

Ein offenes Kehlchakra

Das fünfte Chakra verbindet, wenn es geöffnet ist, die Herzqualitäten mit der Vernunft: Du sprichst verständnisvoll aus dem Herzen mit viel Humor. Humor ist nicht, wenn Du Dich hinter etwas verbirgst oder wenn Du auf Kosten anderer Witze machst. Humor ist, wenn Du über Dich selbst lachen kannst und den Unzulänglichkeiten der Welt mit einer heiteren Gelassenheit begegnest. Ein offenes Kehlchakra befähigt Dich, anderen mit einem offenen Herzen zuzuhören, über Deine eigenen Gefühle zu reflektieren und Dich aufrichtig in Wort und Tat auszudrücken. Du hast eine klare Sprache und Deine Stimme ist wohlklingend. Du gibst Dir selbst und anderen Raum um sich zu entfalten. Du erkennst, dass alles was Dir begegnet, Teil der Schöpfung ist und eine eigene Botschaft hat. Ein offenes Kehlchakra ist wichtig für die Entfaltung der Persönlichkeit.

Ein gestörtes Kehlchakra

Körperlich wird ein gestörtes Kehlchakra sich in immer wiederkehrenden Halsentzündungen und Erkältungen bemerkbar machen. Auch Nackenschmerzen treten häufig auf. Die Schilddrüse kann betroffen sein mit einer Unter- oder Überfunktion. Auf energetischer Ebene kann eine Blockade des Kehlchakras zu einem Gefühlschaos führen. Gefühl und Vernunft sind dann gespalten. Wenn Du zu sehr im Gefühl bist, kann es sein, dass Du Dich nicht traust, Deine eigene Meinung zu bilden. Das Wort *Nein* kommt Dir schwer über die Lippen. Du bist eher schüchtern und beobachtest das Geschehen aus der Ferne. Du hast es schwer, Dich durchzusetzen. Vielleicht hast Du oft das Gefühl, einen Kloß im Hals zu haben. Hinter diesem Gefühl der Enge verbirgt sich meistens ein Angstzustand, der auf körperlicher Ebene Ausdruck findet. Häufig erkennen wir das an Aussagen wie: *Die Angst sitzt mir im Nacken* oder *Es lastet alles auf meinen Schultern.* Finde in der Selbstreflexion heraus, was Dir da *im Halse stecken bleibt*, was Du *nicht herunter schlucken willst*, in welchen Bereichen Dir *zu wenig Raum bleibt* und wer oder was Dich *in die Enge treibt.*

Ein gestörtes Kehlchakra zeigt sich auch, wenn die Gefühlsebene in den Hintergrund gedrängt wird und eine Überbetonung des Intellekts entsteht. In unserer Gesellschaft meinen immer noch viele Leute, dass der Intellekt der Gefühlswelt überlegen ist und sind stolz über die Errungenschaften ihres Intellekts. Jedoch ist die Gefühlsebene ein wichtiger Teil unserer Menschlichkeit. Ohne Gefühle werden wir *herzlos* und *engstirnig*. Es führt zu Intoleranz und Überheblichkeit anderen Menschen gegenüber. Hier sind die unteren Gefühlschakren nicht genügend entwickelt und es kann keine angemessene Kommunikation stattfinden. Oft wird hier versucht durch rücksichtsloses Machtstreben und Manipulation zu kompensieren.

Das Stirnchakra

Das Stirnchakra befindet sich zwischen den Augenbrauen, direkt über der Nasenwurzel. Es ist das Zentrum der Selbstreflexion. Seine Bewusstseinsenergie ist die Erkenntnisfähigkeit, die Energie des Geistes, die Dich die Wahrheit hinter allen Dingen erkennen lässt.

Das Stirnchakra ermöglicht die Verarbeitung der Sinnesinformationen und hilft dabei zu unterscheiden, was Täuschung und was Wahrheit ist. Es ist der Sitz der Intuition. *Weisheit, Gefühl und Verstand* sind hier vereint. Es wird manchmal auch das dritte Auge genannt. Hier enden die zwei Hauptenergiekanäle *Ida* und *Pingala* und verschmelzen mit dem zentralen Hauptenergiekanal *Sushumna*, der zum Kronenchakra führt.

Eine Darstellung dieser drei Nadis ist der Hermesstab. Der Stab selbst ist der Sushumna-Nadi, der wichtigste Kanal des Bewusstseinsprozesses. Er korrespondiert auf physischer Ebene mit unserem Zentralnervensystem im Rückenmarkskanal entlang der Wirbelsäule. Die zwei Schlangen, die sich um den Stab winden, sind Ida und Pingala, die den weiblichen und männlichen Bewusstseins-Aspekten entsprechen. Sie steigen aus dem Wurzelchakra auf und an ihren vier Kreuzungspunkten befinden sich die mittleren vier Chakren, mit ihren wichtigen Nervenzentren und endokrinen Drüsen. Im Stirnchakra, am Ende der Nasenwurzel enden Ida und Pingala und verschmelzen mit dem Sushumna-Nadi, der zum Kronenchakra fließt. Hier endet der Stab in einer Kugel mit Flügeln – ein Symbol für die befreite Seele. Der Fluss der Energie von der Basis der Wirbelsäule durch die sieben Chakren und hinauf zum Kronenchakra repräsentiert den Aufstieg vom Ich-Bewusstsein zum kosmischen Einheitsbewusstsein.

Ein offenes Stirnchakra

Menschen mit einem offenen Stirnchakra haben eine starke Intuition und klare geistige Fähigkeiten. Sie haben eine gute Konzentrationsfähigkeit, ungetrübte Sinneswahrnehmungen, ein gutes Gedächtnis und einen scharfen Intellekt. Sie können ihre Ideen in eine detaillierte Vorstellung verwandeln, bevor sie sie verwirklichen. Sie lassen ihre Phantasien freiem Lauf und schöpfen aus der Quelle der unbegrenzten Möglichkeiten. Ein offenes Stirnchakra verleiht Dir die Erkenntnisse höherer Bewusstseinsebenen und übersinnliche Wahrnehmungen wie Hellsehen, Hellhören, Hellfühlen oder Telepathie. Es ist logisch, dass diese Dinge Dich durcheinander bringen können, wenn die unteren Chakren noch nicht vollständig geöffnet sind. Dies ist auch die Gefahr wovor gewarnt wird bei der Kundalini-Erweckung (siehe weiter unten). Es sind ernst zu nehmende mentale Störungen, die auftreten, weil der Mensch zum Zeitpunkt des Kundalini-Erweckens noch nicht ganz in sich ruht. Für die Erweckung der Kundalini müssen die drei untersten Chakren geöffnet sein und der Mensch soll fest in seinem Wesen verankert sein.

Der Hermesstab symbolisiert das Aufsteigen der Kundalini-Kraft entlang den Hauptkanälen.

Ein gestörtes Stirnchakra

Wenn die Energie im Stirnchakra nicht richtig fließt, sind die Sinneswahrnehmungen und das Denken getrübt. Wir werden von unseren unbewussten Prägungen gesteuert und es entsteht ein unaufhörlicher Gedankenstrom, der allmählich zu Zerstreutheit und Realitätsverlust führen kann. Menschen mit einem schwachen Stirnchakra verlieren die Orientierung im Leben und werden von Gefühlen der Leere und Sinnlosigkeit geplagt.

Das Kronenchakra

Das siebte Chakra befindet sich am Scheitelpunkt des Kopfes und wird deshalb manchmal auch als Scheitelchakra bezeichnet. Es ist das Zentrum der Selbsterkenntnis und die Verbindung zum Höheren Wissen außer Zeit und Raum. Die Erfahrungen, die wir erleben, wenn dieses Chakra sich öffnet, sind schwer mit Worten zu beschreiben. Es ist die Krone aller Erfahrungen, die wir hier auf Erde machen, es ist die Verbindung mit der Weisheit des Universums. Wir fühlen uns mit der gesamten Schöpfung eins, erleben wahre Freude und wahres Glück. Der Heiligenschein bei vielen Heiligen steht für ein geöffnetes Kronen Chakra und ist das Symbol für ihre Erleuchtung, die Erkenntnis der absoluten Wirklichkeit. Wir alle können diesen Zustand des Erwachens erfahren. Es geht zunächst darum die störenden Geisteskonzepte, die unsere Sicht verstellen, wegzuräumen.

Verwirklichung ist kein Erwerb von etwas Neuem
und keine neue Fähigkeit.
Sie ist lediglich die Entfernung aller Tarnungen.[14]

Wenn die Energie in den Nadis und Chakren frei fließen kann, öffnet sich das Kronenchakra allmählich von selbst. Das Kronenchakra steht mit dem Kausal Körper und mit der Hypophyse in Verbindung. Die Hypophyse ist die Hauptdrüse des menschlichen Körpers. Sie stellt Hormone her, die andere Drüsen im Körper dazu anregen, selbst Hormone herzustellen und ist so in der Lage, psychische und körperliche Abläufe über spezialisierte Rezeptoren zu kontrollieren und zu steuern. Wenn Sinneswahrnehmungen, Denken, Fühlen und Verhalten

[14] Ramana Maharishi, indischer spiritueller Meister (1879-1950)

miteinander harmonieren, kann die Hypophyse unser Hormonsystem optimal steuern. Körper und Psyche sind im Gleichgewicht und die Bewusstseinsenergie kann ungehindert vom Wurzelchakra zum Kronenchakra fließen. Der Zugang zum unendlichen Reich des Einheitsbewusstseins öffnet sich.

Kundalini und Erleuchtung

Die Kundalini wird symbolisch als schlafende Schlangenkraft bezeichnet, die im Wurzelchakra als inaktiviertes Bewusstseins-Energie-Potenzial ruht und durch die spirituelle Praxis aktiviert wird. Wenn die Chakren gereinigt und geöffnet sind, steigt die Bewusstseinsenergie fast unmerkbar hoch bis zum Kronenchakra, was zur Verschmelzung mit der absoluten göttlichen Einheit führt. Dieser Zustand wird *Samadhi* oder auch *Erleuchtung* genannt. Im Christentum wird dieser Zustand durch einen Heiligenschein, einen Lichtkranz oberhalb des Kopfes, symbolisiert. Wenn das Energiesystem hinreichend gereinigt ist und die Energie entsprechend frei fließen kann, aktiviert sich die Kundalini Kraft von selbst. Die drei Hauptenergiebahnen (Sushumna, Ida und Pingala), die dem Kundalini entspringen sind dann durchlässig und frei. Probleme entstehen, wenn die Kundalini durch gewaltsame Techniken aktiviert wird, während die unteren Chakren noch blockiert sind. Je mehr Blockaden vorhanden sind, desto größer ist dann die Gefahr, dass mit diesem Energiestoß ein „Kurzschluss“ entsteht.

Es gibt heutzutage eine Vielzahl von Kundalini Yoga Angeboten. Wenn es um eine schnelle Kundalini-Erfahrung geht, kann dies gefährlich werden, da noch nicht alle Chakren geöffnet sind und der Mensch noch nicht ausgeglichen und bereit dazu ist. Wenn die Erweckung der Kundalini durch Praktiken des Yoga unter sorgfältiger Beachtung der verschiedenen Schritte und unter kompetenter Anleitung und Beachtung aller Vorsichtsregeln erweckt wird, ist dies ein sicherer Weg ohne größere Gefahren. Jeder sollte es sich genau überlegen, ob er sich zu einer schnellen Erfahrung dieser Richtung hinwendet oder den natürlichen, ungefährlichen Weg der Selbsterkenntnis wählt.

Das wahre Selbst ist kein Ziel, das erlangt werden muss, sondern ein Gewahrsein, welches verbleibt, wenn alle begrenzenden Vorstellungen über das Nichtselbst aufgegeben werden. Und dieses Nichtselbst ist die Identifizierung des Selbst mit dem Körper und dem Ego.

7. Der Geist aus yogischer Sicht

Das Selbst ist die eigenschaftslose reine Wirklichkeit,

in deren Licht Körper und Ego aufleuchten.

Wenn alle Gedanken zur Ruhe gekommen sind,

bleibt das reine Bewusstsein zurück.

Ramana Maharshi (1879-1950)

Indischer spiritueller Meister

Der Mensch besteht aus Körper, Geist und Seele. Was der Körper ist scheinen wir am ehesten zu wissen, denn wir können ihn mit all unseren Sinnen wahrnehmen und erforschen. Schwieriger wird es bei den feinstofflichen Begriffen Seele und Geist, die oft miteinander verwechselt werden. Aussagen wie: *„Mir liegt etwas auf der Seele", "Seelenschmerz",* oder *"Seelenklempner",* wie Psychiater und Psychotherapeuten im Volksmund manchmal genannt werden, zeigen die Verwechslung der beiden Begriffe. Die Seele selbst kann nicht erkranken, wohl aber kann Krankheit als Symbol und als Sprache der Seele verstanden werden.

In der Sankya Philosophie ist die Seele vollkommen und unzerstörbar, sie hat keinen Anfang und kein Ende und sie kann nicht mit gewöhnlichen Begriffen bestimmt oder beschrieben werden. Sie ist reines Bewusstsein und das wahre Selbst, das dem Körper innewohnt und durch ihn handelt.

Ohne die Seele ist der Körper wie eine Glühbirne ohne Elektrizität. Durch die Einwirkung der Seele erlangt der Mensch sein Leben, seine sinnlichen Fähigkeiten, seine Intelligenz und Emotionen, seinen Willen und sein Verlangen sowie seine Persönlichkeit. Der Mensch hat einen Körper und Geist, diese sind seine Werkzeuge, die ihn für seine irdischen Erfahrungen zur Verfügung stehen. Seine wahre Identität aber ist die Seele. In Sanskrit werden für die Seele die Begriffe *Purusha* oder *Atman* verwendet.

Die moderne, hauptsächlich materiell ausgerichtete Wissenschaft untersucht den Geist oder die Psyche anhand Verhaltensweisen des Individuums. Ihr wissenschaftlicher Ansatz besteht darin, andere zu erforschen und nicht *das Selbst*, das im innersten Wesen eines jeden Menschen vorhanden ist. Die alten Yogis erforschten ihren Weltinnenraum durch intensive Meditationspraktiken und wurden sich unbewusster geistig-seelischer Vorgänge bewusst. Ihre Erkenntnisse werden inzwischen immer mehr von zeitgenössischen Wissenschaftlern bestätigt, die Geist und Bewusstsein durch Meditation und bildgebende Verfahren untersuchen.

Wie in den vorherigen Kapiteln bereits erwähnt, zählen die Rishis den *Geist* sowie den *Körper* - im Gegensatz zur *ewigen Seele* - zu den materiellen, veränderlichen Anteilen unseres Wesens. Der Weise und Gelehrte Patanjali gibt in seinen Yoga-Leitfaden (Yoga Sutra) eine genaue Beschreibung, wie der Geist funktioniert, was wir tun können um einen klaren Geist zu erhalten und wie wir uns vom Leid, das im Geiste entsteht, befreien können. Aus yogischer Sicht hat der Geist verschiedene funktionale Aspekte; die Sanskrit-Begriffe hierfür sind: *Citta, Manas, Ahamkara und Buddhi.*

Die Geistmaterie - Citta

Citta ist die gesamte Geistmaterie und eine riesige Lagerstätte von Gedanken, Emotionen, Wünschen, Träumen, Visionen, Phantasien und Bewusstsein. Alles, was im Geiste geschieht, bewusst oder unbewusst, wird aus diesem Pool bezogen. In Citta sind alle Eindrücke und Erfahrungen, die den Menschen geprägt haben - aus diesem und aus vorgeburtlichen Leben - enthalten. Diese Prägungen werden in der yogischen Philosophie *Samskaras* genannt. Die Gesamtsumme dieser Samskaras bildet den Charakter und Persönlichkeit des Menschen. Citta hat seinen Sitz im Kausal Körper. Im Reservoir Citta wirken Manas, Ahamkara und Buddhi mit ihren spezifischen Aufgaben.

Der denkende und fühlende Geist - Manas

Manas ist der Bereich, der Sinnesinformationen und Erfahrungen verarbeitet. Er hat seinen Sitz im Emotional Körper und ist auch für die Erinnerung und das Visualisieren zuständig. Manas ist der denkende und fühlende Geist, der an die Wahrnehmungssinne gebunden ist. Befinden wir uns auf der Ebene von Manas, werden wir von unseren Gedanken und Gefühlen gesteuert. Ein Gedanke erzeugt den nächsten Gedanken und jeder Gedanke ruft wiederum ein Gefühl hervor, so dass bei negativen Gedanken allmählich ein Gefühlschaos entstehen kann, das uns viel Energie raubt. Wenn wir an Gedankenkonzepten festhalten, die aus vergangenen Erfahrungen stammen und uns um die Zukunft sorgen, vergessen wir im Augenblick zu leben und verschwenden so lebenswichtige Energie. Denn nur in der Gegenwart können wir aus unserer vollen Lebenskraft schöpfen.

Das Ich Bewusstsein - Ahamkara

Ahamkara ist unser Ich-Bewusstsein, das uns glauben lässt, ein einmaliges, von allen anderen getrenntes Wesen zu sein. Ahamkara veranlasst einen sich als Mittelpunkt der Welt zu sehen und bringt alles in Beziehung zu sich. Hier geht es vor allem um die eigene Sinnesbefriedigung. Ahamkara ist wichtig für unsere Selbstbehauptung und macht es uns möglich die eigenen Fähigkeiten und Gaben voll zur Entfaltung zu bringen. Es ermöglicht uns ein gesundes Selbstvertrauen zu entwickeln, die eigenen Grenzen zu erkennen und sie auch anderen gegenüber durchzusetzen. Manas und Ahamkara bilden zusammen das weltliche Ich, das Ego, das sich fälschlicherweise getrennt und als Mittelpunkt versteht.

Es heißt: *Du bist in dieser Welt, aber nicht von dieser Welt.* Um die Dinge über das Ego hinaus zu erfahren, und um die physische Welt mit der anderen nichtphysischen Welt zu verbinden, müssen wir unser Alltagsbewusstsein erweitern und dazu brauchen wir das Vertrauen, dass es diese andere Welt auch gibt. Denn das Ego, das an den Sinnen und an der materiellen Welt gefesselt ist, ist nicht in der Lage diese andere Welt zu erkennen und diese Welt kann man uns auch nicht erklären. Wir müssen sie selbst erfahren, so wie es uns Mystiker und Seher aller Welttraditionen vorgemacht haben. Sie erzählen uns, dass wir diese Dimension - unsere gemeinsame Quelle, aus der wir alle kommen und die unser wahres Wesen ausmacht - nur in der tiefen inneren Stille der Gegenwart erkennen können.

Unser geistig spirituelles Bewusstsein - Buddhi

Buddhi ist unsere Fähigkeit, das wahre Selbst vom Ego zu unterscheiden. Der Name kommt vom Stammwort buddh, was so viel wie erwachen oder erkennen bedeutet. Buddha ist der erwachte Mensch. Buddhi ist das, was laut der Sankhya-Philosophie als erste aus Prakriti hervorgeht und wird auch *die Kraft der höchsten Intuition* genannt. Sie ist die gleiche Kraft, die auch im Universum herrscht und *Mahat*, kosmische Intelligenz, genannt wird.

Buddhi ist unser höchstes Gewahrsein. In diesem Zustand können wir unsere wahre Wesensidentität und die Einheit mit dem Universum erkennen. Im Gegensatz zu Ahamkara bewirkt Buddhi, dass wir für die

Gemeinschaft Gutes tun, denn wir erkennen, dass wir Teil des Ganzen sind. Um in diesen Bewusstseinszustand zu gelangen, ist es jedoch unumgänglich, den Geist zu beruhigen und ihn von allen gedanklichen und emotionalen Vorgängen zu lösen. Deshalb schrieb der große Philosoph und Yogameister Patanjali bereits vor mehr als 2000 Jahren, gleich am Anfang seines Yogaleitfadens:

1. *Jetzt wird Yoga, die Erfahrung der Einheit erklärt.*
2. *Yoga ist das zur Ruhe bringen der Bewegungen des Geistfeldes*
3. *Dann ruht der Sehende in seinem wahren Selbst.*
4. *In anderen Zuständen ist der Geist mit seinen Bewegungen identifiziert. (Yoga Sutra 1: 1-4)*

Patanjali erläutert in den ersten vier Versen wohin Yoga uns hinführen will um später genaue Hinweise zu geben wie wir diesen Zustand erreichen können. Denn es ist kein einfacher Weg! Wir sind im Geiste ständig auf Wanderschaft. Der Geist ist in der Lage, die Vergangenheit in die Gegenwart zu holen und über die Erinnerungen nachzudenken. Auch für die Zukunft kann der Geist in seiner Vorstellung schon vorausplanen. Das kann sicher eine wertvolle Hilfe sein. Wenn der Geist jedoch die Herrschaft übernimmt, sind wir ständig damit beschäftigt die Vergangenheit zu bewerten und zu hinterfragen oder uns um die Zukunft zu sorgen; wir verlieren dabei das Leben, das sich im Augenblick abspielt, es rast an uns vorbei. Die Katha-Upanishad gibt in einem Gleichnis ein anschauliches Bild von der Beziehung zwischen Seele, Geist und Körper:

Erkenne Purusha (die Seele) als den Fahrgast der Kutsche.
Der Körper ist der Wagen, Buddhi der Wagenlenker und
das Denken (Manas) die Zügel. Die Sinne sind die Pferde,
die Objekte die Wege.

Wie die Pferde, die nicht fest an den Zügeln geführt werden, den Wagen zum Weideland führen, ziehen auch die Sinne den Körper ständig zu den Objekten der Begierde hin und das kann manchmal verhängnisvolle Folgen haben, wie die Entstehung von Krankheiten, Süchte oder Konflikte. Sinne, Gedanken und Emotionen dienen dem Ego und dem Verstand. Buddhi symbolisiert unsere höhere Intelligenz und ist der wache Wagenlenker, der fortwährend in Kontakt mit dem Fahrgast steht, dessen Anweisungen wahrnimmt und die Pferde in die richtige Richtung lenkt.

Unser Ich-Bewusstsein kann sich - je nach Entwicklung - in den verschiedenen Bewusstseinsstadien befinden, die wir bereits als die drei Gunas *Sattva, Rajas und Tamas* kennengelernt haben. Wir können wach und achtsam (*Sattva*), getrieben (*Rajas*) oder auch in einem vernebelten Zustand (*Tamas*) sein. Für unsere spirituelle Entwicklung ist ein achtsamer, sattvischer Zustand wichtig, damit Buddhi, der wache Wagenlenker die Führung übernehmen kann.

In einem *tamasischen* Zustand werden wir von den Sinnen geführt. Das bedeutet, dass unser Überlebenssystem - das in der Neurobiologie als das s.g. *Reptiliengehirn* bezeichnet wird - die Führung übernimmt. Es stellt sicher, dass der Körper bei Gefahr am effizientesten arbeitet. Hier geht es um pure Sinnesbefriedigung und dient dem Überleben und Arterhaltung des Individuums. Dieser Zustand zeigt sich z.B. unter starkem Alkohol- oder Drogen-Konsum, bei hohen Stress-Situationen oder langanhaltenden depressiven Verstimmungen und schränkt die Handlungsfähigkeit von Buddhi ein.

In einem *rajasischen* Zustand lassen wir uns von Manas leiten. Manas verbindet Sinnesinformationen aus der Umwelt mit inneren Informationen. Durch die Integration von Innen- und Außenwelt entsteht das emotionale Erleben. Ahamkara erzeugt den Ich-Gedanke zu diesem Erleben. In der yogischen Philosophie wird gesagt, dass es vor allem Ahamkara ist, das Leid verursacht, denn es erzeugt die Identifikation mit den unterschiedlichsten körperlichen, gedanklichen und emotionalen Zuständen und sieht sich als ein Produkt der umgebenden Welt. Dieser Teil unseres Geistes (Manas und Ahamkara) wird in der Neurobiologie als *limbisches System* bezeichnet. Zum limbischen System gehören verschiedene Gehirnstrukturen, die eine funktionale Einheit bilden. Diese Gehirnfunktion haben wir mit allen Säugetieren gemein, weshalb es manchmal auch das *Säugergehirn* genannt wird. Es reguliert die für die soziale Natur der Säugetiere typischen Empfindungen wie Sorge um den Nachwuchs, Angst, Lust, Spieltrieb und das Lernen durch Nachahmen. Es dient der Selbstbehauptung und ist die Basis für Emotionen und soziales Verhalten.

In einem rajasischen Zustand kommen die Handlungsimpulse aus dem Ich-Bewusstsein und können von Unruhe und Ichbezogenheit getrieben werden. In diesem Zustand ist Buddhi, der Wagenlenker, nicht richtig bei der Sache und verliert die Orientierung. Es entsteht ein Handeln aus Leidenschaft und Begierde. Viele unserer heutigen Mitbürger funktionieren aus diesem Bewusstseinszustand.

Ein *sattvischer* Geist lässt uns wach und achtsam werden. Buddhi hat die Zügel fest in den Händen und hält den Kontakt zum Fahrgast (Purusha). Ein sattvischer Geist ist ruhig und klar, betrachtet das Geschehen aus einer höheren Perspektive der Einheit und offenbart die allumfassende Vision des wahren Selbst, das hinter dem Schleier des Gemüts versteckt ist. Es ist das wahre Wissen, das sich offenbart, wenn wir uns aus den Verstrickungen der materiellen, gedanklichen und emotionalen Anhaftungen lösen und in die unendliche Stille eintauchen. Tamas, Rajas und Sattva sind drei Bewusstseinsqualitäten, die sich auf unsere Gedanken und Emotionen auswirken. Sie bestimmen, wie wir die Sinnesinformationen verarbeiten und wie wir die Welt wahrnehmen.

Verhaltensforscher sagen, dass wir nur etwa 10% unseres Tuns bewusst vollziehen. 90% unserer Verhaltensweisen sind für uns vollkommen unbewusst, sie werden von unserem Unterbewusstsein ganz automatisch gesteuert. Das Ziel von Yoga ist es, diesen unbewussten Teil bewusster zu machen und einen sattvischen Geist zu entwickeln, der Ausgeglichenheit, Gelassenheit und innere Ruhe ausstrahlt. Nur so können wir uns selbst besser kennenlernen und an unsere ungenützten Ressourcen kommen, die tief in uns verborgen sind.

Die fünf Bewusstseinszustände von Citta

Der Weise Patanjali nennt in seinen Yoga Leitpfaden fünf qualitative Stufen von Citta. Um dies besser verstehen zu können, vergleichen wir *Citta*, unsere Geistmaterie, mit einem See und *Purusha*, unser wahres Selbst, mit dem Vollmond. Der Vollmond widerspiegelt das Licht der Sonne. Die Sonne selbst ist *Ishwara*, das göttliche Prinzip, die Idee von der Absolut Größten Macht des Universums, unsere persönliche Gottheit. Patanjali hat den Begriff *Ishwara* geschaffen, damit unser Geist sich eine Vorstellung über die Größte Macht des Universums machen kann. Denn mit unserem begrenzten Vorstellungsvermögen, das von unserem Verstand und von Zweiheit gelenkt wird, können wir die Absolut Größte Kraft, aus der alles erschaffen wurde, nicht erfassen. *Ishwara pranidhana* ist das Vertrauen in das Göttliche, in das Mächtige. So ist es jedem überlassen seine persönliche Gottheit zu finden. Christen werden das vielleicht in Gott und in Jesus finden, Buddhisten in Buddha, Moslems in Allah, Atheisten in einer geheimnisvollen Macht, die noch nicht verstanden wird. Mit dem Begriff Ishwara wird es für uns einfacher zu verstehen, wonach wir suchen.

In unserem Beispiel ist *Ishwara die Sonne*, das Licht der Absolut Größten Macht, aus der alles erschaffen wurde. *Purusha ist das Mondlicht*, die Widerspiegelung des Göttlichen Lichtes in uns. *Citta ist der See*, unsere relative, veränderliche Realität, die sich in Raum und Zeit befindet. Es folgen die fünf Bewusstseins-Stufen von Citta:

1. *Der See (Citta) ist trüb, das Wasser schmutzig und voller Wasseralgen. Das Licht des Vollmondes (Purusha) ist nicht zu erkennen.*

   In diesem Zustand fühlen wir uns ängstlich und verwirrt, wir werden depressiv und ein Gefühl des Getrenntseins und der Einsamkeit überfällt uns. Es ist ein *tamasisches* Gefühl. Wir wissen nichts vom wahren Selbst. Diese Bewusstseinsstufe nannten die Rishis *mudha* (verwirrt und unwissend).

2. *Der See wirkt unruhig und stürmisch und der Mond erscheint als eine Vielfalt von Lichtreflexen.*

   Das Selbst wird fälschlicherweise als die Vielfalt der Manifestationen dieser Welt wahrgenommen. Alles dreht sich um das Ich. Es ist ein *rajasisches* Gemüt, wir fühlen uns getrieben und zerstreut. Wir sind überfordert von den verschiedenen Rollen, die wir im Leben spielen: auf der Arbeit, in der Familie oder vielleicht auch in der Öffentlichkeit. Dieser Zustand wird *kshipta* (unruhig/rastlos) genannt und ist in unserer hektischen, schnellen Zeit bei den meisten Menschen wohl sehr bekannt. Wenn Citta längere Zeit in diesem unruhigen Zustand von *kshipta* bleibt, fallen wir zurück in den ängstlichen und verwirrten Zustand von *mudha.*

   Die Rastlosigkeit endet in Verwirrtheit.

   Je nach Persönlichkeitsanteilen entstehen typische Merkmale eines Ungleichgewichtes, die zu verschiedenen physischen und psychischen Erkrankungen führen können, wie das Erschöpfungssyndrom, Depressionen, das s.g. Burnout-

Syndrom sowie Herz-Kreislaufbeschwerden und Erkrankungen des Nervensystems.

3. *Der nächste Zustand ist Vikshipta (sammelnd). Der See wird klarer und ruhiger und die Wellen gleichmäßiger. Wir erahnen schon das Licht des Mondes in seiner Vollkommenheit.* Wir fangen an uns zu sammeln und zu konzentrieren und werden ruhiger. Diesen Zustand erlebe ich immer wieder bei den Teilnehmern meiner Yogakurse. Meine Yogagäste kommen meist aus der hektischen Welt mit einem unruhigen Geist. Kaum sind sie hier, fängt der Geist an sich zu sammeln - gleichzeitig trägt auch die Assoziation mit bereits erfahrener Entspannung im Yoga Raum zur Ruhe bei - so dass sie am Ende der Stunde viel konzentrierter, ruhiger und klarer im Kopf sind. Das Gemüt wird allmählich *sattvisch.* Die meisten Beschwerden, die vor der Stunde noch da waren, wie z.B. Kopfschmerzen, Erschöpfung und Müdigkeit sind dann meist verschwunden. Hier fängt laut Patanjali Yoga erst an, so wie er gleich am Anfang im Yoga Sutra schreibt: *Yoga ist das zur Ruhe bringen der Bewegungen des Geistfeldes. (Yoga Sutra 1:2)*

4. *Jetzt hat der See eine stille, klare Oberfläche und der Vollmond spiegelt sich ganz klar in ihm.* Purusha lässt Citta im Licht erstrahlen und dieses Licht verkörpert die Kraft der höchsten Intuition. Dies ist ein *sattvischer* Zustand, der Urzustand von Citta und wird *ekagrata* (ungestörte Aufmerksamkeit und Konzentration) genannt.

Das Licht, das in Citta scheint, ist das Licht von Purusha, der ewige unveränderliche Zeuge. Es ist das stille *Zeugenbewusstsein* mit einer neutralen, nicht wertenden Aufmerksamkeit. In diesem Bewusstseins-Zustand haben die Verstandesberater wie z.B. der Kritiker oder der Zweifler Pause, der Geist ist mit dem ewigen Zeugen in uns verbunden und Du beobachtest ohne zu bewerten. Alles, was auftaucht, ist in Ordnung. In diesem stillen Beobachtungsraum des Zeugenbewusstseins kannst Du die Stimme Deines Höheren Selbst aus dem tiefen Inneren wahrnehmen. Du bist in der Gegenwart angekommen und Gedanken aus Vergangenheit und Zukunft stören nicht mehr!
Yoga ist der Zustand, in dem es uns gelingt geistige Ruhe und Klarheit zu erschaffen und zu bewahren. Die Identifikationen mit unserem bewertenden Denken nehmen ab und wir erkennen die Dinge direkter und ungefilterter. Unser Wollen und Nicht-Wollen, unser egozentrisches Denken, Ängste und Sorgen, all das verschwindet und der Geist wird still und ausgeglichen.

5. *In diesem Stadium gibt es keinen See mehr.*

Dieser Zustand wird *nirodha* (vollkommene, gedankenlose Stille) genannt. Das Ichbewusstsein löst sich allmählich auf und wir verschmelzen mit dem Licht von Purusha, reines Gewahrsein. Wir sind im erlösten Zustand des Zeugenbewusstseins. Wir erkennen, dass wir das Licht einer gemeinsamen Quelle (in dieser Metapher das Sonnenlicht) sind und dass wir nicht getrennt sind vom Licht dieser schöpferischen Urquelle. *Dann ruht der Sehende in seinem wahren Selbst. (Yoga Sutra 1:3)*

Wir erleben *sat-chit-ananda*, absolute Wirklichkeit *(sat)*, reines Gewahrsein *(chit),* wahre Freude und Glückseligkeit *(ananda).* Wir erfahren uns nicht mehr getrennt vom Ganzen und erkennen, dass wir nicht Körper oder Geist sind, denn diese sind lediglich Werkzeuge des Erkenntnisprozesses. Wir erfahren uns als Eins mit Allem was ist. Die Yogis nennen diese Erfahrung *nirodha samadhi,* sie ist die Loslösung von der Dualität. Diese Erfahrung ist ein tiefes Wissen, das alles miteinander verbunden ist und sie ist gekennzeichnet durch vollkommene Liebe, Weisheit und Glückseligkeit. Der Benediktinermönch und Zen Meister Willigis Jäger schreibt am 15.Juli 2013 auf seiner Facebook-Seite:

Eine echte mystische Erfahrung (es gibt ja verschiedene Ebenen)
ist eine neue, transrationale Ebene der Erkenntnis.
Wer wirklich die Grenze der Dualität und des Ich überschreitet,
der erlebt dieses Unbeschreibliche, das aber absolut erfüllend ist,
weit erfüllender als alles, was ihm sonst im Leben begegnet.
Und dieses Erfülltsein hält auch an, wenn er in sein
Ichbewusstsein zurückkommt – das ist das Entscheidende.
Er ist sicher: Ich habe da etwas erlebt, das viel
bedeutsamer ist als alles, was ich rational begreifen kann.

Die Samadhi - Erfahrung ist jenseits von Gedanken, Emotionen und Gefühlen; diese finden in der dualen Welt statt. Im Zustand von *nirodha samadhi* erleben wir Glückseligkeit, man kann sie nicht mit Worten beschreiben, sie muss erfahren werden. Sie ist ein ewiger Zustand unseres wahren Wesens, das im Herzen wohnt.

Um Glückseligkeit zu erfahren brauchen wir einen sattvischen Geist, der still und klar ist. Wenn wir uns mit unseren Gedanken und Emotionen identifizieren, befinden wir uns im Ego-Bewusstsein und sind ständig mit Beurteilen, Kritisieren und Trennen beschäftigt. Dadurch entsteht sehr viel Leid. Beginnen wir regelmäßig den Geist zu trainieren im Hier und Jetzt zu sein, wird er allmählich still und klar. Wir erreichen einen sattvischen Zustand, der zugleich der Urzustand unserer Geistmaterie ist. Jetzt fängt das Bewusstsein an sich von den Identifikationen des individuellen Ich und seinen Objekten zu lösen. Wir beobachten ohne zu bewerten. In diesem stillen freien Raum können wir die Stimme des Höheren Selbst wahrnehmen, wir erreichen allmählich einen tieferen Meditationszustand und erkennen schließlich die tiefe Verbundenheit mit Allem was ist. In diesem Bewusstseins-Zustand werden wir Zeuge, dass Körper und Geist wichtige Instrumente sind, die uns in der dualen Welt dienlich sind. Alles, was in dieser Welt geschieht, dient dazu zu erkennen wer wir wirklich sind. Ohne ein klares Verständnis der Beziehung zwischen Körper, Geist und Seele kann der Zweck der Meditation nicht verstanden werden. Deshalb beschreibt Patanjali im zweiten und dritten Kapitel des Yogasutra einen achtgliedrigen, ganzheitlichen Übungsweg, der uns zum höchsten Bewusstseins-Zustand führen soll, damit wir die unbeschreibliche Erfahrung machen, die Mystiker aller Traditionen als absolute Wirklichkeit erkannt haben. Es ist die Erkenntnis, dass Alles mit Allem und natürlich auch wir Menschen mit Allem verbunden sind und eine Einheit bilden. Die Voraussetzung für diese Erkenntnis ist die Klärung und die Beruhigung des Geistes. Denn der verschleierte unruhige Geist *(Tamas und Rajas)* wird von den Sinnen, die an die materielle Welt gebunden sind, abgelenkt. Erst wenn der Geist in seinem Urzustand ist - d.h. durchsichtig, klar und rein *(Sattva)* - können wir die Grenzen der materiell wahrnehmbaren Welt überschreiten und in der stillen Einkehr die absolute Wirklichkeit erfahren.

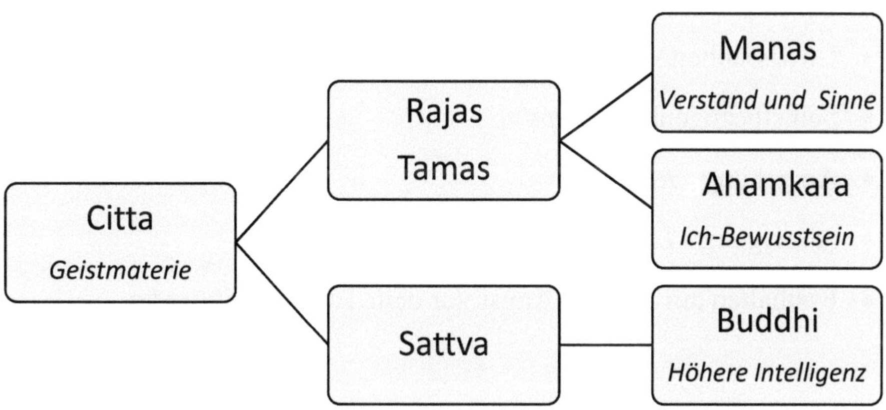

Unsere Geistmaterie und die Gunas

Störfaktoren im Geiste - Kleshas

Die Kleshas sind bestimmte Überzeugungen und Gedankenmuster, die sich über unsere Sinne legen und unsere Wahrnehmung verzerren, so dass wir nicht klar erkennen können, wie die Dinge *wirklich* sind. Wir fühlen uns als Opfer der Umstände, sind unglücklich und hadern mit dem Schicksal. Wir leiden und glauben, die anderen oder das Schicksal seien schuld an unseren Problemen. Die Kleshas sind die Hauptquellen unseres Leidens. Wenn wir die Verantwortung für unser Leid auf andere abschieben, dann geben wir ihnen auch die Macht über uns und unser Leben. Wir entmachten uns selbst und werden so zum Opfer. In der Yoga-Praxis geht es darum, die Ursachen für unser Leiden zu erkennen um sie dann zu beseitigen. Patanjali nennt im Yoga Sutra die folgenden fünf *Kleshas*:

- Unwissenheit - *Avidya*
- Selbstbezogenheit - *Asmita*
- Anziehung - *Raga*
- Abneigung - *Dvesha*
- Festhalten am Leben / Angst vor dem Tod - *Abhinivesha*

Unwissenheit - Avidya

Patanjali bezeichnet das Nicht-Erkennen der absoluten Wirklichkeit als Wurzel allen Leidens. Wir erleben die Welt nicht so wie sie wirklich ist. Unsere Gedanken, Überzeugungen und innere Einstellung haben einen enormen Einfluss auf das, was wir wahrnehmen. Sie legen einen Schleier über unsere Sinne und lassen uns glauben, dass das, was wir subjektiv wahrnehmen, die Wirklichkeit ist. Diese Verschleierung des Geistes nennt Patanjali Unwissenheit *(Avidya)* und sie ist letztlich auch die Grundursache allen Leidens.

Die meisten Menschen bezeichnen die Welt, die sie mit ihren fünf Sinnen und dem Verstand wahrnehmen und in der sie sich bewegen, als Realität. Diese Realität wird in der indischen Philosophie *Maya* (Illusion) genannt. Sie ist die Illusion, dass außerhalb dieser „Realität" nichts anderes existiert. Auch die moderne Physik stellt vermehrt das, was wir als die vermeintliche Realität wahrnehmen in Frage. Einstein formulierte es so:

Realität ist eine Illusion, allerdings eine sehr hartnäckige.

Wir wissen zum Beispiel, dass von der großen Breite des extrem kurzwelligen bis zum extrem langwelligen elektromagnetischen Spektrums, nur ein schmaler Bereich dieser Strahlung für uns Menschen als Licht sichtbar ist. Die restlichen elektromagnetischen Wellen wie z.B. Radar-, Radio-, Röntgen- und Mikrowellen sind zwar da, wir nehmen sie jedoch nicht wahr. Unsere Augen vermitteln uns nur einen kleinen Ausschnitt der Wirklichkeit als Lichtwellen, die wir als Farben wahrnehmen. Im Regenbogen wird diese Farbaufspaltung sichtbar.

Wir benutzen Handys, Fernseher, Radio und Computer täglich, ohne die elektromagnetischen Wellen, über die die Informationen übertragen werden, wahrzunehmen oder zu verstehen, wie sie eigentlich funktionieren. Auch mit den anderen Sinnesorganen, wie die Ohren oder der Geruchssinn, nehmen wir nur einen kleinen Teil der elektromagnetischen Schwingungen wahr. Denken wir nur an Fledermäuse mit ihrem hochentwickelten Gehörsinn oder andere Tiere, die uns weit überlegen sind mit ihrem Geruchssinn. Unsere Sinne sind begrenzt und werden zusätzlich noch durch unsere Denkmuster und Prägungen verschleiert. Wir identifizieren uns mit unseren Sinnen und dem Verstand und haben damit eine begrenzte Wahrnehmung.

Unwissenheit heißt, das Vergängliche für ewig,
das Unreine für rein, das Leidvolle für Freude und
das Nichtselbst für das Selbst zu halten (Yoga Sutra 2:5).

Unsere Sinne vermitteln uns eine Illusion, eine Scheinrealität. *Maya* ist die Illusion des begrenzten, verblendeten Egos, das sich fälschlicherweise mit den Sinnen, Körper, Verstand und Emotionen identifiziert und das wahre Selbst nicht erkennt. Yoga hat zum Ziel dieses falsche Wissen, die Unwissenheit über unsere wahre Natur zu beseitigen. Den praktischen Leitfaden hierzu gibt Patanjali uns in seinem achtfachen Yoga Übungsweg. Es sind Methoden, die die verschiedenen Ebenen unseres Menschseins, wie Körper, Sinne, Emotionen, Geist und Intellekt klären und harmonisieren um letztendlich die absolute Wirklichkeit und das wahre Sein zu erkennen. *Avidya* - die Unwissenheit über die absolute Wirklichkeit und die Unkenntnis über das Wahre Selbst - bereitet den Boden für die vier folgenden Kleshas.

Selbstbezogenheit - Asmita

Asmita ist die fälschliche Identifikation mit dem Ego. Das eigene Selbstbild hat vielfach nur bedingt mit dem wahren Selbst zu tun, in der wir geborgen und eingebunden sind. Denn bereits seit der Kindheit sagt man uns, wer wir sein sollten und was wir zu tun haben. So spalten wir uns immer mehr vom Wesen des Selbst und von der eigenen Potenzialentfaltung ab. Wir leben mit einem falschen Selbstbild, das von Meinungen anderer Personen und von unseren subjektiven Wahrnehmungen geprägt ist. Je nach Kindheitserfahrungen können Blockierungen in den ersten drei Chakren entstehen, die die Entwicklung von Selbstvertrauen, Selbstwertgefühl und Selbstbestimmung verhindern. Im Erwachsenenalter versuchen wir diese Defizite zu kompensieren, indem wir im Außen nach Lösungen suchen. Wir versuchen an Sachen festzuhalten, streben nach Anerkennung, kämpfen um Positionen und Privilegien oder kontrollieren und manipulieren Lebensprozesse. Daraus entwickelt sich ein starkes Ego, das sich als getrennt von der Welt und allen anderen erlebt und im Außen nach Sicherheit und Geborgenheit sucht.

Ein gesundes Ego ist wichtig um uns in dieser Welt zurechtzufinden. Wenn wir uns allerdings mit dem Ego identifizieren, wird es unumgänglich sein, dass wir irgendwann Leid und Schmerz in unserem Leben anziehen. Um unsere wahre Wesensnatur zu erkennen, ist es unumgänglich unseren Blick nach innen zu wenden um unsere wahre Natur zu erforschen. Durch Selbstreflexion und Klärung entwickeln wir ein weites Bewusstseinsfeld, werden selbstbewusster und authentisch.

Authentische Menschen sind charismatisch, sie wirken echt und entspannt und leben im Einklang mit sich selbst und der Welt. Es ist angenehm in ihrer Nähe zu sein. Sie stehen zu sich selbst, zu ihren Stärken und Schwächen und geben auch anderen dadurch das Gefühl, so sein zu dürfen, wie sie sind. Authentizität ist nicht, dass man nur die eigenen Interessen verfolgt. Es ist viel mehr, dass man sich selbst hinterfragt und bewusst mit seinen Worten und Taten umgeht. Es geht um die Realisierung der menschlichen Werte, um die Verwirklichung der Würde des Menschen. Es geht um ein Abwägen zwischen dem eigenen Wohlbefinden und dem Wohl anderer.

Anziehung - Raga

Raga ist das Festhalten und das Verlangen nach materiellen und geistigen Gütern. Es ist der Wunsch nach Sinnesbefriedigung und das Festhalten an Vorlieben – was sich auch in einer regelrechten Gier oder in Süchten ausdrücken kann. Manchmal verbergen sich dahinter gute Erfahrungen, die man zumindest einmal gemacht hat und daraufhin immer wieder erleben möchte. Das Glücksverlangen allein steuert das Handeln. Wir wollen etwas haben, was wir vielleicht nicht unbedingt brauchen oder was uns sogar schadet. Wir suchen das Glück in der Außenwelt, indem wir immer mehr konsumieren, wir streben nach immer mehr Reichtum, immer mehr Vergnügen und Befriedigung in Form von Essen, Trinken, Glücksspiele, usw. Wir haften an bestimmten Personen, auch wenn sie uns nicht gut tun. Wir suchen Glück und Befriedigung in der Außenwelt und können sogar Süchte wie Alkohol-, Arbeits- oder Spielsucht entwickeln. Dieses Verhalten bringt uns immer weiter weg von unserem wahren Wesen und erzeugt damit unweigerlich Unglück und neues Leid.

Freudvolle Erfahrungen sind an sich wunderbar! Nur das Festhalten an diesen Erfahrungen mit dem Wunsch dadurch glücklich zu werden ist fatal und bringt unvermeidlich Leid mit sich. Denn dieses Verhalten bedeutet die Verhaftung in der materiellen, vergänglichen Welt und das Glück, das daraus entsteht kann nur von kurzer Dauer sein. Die Suche nach der nächsten Befriedigung geht weiter.

Der Grund des Verlangens ist nicht immer bewusst, sondern kann auch unbewusst sein, wenn wir z.B. aus Kindheitsprägungen festsitzende Glaubensüberzeugungen haben, dass ein guter Mensch ein gebildeter oder ein wohlhabender Mensch ist und wir danach streben. Wenn wir mit Bildung irdisches Wissen meinen und mit wohlhabend irdischen Reichtum, sind auch das materielle Güter, die vergänglich sind und nicht wirklich glücklich machen. Verlangen entsteht immer aus einem Mangelbewusstsein. Wir meinen etwas haben zu müssen, damit wir vollkommen sind und vergessen, dass wir bereits vollkommen sind! Wir verwechseln das falsche Ich, das Ego-Bewusstsein mit dem Zeugen-Bewusstsein, dem Wahren Ich.

Abneigung - Dvesha

Dvesha ist die Ablehnung von Dingen und Menschen, mit denen wir schlechte Erfahrungen gemacht haben oder von denen wir Schlechtes gehört haben. Wir sind nicht in der Lage unvoreingenommen zu handeln und überlassen unsere Reaktionen unserem Autopilot, der aus unseren Mustern heraus agiert. Aus der Abneigung entsteht Trennung und daraus wiederum Vorurteile und Hass. Verlangen und Abneigung entstehen aus der Bewertung eines geistigen Konstrukts, das aus Erfahrungen, Einstellungen und Überzeugungen gebildet wird. Das Ganze wird aus der begrenzten Sicht des Ego-Bewusstseins erlebt. Ich mag oder ich mag nicht, ich will oder ich will nicht. Es dreht sich alles um mich, um mein Ego. Es sind meine Geisteskonzepte, die Trennung hervorrufen. Unsere Welt besteht aus vielen einzelnen Egos, die alle durch ihre individuellen Prägungen ihre ganz eigene Realität erschaffen.

Wir erzeugen unterschiedliche Realitäten und meinen unsere eigene Realität verteidigen zu müssen. Denn wir fürchten uns vor dem Nichts. Wir wollen jemand sein und gesehen werden. Wir wollen eine wichtige Rolle im Leben spielen und anerkennt werden. Wir kämpfen um Status, Macht und Einfluss. Das Ego-Bewusstsein erzeugt Anziehung und Ablehnung, Freud und Leid. Aktivieren wir den eigentlichen Beobachter, unser neutrales Zeugen-Bewusstsein, erkennen wir, dass Leid und Freud Teile des Erkenntnis-Prozesses sind. Leid und Freud sind zwei Gegenpole, die ein dualistisches Spannungsfeld formen, in das wir unser Bewusstsein erweitern können. Ohne Gegenpol gibt es keine Spannung, ohne Spannung keine Bewegung und ohne Bewegung gibt es kein Leben. Das Leben ist Veränderung, alles ist in Bewegung, alles fließt. Leidvolle sowie freudvolle Geschehnisse helfen uns das Leben in seiner Ganzheit zu erfahren. Wenn wir die angenehmen Dinge festhalten und die unangenehmen Dinge bekämpfen, lehnen wir uns gegen den Fluss des Lebens auf und das führt unweigerlich zu einer Energieblockade. Früher oder später entstehen daraus Konflikte, Enttäuschungen und Leid.

Wenn wir die Dinge so annehmen können, wie sie sind und unsere Bewertungen von angenehm und unangenehm relativieren, kann das Leben uns Neues bringen. Wir können anfangen dankbar zu sein für alles, was uns das Leben schenkt – Angenehmes sowie Unangenehmes.

Die Auseinandersetzung mit beiden Polen führt uns zum Erleben der ganzen Wirklichkeit, denn das, was wir als Gegensätze betrachten, ist in Wirklichkeit eng miteinander verbunden. Im wahren Sein gibt es nichts Gutes und nichts Schlechtes, alles hat seinen Sinn.

Todesangst - Abhinivesha

Abhinivesha ist das Festhalten am eigenen Leben. Hieraus entstehen verschiedene Angstzustände. Es ist der Selbsterhaltungstrieb, die Angst vor der Nichtexistenz, die Angst ausgelöscht und getrennt zu werden. Diese Angst vor Trennung sitzt bei uns Menschen sehr tief und die größte Trennung, die wir auf Erde erleben, ist der Tod. Der Drang zum Leben ist entsprechend groß. Angst ist normal, wenn sie den Körper in einer wirklich bedrohlichen Situation in Alarmbereitschaft versetzt, um ihn auf Flucht oder Verteidigung vorzubereiten. Hier fungiert die Angst als ein Schutzmechanismus. Sie resultiert aus unserem instinktiven Überlebenswillen. Unsere Alarmanlage Angst ist sehr empfindlich eingestellt, da übersehene Bedrohungen im schlimmsten Fall den Tod nach sich ziehen können. Abhinivesha ist die Wurzel aller Angstzustände wie Existenzängste, Panik, Unsicherheit, Angst vor Unfällen und Krankheiten und nicht zuletzt die Angst vor dem Tode. Es ist die Identifikation mit dem Ego und die Angst das Ego und damit sich selbst zu verlieren. Patanjali schreibt:

Die Todesangst ist immer da und lässt sich auch
bei den Weisen nicht ganz ausschalten (Yoga Sutra 2:9).

Allerdings überkommen uns meist unbegründete Ängste. Die Ursachen sind oft traumatische Kindheitserlebnisse oder Meinungen und Überzeugungen, die wir von anderen Menschen übernommen haben. Wir stellen uns bedrohliche Zukunftsszenarien vor oder haben Angst um unsere Gesundheit, Familie, Finanzen und fürchten uns vor dem Unbekannten und vor Veränderung. Dazu kommt, dass unsere Gedanken ständig in der Vergangenheit oder in der Zukunft kreisen. Das bringt unnötige Unruhe im Geiste, denn das was gestern war, ist vorbei und das was morgen kommt, wissen wir nicht. Das Einzige, was wir sicher wissen ist, dass wir irgendwann sterben müssen und dass das tatsächliche Leben gerade jetzt, in diesem Moment, in der Gegenwart, stattfindet.

Dauerhafter Stress ist Gift für den Organismus

Der Körper reagiert auf Stressfaktoren mit einem uralten Überlebensprogramm, das bereits die Steinzeitmenschen bei der Begegnung mit wilden Tieren fluchtbereit machten oder kampfbereit bei der Begegnung mit feindlichen Stämmen. Ohne diese blitzschnellen Reaktionen des Körpers hätten unsere Vorfahren nicht überleben können. Heute sind die Stressfaktoren anderer Art, der Körper reagiert aber immer noch gleich und das Kämpfen und Fliehen finden jetzt im Geiste statt. Wir kämpfen um Anerkennung, haben Existenzängste und fürchten uns vor der Verantwortung des eigenen Lebens.

Was passiert bei Stress im Körper?

Unser Körper ist ein Kanalsystem mit unterschiedlichen Kanälen, die ihre spezifischen Funktionen haben und mit einander in Verbindung stehen. Es gibt die Verdauungskanäle, Blut- und Lymphbahnen, Nervengefäße, Atemwege sowie die feinstofflichen Energiekanäle. Sie sind die Transportwege im Körper, die es ermöglichen, dass alle Bau- und Energiestoffe, die der Körper benötigt, an den entferntesten Stellen ankommen und dass alle Abfallprodukte wieder aus dem Körper entfernt werden.

Bei Stress kommen Sinnesreize über Nervenbahnen ins Gehirn. Werden die Reize als Überforderung oder Gefahr erkannt, aktiviert das Gehirn den Sympathikus Nerv, der blitzschnell die Verbindung zum Hormonsystem herstellt. Die Nebennieren werden angeregt und setzen die Hormone Adrenalin und Noradrenalin frei. Die Ausschüttung dieser s.g. Stresshormone macht im Körper einen hohen Energieschub frei und versetzt ihn in höchste Alarmbereitschaft. Auch das Cortisol, das ausgeschüttet wird, setzt eine große Energiemenge frei, indem es den Blutdruck und den Blutzucker ansteigen lässt. Die zur Verfügung gestellte Energie wird unter anderem für Muskulatur, Atmung und Kreislauf benötigt. Nach dem Stress-Zustand muss der Körper sich wieder erholen um neue Energie zu tanken. Bei dauerhafter Überforderung und wenn wir den Organismus nicht wieder zu Ruhe und Erholung bringen, entsteht ein chronischer Stress-Zustand. Der Körper gerät in einen erschöpften Zustand und der Energiefluss sowie die Abwehrlage im Organismus werden geschwächt. Wir werden anfälliger für Erkrankungen und klagen vermehrt über Energielosigkeit, Müdigkeit, Depressionen und Konzentrationsschwäche.

Auch die Verarbeitung von Informationen im Gehirn verändert sich bei Stress. Neurowissenschaftler gehen davon aus, dass sich bei dauerhaftem Stress neuronale Verbindungen abbauen und die Gedächtnisleistungen sich dadurch verschlechtern. Nach einer längeren Erholungsphase können sich allerdings die Gedächtnisleistungen wieder verbessern. Dieses Phänomen kennst Du wahrscheinlich, wenn Du zum Beispiel versuchst, Dich krampfhaft an ein Wort zu erinnern und dabei versagst. Stattdessen wäre es besser einmal tief durchzuatmen und Dich zu entspannen.

Stress ist eine natürliche Körperreaktion auf eine Herausforderung. Wir brauchen für unsere geistig-körperliche Entwicklung angemessene Belastungen, die uns zum Handeln anregen. Den meisten Menschen ist jedoch der einst natürliche Rhythmus von An- und Entspannung verloren gegangen. Nach jeder Belastungsphase braucht der Organismus unbedingt eine Erholungsphase um neue Energie zu tanken und wieder leistungsfähig zu sein.

Bei dauerhaftem Stress befindet sich der Organismus ständig in erhöhter Alarmbereitschaft und die natürliche Regeneration des Geist-Körper-Systems wird verhindert. Wir fühlen uns überfordert, spüren innere Unruhe, Unausgeglichenheit und permanente Erschöpfung. Der Geist beschäftigt sich mit negativen Gedanken und Emotionen wie Wut, Ärger, Trauer, Frust, Ängste und Panik. Aus einem permanenten Ungleichgewicht können auf lange Sicht gesehen, die unterschiedlichsten Beschwerden und sogar ernsthafte Krankheiten entstehen. Dauerhafte Stressanforderungen können zu Schlafstörungen, Depressionen, Herzkreislauferkrankungen, Hormonschwankungen, Potenzstörungen, Unfruchtbarkeit und psychosomatische Beschwerden führen. Die Abwehrkräfte werden geschwächt, wodurch der Körper anfälliger für Infektionskrankheiten wird. Die Folgen der Überforderung können innerhalb der Familie, Partnerschaft, Freundschaft oder auch am Arbeitsplatz zu Konflikten führen, die unsere Lebensqualität negativ beeinflussen.

Die Belastungen, die chronischen Stress verursachen (s.g. Stressoren) können sehr unterschiedlich sein. Es geht von einem Zuviel an Anforderungen von außen und zu hohem Anspruch an sich selbst über Reizüberflutung, Schlafmangel, Mangelernährung bis hin zu Bewegungsmangel. Auch unsere Glaubenssätze und unsere innere Haltung können chronischen Stress auslösen.

Die Weltgesundheitsorganisation (WHO) erklärt Stress als einer der größten Gesundheitsrisiken unserer modernen Welt. Allerdings reagieren wir alle sehr unterschiedlich auf Stressbelastungen, denn der Umgang mit Stress ist hauptsächlich von unserem Temperament, d.h. von der individuellen Grundkonstitution abhängig. Die Konstitution des Einzelnen bestimmt seine physischen und psychischen Merkmale und auch die Reaktion auf physische und psychische Belastungen.

- Menschen mit überwiegend *Vata*-Anteilen sind körperlich und geistig sehr beweglich und sind deshalb auch am ehesten für Stress anfällig. Durch ihre Beweglichkeit sind sie sehr leicht aus dem Gleichgewicht zu bringen, was als Folge Ängstlichkeit und Sorgen mit sich bringt. Das erhöht die Belastungen noch mehr, so dass sie bald *neben sich stehen. ihre Nerven liegen blank oder sie sind völlig durch den Wind.* Diese Menschen leiden irgendwann am s.g. *Erschöpfungs-Syndrom.*

- Auch Menschen mit dominanten *Pitta*-Anteilen sind grundsätzlich stressanfällig, da sie sich selbst durch übertriebenen Ehrgeiz, Perfektionismus und Leidenschaft überfordern können. Diese Menschen erkranken eher am s.g. *Burnout Syndrom.* Der Begriff Burnout wurde 1974 vom deutsch-amerikanischen Psychologen Herbert Freudenberger geprägt, er nannte als Ursache den Versuch einer Person, unrealistische Erwartungen - ob selbst gesetzt oder vom Wertesystem der Gesellschaft aufgezwungen - mit allen verfügbaren Kräften zu verwirklichen. Freudenberger stellt das Burnout Syndrom als einen Zyklus bestehend aus zwölf Stadien dar, die aus der ayurvedischen Sichtweise vor allem typische Pitta-Anteile aufzeigen und allmählich in Vata- und Kapha- Störungen übergehen können. Die zwölf Stadien des Burnout Syndroms nach Freudenberger sind:

1. *Übertriebener Ehrgeiz und der Zwang sich beweisen zu müssen*
2. *Verstärkter Arbeitseinsatz aufgrund der eigenen hohen Anforderungen*
3. *Vernachlässigung der eigenen Bedürfnisse wie Ruhepausen und regelmäßige Mahlzeiten.*
4. *Bewusstes Verdrängen und Überspielen von Konflikten u. Bedürfnissen*
5. *Umdeutung des eigenen Wertesystems und Vernachlässigung ehemals wichtiger Dinge wie Hobbies und Freunde*
6. *Verleugnung von Problemen, Zynismus und zunehmende Intoleranz*
7. *Emotionaler und sozialer Rückzug aufgrund von Desillusionierung und Orientierungslosigkeit*
8. *Beobachtbare Verhaltensänderung, zum Beispiel in Form einer Abwehrhaltung gegenüber Kritik aber auch gegenüber Zuwendung*
9. *Depersonalisation durch den Wahrnehmungsverlust und die Verneinung der eigenen Persönlichkeit. Die eigenen Bedürfnisse werden nicht mehr wahrgenommen.*
10. *Gefühl der inneren Leere und Nutzlosigkeit, das oft mithilfe von Suchtmitteln bewältigt werden soll*

11. *Depression geprägt von Sinnlosigkeit, Erschöpfung und Gleichgültigkeit*
12. *Völlige geistige, emotionale und körperliche Erschöpfung, die zum Suizid führen kann.*

❖ Menschen mit hohen *Kapha*-Anteilen sind am wenigsten stressanfällig, denn sie sind stabil und nicht so schnell aus der Ruhe zu bringen. Sie haben eher die Neigung zur Unterforderung, die langfristig zum s.g. *Boreout Syndrom* führen kann, das Pendant zum *Burnout Syndrom*. Menschen, die am Boreout Syndrom leiden sind nicht unbedingt faul, sondern sind vielleicht in einer Arbeitssituation, in der ihre Fähigkeiten und Talente nicht herausgefordert werden und sie obendrauf wenig Wertschätzung für ihre erbrachten Leistungen erhalten. Beim Boreout Syndrom entwickelt sich oft ein Gefühl der Wertlosigkeit und Leere, die zu Angstzuständen und Depressionen führen kann.

Stress fängt im Geiste an und hat häufig weniger mit den äußeren Umständen zu tun, an denen wir oft nichts ändern können. Es sind vor allem unsere innere Einstellungen und Bewertungsmuster, die zu Stress führen. Wir leben in einer Zeit, in der Hektik und äußere Herausforderungen immer mehr zunehmen. Manche Menschen glauben sogar, über Stress zu klagen gehört zum guten Ton, denn dann haben sie das Gefühl wichtig zu sein und gebraucht zu werden. Es sind Merkmale unserer Leistungsgesellschaft: wer keinen Stress hat, ist nicht wichtig oder gibt nicht genug für seinen Erfolg.

Ungelöste Konflikte, Verlust- und Existenzängste, Sorgen und emotionale Überforderung werden häufig mit Alkohol, Zigaretten oder Medikamenten unterdrückt, was sich wiederum negativ auf den Organismus auswirkt. Auch das Kultivieren von negativen Gefühlen wie Verbitterung, Hass, Wut oder Neid vergiften den Organismus zunehmend. Sie lösen zwischenmenschliche Konflikte aus, die uns erwiesenermaßen am meisten Stress bereiten.

Viele Menschen fühlen sich unglücklich, sind unzufrieden mit ihrer momentanen Situation und suchen im Außen nach materieller Ersatzbefriedigung. Leider können wir Glück und Zufriedenheit nicht im Außen finden oder kaufen. Wahres Glück und wahre Zufriedenheit können *nur von innen heraus* entstehen.

Wir lernen aus der Vergangenheit. Haben wir z.B. in der Kindheit gelernt, dass wir die Zuwendung der Eltern erst bekommen, wenn unsere Leistungen besser als die der anderen sind, dann machen wir uns auch im Erwachsenenalter denselben Stress weiter, denn wir meinen nur so die Anerkennung der Anderen zu verdienen. Es läuft immer auf das gleiche hinaus: es ist die Angst nicht anerkannt zu werden, nicht dazu zu gehören, nicht geliebt zu sein, die Angst um die eigene Existenz und Sicherheit. Die Angst vor Trennung aus der Gemeinschaft treibt uns an und die Sehnsucht nach Zusammengehörigkeit und Geborgenheit lässt uns verzweifeln. Wir haben leider vergessen, dass wir bereits mit Allem, was ist, verbunden sind und uns geborgen fühlen können.

Stress beeinträchtigt alle Körperkanäle und stört den freien Fluss von Prana. Dies wirkt sich auf alle Systeme des Organismus aus. Die Verdauung spielt verrückt und wir bekommen Verdauungsprobleme wie Durchfall, Blähungen oder Verstopfung. Die Atemwege sind blockiert und wir können nicht vollständig ein- und ausatmen. Die Blutgefäße verengen sich, belasten die Leistung des Herzens und können nicht genügend Baustoffe zu den Zellen transportieren. Die Nerven liegen blank, die Stimmung ist getrübt und auch das Immunsystem leidet stark unter Dauerstress. Viren und andere Erreger haben jetzt ein leichtes Spiel. Erkältungen und Herpes-Bläschen, die sonst das Immunsystem gut im Griff hat, kommen häufiger vor.

Stress beginnt im Geiste, kostet den Körper eine große Menge an Energie und beeinträchtigt die Funktionsfähigkeit des Organismus. Deshalb ist eine tägliche Gedankenhygiene eine wichtige Voraussetzung für einen ruhigen Geist und für ein gut funktionierendes Energiesystem. Allmählich werden die unnützen und selbstschädigenden Glaubensüberzeugungen aufgelöst, was einen klaren und wachen Geist bewirkt. Du lebst immer mehr aus dem *Jetzt* und entdeckst Deine verborgenen potenziellen Möglichkeiten, mit denen Du Dein Leben selbst steuern kannst. Es ist nicht die Außenwelt, die wir ändern müssen, sondern unsere Innenwelt! Unser Schicksal spiegelt unsere Innenwelt wider. Eine wertvolle und praktische Hilfe bei der täglichen Gedankenhygiene ist das Aufschreiben Deiner Erkenntnisse in einem Tagebuch.

Der Stoffwechsel des Geistes

Unter Stoffwechsel versteht man alle lebensnotwendigen Reaktionen im Organismus, die den Auf-, Um- und Abbau von Stoffen zur Energiegewinnung dienen. Auf der grobstofflichen Ebene sind es vor allem die Nahrung und das Atmen (Sauerstoff), die dafür sorgen, dass der Organismus all seine Funktionen erfüllen und überleben kann. Je nachdem was und wie wir essen und was und wie wir atmen, können wir unseren Energietank auffüllen oder auch entleeren. Eine ausgewogene, saisonale Ernährung aus der Region, die wir in einer entspannten Atmosphäre zu uns nehmen, bringt uns natürlich viel mehr Energie als Fastfood-Essen auf die Schnelle. Für eine optimale Energiegewinnung brauchen wir auch Sauerstoff aus sauberer Luft und einen natürlichen tiefen Atemvorgang. Für den Stoffwechsel des Geistes sind außerdem noch die Sinne sowie unsere Gedanken und Emotionen wichtige Faktoren.

Der Atem

Der Atem ist nicht nur für den Sauerstoff zuständig, sondern harmonisiert Körper und Geist und beeinflusst deren Zusammenspiel. Unser emotionaler und gedanklicher Zustand prägt unseren Atemvorgang und umgekehrt. Bei Stress wirkt der Atem flach, schnell und unregelmäßig, wir verlieren Energie. Andererseits können wir mit einem regelmäßigen, tiefen und ruhigen Atemvorgang unsere Stimmung aufhellen und unseren Energietank wieder auffüllen. Eine tiefe und ruhige Atmung baut körperliche und geistige Energieblockaden und

Spannungen ab, erhöht den Energiefluss und sorgt für eine bewusste und ruhige Geisteshaltung. Das ist auch der Grund, warum *Pranayama* (Atemübungen) ein wesentlicher und notwendiger Bestandteil der Yoga-Praxis ist. Der Atem ist unser wirkungsvollstes Hilfsmittel um verbrauchte Energie schnell auszuscheiden, Spannungen zu lösen und neue, frische Energie auf zu tanken. *Pranayama* erhöht die Energiegewinnung sowohl auf körperlicher als auch auf geistiger Ebene.

Die Sinne

Auch die Sinne übernehmen bei der Energiegewinnung eine wichtige Rolle. Über die Sinne nehmen wir aus der Umgebung die unterschiedlichsten Eindrücke auf, sehen Farben und Formen, hören Musik, Stimmen und Klänge, fühlen Wärme, Kälte, nehmen Gerüche und Geschmäcke wahr. Durch die Sinneseindrücke können wir neue Kraft tanken oder aber auch kostbare Energie verlieren. Methoden wie z.B. Musik-, Farb- und Aroma-Therapien, aber auch liebevolle Berührungen in Form von Massagen können die Energiegewinnung begünstigen, wohingegen z.B. Lärm und große Menschenmassen eine große Belastung sein können und Kraft kosten.

Da wir Teil der Natur sind, tanken unsere Sinne am besten Energie in der Natur. Ein Spaziergang im Grünen beruhigt die Sinne und wirkt erfrischend, erholsam und vitalisierend. Wenn die Zeit fehlt, kannst Du Dir zwischendurch auch einfach mal vorstellen, dass Du eine Wanderung in der Natur machst oder im warmen Sand am Meer liegst. Je intensiver Du Dir die Naturerfahrung vorstellst, umso effektvoller wird die Wirkung sein.

Wenn wir achtsam durchs Leben gehen, gewinnen wir durch die Kontrolle der Sinne und Gedanken mehr Energie. Die Sinne werden geschärft, wir nehmen die Dinge bewusster wahr und der Stoffwechsel kann optimal funktionieren. Der Körper kann gesunden und der Geist wird immer ruhiger, klarer und heiterer. Es ist nicht möglich achtsam zu sein, wenn wir versuchen mehrere Dinge gleichzeitig zu erledigen. Oder auch wenn wir aus Gewohnheit handeln, nehmen wir die Dinge nicht so wahr wie sie sind. Und wenn wir glauben, etwas bereits zu wissen und nicht genauer hinschauen, verpassen wir die potentielle Möglichkeit zur Verbesserung oder Veränderung. Der Geist wird noch mehr verschleiert!

Achtsamkeit können wir üben, indem wir uns bewusst werden, was sich *im Moment wirklich* abspielt, vorbei an unseren störenden Gedankenmuster und Emotionen, die an Vergangenheit und Zukunft haften. Das heißt, wir werden uns bewusst, dass wir nicht unsere Gedanken und Emotionen sind und wir können sie ruhig betrachten ohne uns mit ihnen zu identifizieren. Dieser Vorgang will natürlich geübt sein. Es ist wie mit dem Spielen eines Musikinstrumentes. Auch der Geist und die Sinne sind Instrumente und um sie zu beherrschen brauchen wir eine regelmäßige Übungspraxis!

Die Nahrung

Die Nahrung gehört ebenfalls zu den Sinnestherapien und beeinflusst sowohl den körperlichen als auch den geistigen Stoffwechsel. Die feinstofflichen Anteile der Nahrung, die wir essen, können tamasisch, rajasisch oder auch sattvisch sein. Die *sattvische* Ernährung ist wichtig auf unserem spirituellen Weg. Sie ist frei von Gewalt der Natur gegenüber und ist die optimale Ernährung für die Entwicklung des erweiterten Bewusstseins. Sie hilft bei der Behandlung geistiger Störungen, da sie Harmonie und Ausgleich im Geiste wieder herstellt. Hauptfaktor einer sattvischen Ernährung ist die vegetarische Kost. Vermieden werden dabei Fleisch und Fisch und alle Lebensmittel, bei deren Herstellung Tieren Leid zugefügt wurde. *Rajasische* Nahrung verursacht Unruhe und Gereiztheit, erhöht die Blutgifte und fördert Überspanntheit. Sie wirkt sich störend auf die Sinne aus und bewirkt Gefühlsschwankungen. In Maßen genossen können rajasische Nahrungsmittel uns aus einer schlechten Laune heben und unsere Stimmung aufhellen. Sie erhöhen in Maßen genossen die Aktivität des Geistes und sind vor allem für träge Menschen geeignet. Wenn Du allerdings nervös, unruhig, wütend oder gereizt bist, solltest Du wenig dieser erhitzenden Lebensmittel essen oder sie sogar meiden. Zu den rajasischen Lebensmitteln gehören alle scharfe und stark gewürzte Speisen, Fisch und Fleisch, Alkohol, Kaffee usw. (siehe Kapitel Ayurveda). Zu viele rajasische Lebensmittel verschleiern den Geist und machen das Bewusstsein tamasisch. *Tamasische* Nahrung bremst das Verdauungsfeuer und auch unser Geist wird träge und dumpf. Sie verursacht Lethargie, Apathie, übermäßigen Schlaf und sammelt Schleim und Abfallstoffe an. Sie dämpft die Sinne und lässt die Emotionen schwer und widerstrebend werden. Tamasische Nahrung ist altes, abgestandenes, fettiges und stark gewürztes Essen. Auch Essen vom Vortag, das man wieder aufwärmt, Essen aus der Mikrowelle, Fastfood sowie ein Übermaß an rajasischer Nahrung wirken tamasisch und verdunkeln allmählich das Bewusstsein.

Gedanken und Emotionen

Unbewusste negative Gedanken und ungelöste emotionale Konflikte kosten uns eine Menge Energie. Wir nehmen das als Erschöpfung oder auch als eine Art Blockade im Körper wahr, meist ohne zu wissen, welche Ursache dahinter steckt. Damit der geistige Stoffwechsel optimal funktioniert und die Energie wieder frei fließen kann, müssen wir zunächst die emotionalen Altlasten und unsere hinderlichen Glaubensüberzeugungen auflösen und statt negative Gedanken positive Gedanken kultivieren. Denn unsere Konflikte und Probleme existieren hauptsächlich in unserer Einbildung und Vorstellung, wie wir die Welt sehen und wie wir sie bewerten.

Wir reagieren sehr unterschiedlich auf äußere Ereignisse und Belastungen, denn je nach innerer Wahrnehmung und Einstellung findet ein individueller Stoffwechsel und Sichtweise statt. Der Stoffwechsel des Geistes, ein Produkt unserer Wahrnehmung, findet in unserem programmierten Unterbewusstsein statt. Wir reagieren aus dem individuellen Selbst, das ein getrenntes Ich und Du erschafft. In Wahrheit sind wir jedoch nicht voneinander getrennt.

Manchmal genügt einfach nur ein anderer Blickwinkel, denn die Welt ist so, wie wir sie sehen. Die Sichtweise bestimmt unser Leben. Wenn wir versuchen die Dinge aus der Perspektive unseres Gegenübers zu sehen, kann das unser Leben ändern. Wir erkennen vielleicht unsere Schattenseiten und kommen uns selbst und den anderen näher.

Ein Konflikt entsteht, wenn wir versuchen die Dinge im Außen zu ändern, ohne uns selbst zu ändern. Solange wir auf unsere alte

Sichtweise beharren, wird sich nichts ändern. Es sind nämlich nicht die Dinge im Außen, die uns beunruhigen, sondern unsere Sicht der Dinge. Wenn Du Dein Denken und Deine Sichtweise änderst, dann veränderst Du auch Dein Handeln. Dein Handeln verändert die Welt um Dich herum. Du ziehst Menschen und Ereignisse an, die zu Deinem neuen Handeln passen, die in Resonanz mit Dir gehen. Auf diese Weise kannst Du die Welt um Dich herum ändern. Anders geht es nicht, denn auch wenn Du in eine neue veränderte Umgebung kommst, wirst Du immer noch derselbe sein mit denselben negativen Gedanken. Du wirst in der neuen Situation nicht das finden was Du Dir erhofft hast, da Du immer noch aus Deinen negativen Prägungen reagierst und handelst. Du kannst Deinen Problemen nicht entfliehen, indem Du eine neue Umgebung suchst oder eine neue Partnerschaft angehst, da Du die Ursachen Deiner Probleme in Dir trägst. Es ist so wie es Mahatma Gandhi sagte: *Du musst die Veränderung sein die Du in der Welt sehen willst.* Folgende Empfehlungen können Dir helfen den Stoffwechsel des Geistes zu optimieren, damit die Lebensenergie frei fließen kann:

- Höre auf, andere oder Dich selbst zu verurteilen. Alles was geschieht hat seinen Sinn, sei es nur, um Dir zu zeigen, dass es auch noch andere Wege oder Sichtweisen gibt.
- Höre auf, Dich über Kleinigkeiten zu ärgern. Die Sache wird dadurch auch nicht besser. Stattdessen überlege, was Du besser machen könntest.

- Auch Dich über andere zu ärgern, raubt Dir Energie und bringt Dich nicht weiter. Versuche lieber zu verstehen, warum der andere so handelt, denn auch daraus kannst Du lernen.
- Schaue, wo der Ärger her kommt. Ist es die Gewohnheit Dich zu ärgern? Oder sind es vielleicht tiefere Ursachen, die Dir bis jetzt nicht bewusst waren?
- Übernimm Verantwortung! Du allein hast die Macht etwas in Deinem Leben zu verändern.
- Sei dankbar für das was Du hast und bekommst. Dankbarkeit entspannt und öffnet die Energiekanäle.
- Befreie die Menschen aus Deinen Gedanken, die Dich in Deinem Leben verletzt haben, denn sie blockieren Deine Lebensenergie. Schaue, was sie Dir durch die Verletzung vielleicht unbewusst mitteilen wollten, damit Du Dich weiterentwickeln kannst.
- Finde heraus, was Dich glücklich macht und lebe im Augenblick.

Tägliche Mentalhygiene

Körperliche Sauberkeit und Hygiene ist bei den meisten Menschen in unserer Gesellschaft angekommen. Wir putzen täglich die Zähne, duschen uns und machen unsere Wohnung sauber. Die wenigsten aber sorgen für eine saubere Gedanken- und Gefühlswelt. Dabei können wir sehr viel Lebensenergie gewinnen, wenn wir unsere Gedanken und

Emotionen von unnötigem Ballast befreien. Das ist geistige Entgiftung und sie wirkt heilend auf den ganzen Organismus.

Negative Gedanken, wie Ängste, Sorgen, Wut, aber auch das Verurteilen, das Ablehnen und das Bekämpfen der Lebensumstände verunreinigen zunehmend unsere Geisteswelt. Sobald wir es geschafft haben, den Geist zu klären, erfahren wir auch die Gabe der Intuition, die uns auf unserem Lebensweg dienlich ist. Es sind Informationen, die aus unserem erweiterten Bewusstsein kommen. Wir sind verbunden mit der kosmischen Intelligenz, werden vom tieferen Inneren heraus geleitet und gehen Wege, die mit Frieden, Liebe und Glück gepflastert sind.

Für unsere Mentalhygiene brauchen wir nicht mehr Zeit als für die Körperhygiene. Morgens und abends jeweils 20 Minuten würden bereits ausreichen. Aber es sollte, wie bei der Körperhygiene, täglich geschehen. Wenn wir uns nicht waschen, schmutzige Kleider anziehen, ungepflegt aus der Tür gehen, dann ist das sichtbar oder manchmal sogar übelriechend. Aber auch den „geistigen Schmutz" strahlen wir nach außen aus. Wir wirken verwirrt, unausgeglichen, ängstlich, voller Sorgen und sind in der Kommunikation negativ besetzt. Wir haben Angst vor der Zukunft, Angst vor Ablehnung, Angst nicht geliebt zu werden. Wir machen uns unnötige Sorgen und dementsprechend ist unsere Stimmung bedrückt. Auch an der Körperhaltung, an der Haut und in den Augen können wir geistige Verunreinigung erkennen. Außerdem ziehen wir genau das an, was wir ausstrahlen. In diesem Fall auch Negatives, wie Mangel, Kritik, Respektlosigkeit, Manipulationen, Machtspiele usw.

Gehe deshalb achtsam mit Deinen Gefühlen, Gedanken, Worten und Handlungen um und befreie Deinen Geist von jeglichem Ballast. Deine Weltanschauung und Dein Erleben entstehen in Deinem Geist und ein unklarer Geist erzeugt eine verzerrte illusionierte Welt. Es liegt an Dir ob Du weiter aus der Illusion lebst oder mit einem klaren, wachen Geist aus Deinem tiefen Inneren heraus. Dein Leben ist einmalig und zu schade um es zu vergeuden!

Mit einem klaren Geist ziehen wir Glück und Freude an und erkennen die gemeinsame Quelle, aus der wir alle stammen. Wir fangen an, unsere Mitmenschen so zu akzeptieren wie sie sind, da wir erkannt haben, dass jeder Mensch an sich eine göttliche Seele ist. Wir zeigen Achtung, Liebe und Mitgefühl gegenüber der gesamten Schöpfung Gottes, völlig gleich, um wen oder was es sich handelt.

Deine Welt entsteht in Deinem Inneren. Ein unreiner Geist, der uns hin und her zerrt, erzeugt Angst und Misstrauen und zieht Leid und Kummer an. Wir halten fest an Dingen oder bekämpfen das, was wir nicht haben wollen. Es entstehen Blockaden im Organismus, die den Fluss der Lebensenergie verhindern und das Körper-Geist-System in seiner Funktion schwächen. Das ist auch der Grund weshalb in allen spirituellen Kulturen das *Fasten (körperlich und geistig)* empfohlen wird. Fasten heißt demnach fester in der Verbindung zum Göttlichen zu werden. Sind Körper und Geist gereinigt und geläutert, erkennen wir unsere wahre Wesensnatur.

Mit einem klaren Geist achtest Du auch besser auf Deine Körpersignale und nimmst die Bedürfnisse Deines Organismus wahr. Wenn wir in einem rajasischen oder einem tamasischen Bewusstseins-Zustand sind, wird es nicht leicht sein, schädigende Gewohnheiten zu erkennen und sie zu beseitigen. Wir müssen den Geist erst wieder in seinen natürlichen sattvischen Zustand bringen, indem wir ihn klären und beruhigen. Auch eine innere Reinigung des Körpers ist notwendig, denn Körper und Geist bilden eine Einheit. Je nach Schweregrad der Befindlichkeitsstörung und der Verschlackung wird es von Vorteil sein eine radikale Kur zu machen oder ein paar Tage zu fasten. In der ayurvedischen Medizin ist die *Panchakarma-Kur* die Hauptentgiftungs-Therapie für Körper und Geist.

Eine weitere sehr wichtige Hilfe für die geistige Reinigung ist die tägliche *Selbstreflexion durch Meditation.* Sie ist eine in den meisten Religionen und Kulturen ausgeübte spirituelle Praxis und eine wunderbare Methode, Distanz zu unserem ruhelosen und oft verwirrten Denken zu schaffen. In der Selbstreflexion erlauben wir den Geist zur Ruhe zu kommen. Wir beobachten aus Distanz die Gedanken ohne uns einzumischen und ohne zu bewerten oder zu urteilen. Wir identifizieren uns nicht mit den Gedanken, kämpfen nicht gegen sie an, noch versuchen wir sie zu kontrollieren.

Für viele Menschen scheint es unmöglich zu sein, ihre Gedanken abzustellen. Das ist verständlich, denn wenn wir uns mit unseren Gedanken identifizieren, wenn wir glauben, dass wir unsere Gedanken sind, dann können wir sie auch nicht einfach abstellen. Denn das würde bedeuten, dass wir unsere Identität ablegen.

Die meisten Menschen wissen oder denken zumindest ein wenig darüber nach, was sie ihrem Körper zukommen lassen und was nicht. Aber die Bedürfnisse des Geistes sind uns meistens unbekannt. Unser Geist wird so sehr vom Denken eingenommen, dass die Ursachen für unsere Gefühle und unsere Handlungen kaum noch wahrnehmbar sind. Die Auswirkungen unserer Gefühle und Taten haben wiederum neue Gedanken zur Folge und so entsteht ein verstörter und verzerrter Geist, der immer mehr Ursachen erzeugt, die zum Leid führen.

So wie wir unseren Körper jeden Tag pflegen, müssen wir auch unsere Gedankenwelt pflegen. Die Gedankenhygiene ist für die meisten leider nicht selbstverständlich. Dadurch haben negative Gedanken ein leichtes Spiel Gefühlschaos in uns hervorzurufen und erzeugen immer mehr Stress. Positive Gedanken dagegen machen frei und verleihen Freude und Zufriedenheit. Es nützt allerdings nicht, die negativen Gedanken zu unterdrücken um sie durch positive Gedanken zu ersetzen. Denn es ist nur eine Frage der Zeit, bis die unterdrückten negativen Gedanken sich wieder bemerkbar machen. Man weiß heute, dass mehr als 90% unseres Verhaltens vom Unterbewusstsein gesteuert wird. Unser Denken, Fühlen und Handeln laufen also praktisch unbewusst und völlig automatisch ab.

Die Lösung ist daher das Bewusstwerden und das Umprogrammieren von dem, was sich im Unterbewusstsein abspielt. Allerdings ist der Zugang zum Unterbewusstsein und das Verstehen der Zusammenhänge nicht immer einfach und wir brauchen bei fest verankerten Mustern oft Hilfe von außen. Zunächst muss alles, was verdrängt wurde, wieder bewusst werden. Das kann manchmal sehr schmerzvoll sein, denn die

Schmerzen waren der Grund für die Verdrängung. Aber ohne diesen Prozess kann keine wirkliche Heilung geschehen. Wenn Du merkst, dass Du allein nicht weiterkommst, solltest Du Dir unbedingt professionelle Hilfe holen. Wenn die tiefsitzenden Verletzungen und Energieblockaden (Tamas) gelöst sind, kannst Du aus dem unruhigen rajasischen Bewusstseinszustand allmählich in einen sattvischen Bewusstseins-Zustand kommen. In diesem Zustand ist der Geist ruhig und konzentriert und Du kannst in Dir die Weisheit, Kreativität und das eigene Kraftpotenzial entdecken und ausschöpfen. Eine sattvische Geisteshaltung erreichst Du mit folgenden Empfehlungen:

- Eine tägliche Mentalhygiene: beobachten Deine Gedanken und Gefühle bewusst, um negative, schädliche und energieraubende Gedankenmuster und Glaubensüberzeugungen in positive Gedanken umzuwandeln, die Dir dienlich sind und Dir Kraft verleihen.
- Mache öfter am Tag eine kleine Pause: die Konzentration auf den Atem oder auf den Körper bringt den umherwandernden Geist wieder zur Ruhe und Du kannst neue Energie tanken.
- Bevorzuge eine sattvische Ernährung, die hauptsächlich aus vegetarischen, saisonalen und regionalen Lebensmitteln besteht.
- Sorge für einen Lebensrhythmus im Einklang mit der Natur.
- Gehe achtsam mit Deinen Worten und Taten um.
- Übe Dich in der Dankbarkeit, im Annehmen von was Du bist und was Du hast, denn sie schärft den Blick für die Fülle.

- Mache möglichst täglich Körper-, Atem- und Entspannungsübungen.
- Nimm bewusst wahr, was Dir gut tut und was Dir schadet und übernimm die volle Verantwortung für Dich und das eigene Leben.
- Finde Deine persönliche Balance zwischen Aktivität und Ruhe.
- Du kannst ein- oder zweimal im Jahr den Organismus durch Fasten entlasten.
- Und vor allem: versuche immer wieder im Augenblick zu sein und Dich nicht in der Vergangenheit oder in der Zukunft zu verlieren, denn dann verschwendest Du unnötig Energie und verschleierst zudem den Geist.

8. Yoga im Alltag

Die Ursache des Leidens liegt nicht im äußeren Leben. Sie liegt in dir als dem Ego. Du zwingst dir Begrenzungen auf und kämpfst dann darum, sie zu überwinden.

Sri Nisargadatta Maharaj (1897 - 1981),
indischer spiritueller Meister

Was ist Yoga?

Das Wort Yoga kommt aus dem Sanskrit und bedeutet Einheit oder Vereinigung. Mit verschiedenen Übungen, Methoden und Empfehlungen werden körperliche und mentale Hindernisse und Blockaden gelöst, so dass die Lebensenergie wieder frei fließen kann. Das bewirkt, dass die Selbstheilungskräfte gestärkt werden und die Harmonie von Geist und Körper wieder hergestellt wird.

Spirituell gesehen ist das höchste Ziel von Yoga die Verschmelzung mit dem kosmischen Bewusstsein. Es ist die Erkenntnis und die Erfahrung einer höheren Ebene des Seins, in der wir in Kontakt kommen mit unserem wahren Selbst. Es ist ein Zustand der höchsten Wirklichkeit, des reinen Bewusstseins und der wahren Freude und Glückseligkeit:

Sat-Chit-Ananda. Yoga muss nicht spirituell sein, aber es kann, wenn man sich darauf einlässt. Die spirituelle Seite von Yoga interessiert nicht jeden. Viele Menschen kommen zu Yoga wegen Stress oder weil sie ihren Körper beweglich und fit halten wollen. Einige kommen vielleicht auch, weil Yoga gerade angesagt ist. Yoga ermöglicht uns, Gesundheit und Harmonie auf allen Ebenen zu erlangen. Mit den Yogastellungen können körperliche Verspannungen und Schmerzen positiv beeinflusst werden. Entspannungsübungen, bewusstes Atmen und Meditation helfen den Geist zu beruhigen, sowie einschränkende Gedanken und emotionale Stressbelastungen loszulassen. Der ganze Organismus wird gestärkt, die Körperkanäle geöffnet, so dass *Prana* frei fließen kann und das führt uns zu einem gesunden und bewussten Leben.

Wenn wir Yoga regelmäßig praktizieren geht der Missbrauch von Drogen wie Alkohol, Kaffee, Beruhigungsmittel und Schlaftabletten, die gebraucht werden um mit den täglichen Belastungen fertig zu werden, nachweislich zurück. Yoga ist ein ganzheitliches Konzept, das alle Bereiche unseres Daseins mit einbezieht. Es vereint die materielle, sichtbare Welt mit der spirituellen, unsichtbaren Welt.

Yoga hilft uns, unsere menschliche Seite mit der spirituellen Seite zu vereinen. Jeder kann Yoga praktizieren, unabhängig von Religion, Alter oder körperlicher Verfassung. Wenn wir Yoga regelmäßig üben, wird der Körper geschmeidig und entspannt, der Geist wird ruhig, wir erhalten ein Gefühl von Freude und innerem Frieden und beginnen wieder zu ahnen, was unsere eigentliche Wesensnatur ausmacht.

Yoga hat sich in den letzten Jahrzehnten in den westlichen Kulturen enorm verbreitet. Mit der Zeit haben sich einige moderne Yogarichtungen entwickelt, die auf den klassischen Grundlagenwerken des Yoga basieren, aber unterschiedliche Schwerpunkte setzen. Oft sind diese neuen Yogastile nach den Begründern der entsprechenden Yoga Schulen benannt worden, wie z.B. Sivananda Yoga oder Iyengar Yoga.

Die vier klassischen Hauptwege des Yoga

Es gibt vier klassische Yoga Wege, die einander ergänzen und uns Methoden aufzeigen, die zu innerem Frieden und Glück führen. Es sind:

Karma Yoga: Yoga des selbstlosen Handelns und der Befreiung

Bhakti Yoga: Yoga der Hingabe, Liebe und Mitgefühl

Jnana Yoga: Yoga der Weisheit und Erkenntnis

Raja Yoga: Yoga der Beherrschung des Geistes und Meditation

Karma Yoga

Karma Yoga ist der Weg des selbstlosen Handelns. Das Sanskritwort Karma bedeutet Handlung oder Tat. Wenn wir handeln, haben wir ein *Ziel* vor Augen. Wir wollen z.B. von A nach B kommen. Jeder Handlung geht ein *Gedanke* und eine *Absicht* voraus: der Grund warum wir B erreichen wollen kann z.B. Ruhm, Anerkennung, Profit oder auch

Mitgefühl sein. Jede Handlung führt zu einem *Ergebnis*, d.h. Erfolg oder Misserfolg. Auch eine Nichthandlung kann eine Handlung sein. Wenn ich z.B. denke: *dies oder jenes kann ich nicht machen, denn die anderen könnten schlecht über mich reden*, dann habe ich hier auch eine Absicht, warum ich gerade jetzt nicht handeln möchte. Die Handlung fängt bereits im Kopf an.

Karma Yoga empfiehlt *gemeinnützig* zu handeln, ohne an Erfolg zu haften oder Misserfolg zu fürchten. Es heißt loszulassen von allen Begierden oder Befürchtungen und auf das Leben selbst zu vertrauen. Denn wenn Du Erwartungen an andere oder an das Leben hast, kann es zu Enttäuschungen führen. Das Leben zeigt Dir, dass Du Dich in Deinen Erwartungen *täuschen* kannst und das verursacht wiederum einen unruhigen Geist.

> *Handle in einem Zustand der Losgelöstheit und*
> *erledige was getan werden muss, was auch immer es ist*
> *und verlange niemals nach den Früchten Deiner Taten.*
> *Bleibe bei Erfolg oder Misserfolg stets ausgeglichen.*
> *Denn Yoga ist vollkommene Ausgeglichenheit des Geistes*
> *(Bhagavad Gita: 2:47,48)*

Auf der Yogamatte kann es z.B. so aussehen: Du kommst zum Yoga mit der Absicht meditieren zu lernen und endlich mal im Kopf still zu werden. Du strengst Dich an, die Gedanken zu verscheuchen. Je mehr Du Dich anstrengst, desto heftiger drängen sich Gedanken auf, bis Du verzweifelt aufgibst. Wenn Du nun vom Ergebnis loslässt und einfach das annimmst was geschieht, kannst Du entspannt die Gedanken einladen zu kommen, ohne Dich mit ihnen zu identifizieren. Du stellst Dir z.B. vor, dass die einzelnen Gedanken ganz gemütlich nach einander auf einer Wolke an Dir vorbeischweben und Du sie vollkommen entspannt beobachtest. Zwischen den einzelnen Gedankenwolken entstehen „Leerräume", die Du Dir als der weite blaue Himmel oder die unendliche Tiefe des Universums vorstellen kannst. Und schon bald können alle Gedanken verschwunden sein!

Je mehr wir uns um ein Ergebnis kümmern, desto mehr verspannen wir uns. Es staut sich alles in uns an, wir werden immer unruhiger und ärgern uns am Ende über die innere Blockade und den Misserfolg. Ständig bemühen wir uns die unvorhersehbare Zukunft zu gestalten und vergessen, dass das Leben *jetzt im Moment* stattfindet. Was die Zukunft bringt wissen wir nicht, wir können nur im Moment unsere Arbeit mit Hingabe verrichten und brauchen zu dem was wir tun Liebe, Begeisterung, und Geduld. Wir lernen durch Erfahrung. Das absichtslose Handeln ermöglicht uns gerade durch seine Unbestimmtheit Neues dazu zu lernen. Alles was geschieht, hat seinen Sinn. Wir können ein bestimmtes Ziel anpeilen, aber dann vom Ergebnis loslassen und auf das Leben selbst vertrauen. Wenn wir vom Ergebnis unserer Handlungen loslassen und das Leben so annehmen wie es ist, wird der Geist ruhig und wir geraten in Kontakt mit unserer inneren Weisheit, Kraft und Kreativität. Aus dem inneren stillen Raum können wir dann die leise, innere Stimme wahrnehmen. *In der Stille liegt die Kraft.*

Der Grund, warum wir kontrollieren, manipulieren und an unseren Erwartungen festhalten, ist meistens die Angst vor Veränderung und die Sehnsucht nach Sicherheit. In unserer materiellen Welt gibt es jedoch keine Sicherheit, alles ist im Begriff sich zu ändern, nichts bleibt so wie es war. Denn nur durch Bewegung und Veränderung können wir uns weiterentwickeln. Die einzig sichere Sache in unserem irdischen Leben ist, dass wir alle irgendwann sterben müssen.

Karma Yoga bedeutet gemeinnützig zu handeln, indem man gibt und Hilfe leistet, ohne eine Gegenleistung für seine Taten zu erwarten. Karma Yoga ist das Handeln aus der Perspektive des Einheitsbewusstseins. Es ist das Wissen, dass wir alle aus derselben himmlischen Quelle kommen und auf einander angewiesen sind, wie die Rädchen eines Uhrwerks.

Wenn wir selbstsüchtig handeln, trennen wir uns von der Einheit und werden durch das Erleben von Leid und Schmerz wieder ins Leben *zurückgeholt*. Wir kennen das vielleicht, wenn unsere Handlungsweisen einzig dem Eigennutz dienen und von Selbstsucht geprägt sind und sich Freunde, Partner und Familie von uns abwenden. Wir vereinsamen und leiden im Endeffekt selber unter unserem Verhalten. Wir erkennen, dass selbstsüchtiges Handeln genaugenommen zu einem selbstschädigenden Verhalten führt. Karma Yoga ist Handeln in bedingungsloser Liebe, die stärkste verbindende Kraft der universellen Einheit.

In der Bibel heißt es: "*Was der Mensch sät, das wird er ernten*". Diesen Satz kann man so deuten, dass liebevolles Handeln im Dienste der Einheit friedvolle Ergebnisse hervorbringt und selbstsüchtiges, trennendes Handeln früher oder später zu Leid und Unglück führt.

Es gibt Menschen, die wohltätige Handlungen verrichten und glauben so Dankbarkeit, Lob und Ansehen zu bekommen, oder sie machen es um ihre Schuldgefühle los zu werden. So verstrickt man sich jedoch immer mehr in den Fesseln der Materie und des Egos.

Karma Yoga ist Yoga in Aktion, Yoga der Handlung. Wir können Karma Yoga nicht aus Büchern lernen. Karma Yoga muss man praktizieren. Durch dauerhaftes Praktizieren von Karma Yoga wird das Urvertrauen zum Leben und zu sich selbst wieder erweckt und gefestigt. Wir erkennen immer mehr, dass wir genau das erhalten, was wir brauchen. Wir hängen nicht mehr an unserem begrenzten und vergänglichen Ego und können so vollkommene Freiheit und Frieden erlangen.

Erkenntnis ist besser als Handeln,
Meditation ist besser als Erkenntnis
und der Verzicht auf die Ergebnisse Deiner Handlungen
ist besser als Meditation, weil dadurch sofortiger Frieden entsteht.
(Bhagavad Gita 12:12)

Karma heißt *Handeln* und Yoga heißt *Einheit*. Karma Yoga bringt uns über das Handeln zur Einheit, indem unser individueller Wille mit dem göttlichen Wille - dem Wille unseres Höheren Seins - Eins wird. *Dein Wille geschehe.* Wir überschreiten die Ebene des Egos um unsere wahre Selbstnatur zu erfahren. Karma Yoga führt uns zum inneren Frieden und zur vollkommenen Befreiung.

Bhakti Yoga

Bhakti Yoga ist der Weg der bedingungslosen Liebe, die alles im Universum verbindet und von allen Energieformen die Mächtigste ist. Wir alle haben Sehnsucht nach Geborgenheit und wahrer Liebe. Viele Menschen glauben, dass sie nur außerhalb von uns selbst zu finden ist. Wir haben vergessen, dass die Liebe unsere innerste Essenz ist. Nur wenn wir anfangen uns selbst bedingungslos zu lieben, können wir auch andere bedingungslos lieben und achten. Wir verknüpfen Liebe dann nicht mehr mit Bedingungen und Erwartungen. Wenn wir uns selbst nicht lieben, verlangen wir etwas von anderen, was sie uns nicht geben können.

Bedingungslose Liebe hat nichts mit Bedürftigkeit zu tun, sie wird durch Erwartungen, Festhalten und Machtkämpfe eher vertrieben. Fangen wir an uns selbst zu lieben, dann ziehen wir Liebe automatisch an! Wenn Du Dich selbst nicht bedingungslos liebst und die Liebe im Außen suchst, dann wirst Du immer auf der Suche sein - auf der Suche nach Dir selbst! Es fängt alles mit Dir an, Du bist die wichtigste Person in Deinem Leben! Wenn Du Dich selbst nicht bedingungslos lieben kannst, dann wirst Du auch andere nicht wirklich lieben können!

Die Voraussetzung für das Praktizieren von Bhakti Yoga ist das Bewusstsein, dass die gesamte Schöpfung aus einer Quelle stammt, die uns durch die Liebe miteinander verbindet. Liebe verbindet und Hass trennt. Über unsere Gefühle erfahren wir die Verbindung zum Ganzen und können korrigierend eingreifen, indem wir nach der Ursache trennender Gedanken und Emotionen wie Hass, Ärger, Wut oder Angst in uns suchen. Bhakti Yoga ist Achtung und Respekt vor der ganzen Schöpfung, Dich mit eingeschlossen. Denn die Schöpfung ist die physische Manifestation der Göttlichen Liebe. Die Yogis sagen, dass wir all unser Handeln als einen Gottesdienst betrachten können, wobei der Begriff Gott das sein darf was man sich darunter vorstellt.

Jnana Yoga

Jnana Yoga ist der Weg der höchsten Erkenntnis. Hier geht es vor allem um die Frage: Wer bin Ich? Jnana Yoga heißt, den tieferen Sinn Deines ICH BIN herauszufinden. Es ist die Erkenntnis des wahren Ich durch Selbststudium, spirituelles Wissen und Meditation.

Lass den Geist nicht ausschwärmen,
indem Du fragst: wer bist Du? Und wer ist er?
Wende ihn vielmehr nach innen und
frage beständig und eifrig: Wer bin ich?[15]

Mithilfe von *Buddhi*, unsere Erkenntnisfähigkeit, haben wir das Potenzial zwischen der vergänglichen Erscheinungswelt und der unvergänglichen Wirklichkeit zu unterscheiden. Um zur Einsicht zu

---

[15] Ramana Maharshi, indischer spiritueller Meister (1879 – 1950)

kommen, brauchen wir das intellektuelle Wissen ebenso wie das Wissen, das von innen kommt. Jnana Yoga nimmt das intellektuelle Wissen mit nach innen und führt zur Selbstreflexion und Meditation. Die äußere Welt ist nicht getrennt von der inneren Welt. Wer sich in seiner inneren Welt nicht auskennt, der hat wenig Einfluss auf seine äußere Welt. Er bleibt gefangen in den Fesseln seines Egos und zieht auf Dauer mehr Leid und Unglück an.

Die Begleittexte für *Karma Yoga, Bhakti Yoga und Jnana Yoga* finden wir in der Bhagavad Gita. Die ersten sechs Kapitel der Bhagavad Gita lehren das selbstlose Handeln (Karma Yoga), weitere sechs Kapitel sprechen von Hingabe und Gottesliebe (Bhakti Yoga). Die letzten sechs Kapitel handeln von der wahren Erkenntnis (Jnana Yoga).

Der königliche Yogaweg - Raja Yoga

Der Yoga-Gelehrte und Philosoph Patanjali fasste bereits vor mehr als 2000 Jahren das alte Wissen von Yoga - das früher nur mündlich von Lehrern zu Schülern übermittelt wurde - in seinem Yoga Sutra zusammen. Das Yoga Sutra ist das wichtigste Grundlagenwerk von Raja Yoga. Es beinhaltet 4 Kapitel mit 195 kurzen prägnanten Lehrsprüchen, die traditionell vom Lehrer erklärt und von den Schülern als Leitfaden (Sutra) und Gedächtnisstütze auswendig gelernt und in die Praxis umgesetzt wurden.

Der Begriff Raja bedeutet *König*. Das zentrale Thema in Raja Yoga ist die *Beherrschung des Geistes*. Denn der Geist ist ein mächtiges Führungsinstrument und die Ursache unserer Probleme liegt nicht in den Problemen selbst, sondern in dem, *was wir mit dem Geist machen*. Einstein drückte es so aus: *Probleme kann man niemals mit derselben Denkweise lösen, durch die sie entstanden sind.*

Raja Yoga verbindet die Sankhya Philosophie mit praktischen Übungen, Empfehlungen und jahrtausendealte Lehren. Es ist ein ganzheitliches System, das zeitlos und überall anwendbar ist. Raja Yoga wird manchmal auch der achtfache Yoga Übungsweg (Asthanga Yoga) genannt, weil er in acht praktischen Übungsteilen gegliedert ist.

Das *erste Kapitel* im Raja Yoga Sutra beschreibt die Funktion des Geistes und die unterschiedlichen Stufen unseres Geistesbewusstseins. Das *zweite Kapitel* beschäftigt sich mit dem praktischen Weg von Yoga und holt uns genau dort ab, wo wir uns befinden. In diesem Kapitel werden die fünf ersten Glieder des achtfachen Yoga Übungsweges beschrieben, die auch unter dem Namen *Hatha Yoga* bekannt sind. Die letzten drei Glieder werden im *dritten Kapitel* beschrieben und im *vierten Kapitel* schreibt Patanjali über die vollkommene Freiheit und das höchste Ziel von Yoga. Bevor Patanjali in Kapitel zwei die Aspekte des achtfachen Yoga Übungsweges aufführt, schreibt er Folgendes:

> *Durch die Praxis der Yoga-Glieder werden Unreinheiten allmählich eliminiert und das Licht der Weisheit, das zum Unterscheidungsvermögen führt, wird sichtbar. (Yoga Sutra 2:28)*

Die fünf ersten Glieder, die im zweiten Kapitel genannt werden, sind:

1. *Yama* - Das Verhalten der Mitwelt gegenüber
2. *Niyama* - Das Verhalten sich selbst gegenüber
3. *Asanas* - Körperübungen
4. *Pranayama* - Atemübungen zur Lenkung von Prana
5. *Prathyahara* - Rückzug der Sinne von der Außenwelt

Im dritten Kapitel folgen die drei letzten Glieder:

1. *Dharana* - Achtsamkeit und Konzentration
2. *Dhyana* - Meditation
3. *Samadhi* - Erleuchtung, Zustand des Überbewusstseins

Die acht Glieder formen eine holistische Übungseinheit. Es sind Übungen auf allen Ebenen unseres Seins und jede Stufe beeinflusst gleichzeitig alle anderen Ebenen des Seins. Das heißt z.B. dass wenn Du die Stufe der Asanas (Körperübungen) praktizierst, es Dir leichter gelingen wird, Dich zu sammeln und zu konzentrieren. Umgekehrt kommst Du leichter in die Körperhaltungen, wenn Du Achtsamkeit übst. Das letztendliche Ziel ist ein klares Bewusstsein zu erlangen, um zu erkennen wer Du wirklich bist. Diese acht Glieder sind nicht als eine bestimmte Abfolge von Schritten zu sehen, sondern vielmehr als eine Einheit von praktischen Übungen. Der Einzelne wird - je nach individuellen Fähigkeiten - dort abgeholt wo er gerade steht und auf seiner spirituellen Weiterentwicklung begleitet.

Die ersten zwei Glieder, die *Yamas* und die *Niyamas* gelten als ethische Grundwerte, die angestrebt werden sollten. Sie helfen den Geist zu klären und geben uns auf unserem spirituellen Weg eine stabile Basis. Praktische Körper-, Atem- und Meditations-Übungen führen uns allmählich zur spirituellen Selbstverwirklichung. Wir lösen uns aus den Konflikten und Anhaftungen des Egos zu einem transzendenten Bewusstsein. Wir beginnen die Welt aus einer anderen Perspektive zu sehen und schwingen uns ein auf das All-Eins-Sein. Wir lernen achtsam und liebevoll mit uns selbst und mit allen anderen Geschöpfen dieser Welt umzugehen. Raja Yoga ist der spirituelle Weg zur Einheit durch Beherrschung des Geistes und durch Meditation in Stille.

Raja Yoga wird auch der König aller Yoga Wege genannt, weil er uns hilft, unsere irdischen Werkzeuge (Körper, Atem und Geist) gezielt für das spirituelle Erwachen einzusetzen. Raja Yoga ist ein lang erprobter Weg, der uns von außen in die eigene Mitte führt und uns durch regelmäßiges Praktizieren innere Ruhe, Freude und Gelassenheit verleiht.

Die fünf untersten Glieder von Raja Yoga werden auch als *Hatha Yoga* bezeichnet. Hatha Yoga ist die körperorientierte Stufe auf dem Weg zum spirituellen Teil von *Raja Yoga.* Es sind Körperstellungen (*Asanas*), Atemenergielenkung (*Pranayama*) und Rückbesinnung (*Prathyahara*), wobei natürlich auch die ethischen Empfehlungen der *Yamas* und *Niyamas* dazu gehören. Das ursprüngliche Ziel war, den

Körper so zu stärken und zu vitalisieren, dass er möglichst lange und beschwerdefrei in einer Meditationshaltung verweilen konnte, damit der Geist sich beruhigt und das Bewusstsein sich erweitert. Später erkannte man immer mehr die positiven Wirkungen der körperlichen Übungen auf das gesamte Wohlbefinden des Menschen. So bekamen die Yogastellungen eine größere Bedeutung und wurden weiter entwickelt. Heute denken die meisten Menschen bei Yoga an Körperübungen. Hatha Yoga ist aber viel mehr als nur eine Art von Gymnastik. Durch die Kombination von Körperstellungen, Atemlenkung und Tiefenentspannung wird das Körperbewusstsein geschult, der Körper wird beweglicher und es entsteht eine emotionale Stabilität und geistige Gelassenheit. Weitere positive Wirkungen sind:

Eine bessere Durchblutung

Durch die Abwechslung von Dehnung, Kräftigung und Entspannung werden die Körperkanäle geöffnet und Körperzellen, Organe und das Gehirn können vermehrt mit Energie und sauerstoffreichem Blut versorgt werden. Die Gedächtnisleistung verbessert sich, das Immunsystem wird gestärkt und es entsteht eine positive Gemütsstimmung.

Schmerzlinderung

Yoga kann helfen Schmerzen zu lindern. Die Entspannung der Muskeln hilft den Druck auf die Nervenbahnen zu entlasten. Das regelmäßige praktizieren von Yoga kann chronische Schmerzen wie Migräne, Arthrose und Rückenschmerzen besänftigen und mit der Zeit sogar vollständig verschwinden lassen.

Eine sanfte Reinigung

Ein gutes Verdauungssystem ist Garant für die Gesundheit, so wie auch der Volksmund sagt: *im Darm sitzt der Tod.* Das Verdauungssystem kann durch Yogaübungen positiv beeinflusst werden. Die Aktivitäten im Magen-Darm-Trakt werden normalisiert, die Nährstoffaufnahme verbessert und die Verdauungskanäle werden von belastenden Schadstoffen gereinigt. Auch der Geist wird durch die Körper-, Atem- und Entspannungsübungen beruhigt und allmählich von emotionalen Belastungen befreit.

Stressbewältigung

Yoga reduziert körperliche und geistige Stresssymptome. Durch die Kombination aus Dehnungs- Atem- und Entspannungs-Übungen normalisieren sich Atmung, Blutdruck und Herzfrequenz. Die körpereigenen Selbstheilungskräfte können ihre Funktion wieder übernehmen und stressbedingte Symptome wie Schlafstörungen, Energiemangel, Ängste oder Depressionen werden abgebaut.

Mehr Energie

Yoga hilft durch das Öffnen der Körper- und Energiekanäle den Fluss von Prana zu verbessern. Trägheit und Energiemangel können so beseitigt werden und wir strahlen mehr Kraft, Ruhe und Zufriedenheit aus.

Für die Körperstellungen gibt es viele Yogabücher und Videos auf dem Markt, diese können eine wertvolle Hilfe für Deine Yogapraxis sein. Aber sie ersetzen keinen Yoga-Kurs, in dem bei falschen Bewegungsmustern korrigierend eingegriffen werden kann. Denn die korrekte Ausführung der einzelnen Übungen ist sehr wichtig, damit der Körper nicht durch falsche Belastungen geschadet wird und damit Du die positive Wirkungen der Yoga-Übungen in vollem Umfang erhalten kannst.

Ethische Grundwerte - Yamas und Niyamas

Das Verhalten gegenüber unserer Mitmenschen und der Umgang mit uns selbst widerspiegeln den Zustand unseres Geistes und zeigen damit auch unsere Persönlichkeit. Ethische Grundwerte haben viel mit unserem *Selbstwertgefühl* zu tun. Denn wenn wir unsere Werte nicht kennen oder sie ignorieren, dann werden wir die Werte der Anderen ebenso missachten.

Jeder Mensch hat sein persönliches Wertesystem, das von seiner Ursprungsfamilie oder von der Kultur, in der er lebt beeinflusst wird. Für ein harmonisches und friedvolles Zusammenleben brauchen wir jedoch bestimmte Grundwerte, die für alle gelten und uns einen liebevollen Umgang miteinander ermöglichen. Die ethische Empfehlungen des Raja Yoga begünstigen einen *sattvischen* Geist, der Persönlichkeitsanteile erzeugt wie Mitgefühl, Ehrlichkeit, Respekt, Zufriedenheit, Verbundenheit, Freude und Liebenswürdigkeit.

Yamas

Patanjali beginnt mit den fünf *Yamas*, denn die Basis für das Einheits-Bewusstsein ist das harmonische Zusammenleben und eine gesunde, liebevolle Haltung der Umwelt gegenüber. Es sind folgende fünf Empfehlungen:

1. *Nicht Verletzen - Ahimsa*

Ahimsa ist das Bestreben, nach Möglichkeit keinem Lebewesen Schaden zuzufügen, weder in Taten noch in Worten oder Gedanken. Es bedeutet auch, sich selbst gegenüber nicht zu schaden, sei es durch Überforderung oder durch negative Gedanken und Aussagen über sich selbst. Wenn wir unseren Ärger und Frust an anderen auslassen, kann das - *besonders bei Kindern* - zu ernsthaft seelischen Verletzungen führen. Das heißt nicht, dass wir unsere störenden Emotionen unterdrücken sollten, denn das hat auf lange Sicht negative Folgen für uns selbst. Wir müssen lernen angemessen mit unseren Emotionen umzugehen, indem wir uns bewusst werden, dass es *unsere* Emotionen sind und dass wir andere nicht für unsere Missempfindungen verantwortlich machen können. Wir allein sind verantwortlich für unsere Befindlichkeiten und die Emotionen sollten so ausgedrückt werden, dass sie niemanden verletzen.

Versuche immer wieder heraus zu finden, woher Deine negativen Emotionen kommen. Es sind Emotionen, die sich bereits in Dir befinden und Dir von der Außenwelt widerspiegelt werden. Es sind *Deine innere Einstellungen*, die Deine Wahrnehmungen prägen und die Dich dazu verleiten, über andere zu urteilen oder sie abzulehnen.

Der Aspekt des Nicht-Verletzens erinnert uns daran, dass wir alle miteinander verbunden sind und einander gegenseitig beeinflussen. Wenn wir andere verletzen, egal ob durch Worte oder Taten, dann erzeugen wir eine Ursache, die eine Wirkung hat und vom Resonanzfeld auf uns zurückgeworfen wird.

Du kannst Dich selbst auch verletzen, indem Du zu hohe Forderungen an Dich stellst. Das kann geschehen, wenn Du z.B. aus Ehrgeiz bei den Körperübungen über Deine Schmerzgrenzen hinausgehst, um in eine bestimmte Position zu kommen. Auch das s.g. Burnout Syndrom ist ein gutes Beispiel, wie wir uns selbst durch selbstgemachten Leistungsdruck verletzen können.

Wir verletzen, wenn wir die Erde und ihre Geschöpfe ausbeuten, sei es durch Zerstörung der Wälder, Massentierhaltungen oder Umweltverschmutzungen. Wir beteiligen uns zumindest indirekt durch achtlosen Konsum an der Ausbeutung von Tieren und Pflanzen und tun den gesamten Planeten Erde Gewalt an.

Der Aspekt der Gewaltlosigkeit spielt in Yoga eine große Rolle und ist auch der Grund für viele Yogis, auf den Konsum von Fleisch zu verzichten.

2. *Wahrhaftigkeit - Satya*

Wahrhaftigkeit ist die Aufforderung authentisch und wahrhaftig zu sein, nicht nur anderen gegenüber, auch sich selbst gegenüber. Es bedeutet in sich stimmig zu sein, so dass Gedanken, Worte und Handlungen miteinander harmonieren. Wir versuchen uns nicht anders oder als jemand anderen auszugeben, als wir in Wirklichkeit sind. Wenn wir uns selbst verleugnen, dann werden wir gezwungen ein angepasstes Leben zu führen und uns fremdbestimmen zu lassen. Das führt uns früher oder später zu Leid und Unglück.

Um wahrhaftig zu sein brauchen wir die aufrichtige Beschäftigung mit uns selbst und der eigenen Innenwelt. Wir brauchen ein selbstbewusstes Reflektieren der eigenen Gedanken und Taten. Und wir brauchen Mut, denn oft werden wir von anderen kritisiert, weil wir nicht so denken und handeln wie sie es tun. Das kann uns möglicherweise ängstigen, denn wir wollen anerkannt und geliebt werden und sehnen uns alle nach Zugehörigkeit.

In Wahrhaftigkeit zu leben ist kein einfacher Weg, aber es hilft uns unsere eigene Persönlichkeit zu entfalten. Menschen, die wahrhaftig leben sind authentisch und angenehm im Umgang, sie bringen ihre Persönlichkeit zum Strahlen. Wenn wir in Wahrhaftigkeit leben ist der Geist klar und wach, unsere Schöpferkraft groß und wir erkennen die Wahrheit in ihrer ursprünglichen Natur.

3. *Nicht Stehlen – Asteya*

In großen Zusammenhängen bedeutet Nicht Stehlen das angemessene Ausschöpfen der natürlichen Ressourcen und die Achtung des materiellen und geistigen Eigentums anderer Menschen. Für den Einzelnen kann es bedeuten, keine Privatgespräche auf Firmenkosten zu führen, keine Steuer zu hinterziehen oder sich auf Kosten anderer zu profilieren. Meist glauben wir - aus einem Mangelbewusstsein - uns mit materiellen oder geistigen Dingen bereichern zu müssen. Wir haben den Kontakt zur Ganzheit und zum *All-Sein* verloren und versuchen den Mangel mit *mehr Haben* zu kompensieren. Das macht den Geist unruhig, blockiert den Energiefluss und führt zu mehr Leid.

Fange damit an, dankbar zu sein für das, was Du bist und für das, was Du hast. Dankbarkeit bringt Dir mehr Gelassenheit, dadurch öffnen sich die Energiekanäle, der Geist beruhigt sich, wird klarer und Du kannst den Zugang zu *Deinem* Reservoir an inneren Ressourcen wieder entdecken.

4. Mäßigung in allen Dingen - Brahmacarya

Brahmacarya bedeutet, sich *in Richtung des höchsten Bewusstseins zu bewegen.* Im Grunde genommen geht es hier um die Erhaltung und Optimierung der Lebenskraft, indem wir Herr über die Sinne und Gedanken werden. Denn die ausschweifenden Gedanken und Sinnesaktivitäten verbrauchen sehr viel Energie. Wenn wir den Geist beruhigen, kann die eingesparte Lebenskraft uns helfen in höhere Ebenen durchzudringen. *Buddhi*, unsere Fähigkeit zu unterscheiden wird geweckt und das Bewusstsein erweitert. Die Bhagavad Gita (6:16) sagt zu diesem Thema Folgendes:

Yoga ist ungeeignet für jemanden,
der zu viel isst oder zu wenig isst.
Ebenso wenn jemand zu viel schläft
oder nicht genug schläft.

Mit Essen ist hier nicht nur Nahrung für den Magen gemeint, sondern auch die Nahrung für Sinne und Geist. Wer zu viel vor dem Computer oder Fernseher sitzt, der überfüttert seine Augen und den Geist, wer zu laut oder zu viel Musik hört, tut das selbe für die Ohren. Computer, Fernseher und Musik können aber auch als heilende Nahrung für Sinne und Geist eingesetzt werden. Auch der Schlaf hat hier eine Doppelbedeutung. Es bezeichnet ebenso den Kontakt mit der Außenwelt. Jeweils zu viel oder zu wenig ist ungesund. *Mäßigung ist das Ziel*: beim Essen, Trinken, Einkaufen, Fernsehen, Begegnungen oder Sexualität. Wir sollten versuchen, Extreme in beide Richtungen zu vermeiden um den Fluss der Lebensenergie nicht einzuschränken. Dazu ist ein bewusster und achtsamer Umgang im täglichen Leben erforderlich.

5. *Begierdelosigkeit - Aparigraha*

Der Begriff Aparigraha bedeutet wörtlich *nicht nach allen Seiten greifen.* Es heißt von Begierden und Horten Abstand zu nehmen. Begierdelosigkeit ist in unserer Gesellschaft, in der tagtäglich neue Bedürfnisse geschaffen werden, nicht leicht und bedarf viel Selbstdisziplin und stetige Wachsamkeit. Wir wollen immer mehr und sind eifersüchtig und neidisch auf Beziehungen und Besitztümer anderer. Oder wir streben danach so zu sein wie der Andere.

Wir horten und sammeln Dinge um am Ende unseres Lebens zu erfahren, dass uns nichts gehört, nicht einmal unser irdisches Leben. Ständig gierig nach materiellen Besitztümern Ausschau zu halten macht den Geist unruhig. Deshalb heißt es in Dankbarkeit anzunehmen was ist und loszulassen, in Vertrauen und Hingabe an den universellen göttlichen Lebensstrom.

Niyamas

Während es bei den fünf *Yamas* um unser Verhalten in Bezug auf unsere Um- und Mitwelt geht, beziehen sich die fünf *Niyamas* in erster Linie auf die eigene Lebenshaltung und den Umgang mit sich selbst:

1. Reinheit - Shauca

Eine grundlegende Voraussetzung für einen gesunden Organismus ist die *Reinigung und Entgiftung des Körper-Geist-Systems.* Der Körper ist unser irdisches Fahrzeug, das uns das Handeln ermöglicht, so wie der Geist das Instrument ist, welches uns das Licht in uns erkennen lässt. Durch die innere Reinheit von Körper und Geist können wir klarer unterscheiden was unsere wahre Natur ist und das Anhaften an das vergängliche Materielle verliert sich allmählich.

> *Durch die Reinheit des Seins erlangt man innere Freude, Konzentrationsfähigkeit, Sinnesbeherrschung sowie die Erkenntnis der wahren Wesensnatur. (Yoga Sutra 2:41)*

Der Anfang des Erkenntnisprozesses ist somit ein Läuterungs-Prozess. Es ist die Klärung, Beruhigung und Entspannung unserer Körper-Geistmaterie. Wir kommen allmählich in einen reinen, gelassenen und friedvollen Zustand des Sattva-Guna, in dem wir die Dinge klarer sehen und fühlen.

Für die Reinigungsprozesse des Körper-Geist-Systems dienen hauptsächlich die ersten fünf Glieder des achtfachen Yoga Übungspraxis. Geist und Körper können durch bewusste Körper- und Atemübungen (*Asanas* und *Pranayama*) eine Tiefenreinigung erfahren. Die Körper- und Energiekanäle öffnen sich und der Organismus wird angeregt seine Selbstheilungskräfte zu entfalten. Durch das Zurückziehen der Sinne (*Pratyahara*) löst der Geist sich von den äußeren Sinnesaktivitäten um im inneren Raum durch Innenschau und Selbststudium allmählich zur Ruhe zu kommen. Die *Yamas* und *Niyamas* helfen, den Geist von Hindernissen zu befreien und zu stabilisieren.

Die äußere körperliche Hygiene ist selbstverständlich für die meisten von uns. Ebenso selbstverständlich sollte die innere körperliche und geistige Reinlichkeit sein. Unser physischer Körper wird hauptsächlich aus der Nahrung, die wir zu uns nehmen, aufgebaut. Je vollwertiger die Nahrung ist, desto besser kann der Körper sie verwerten ohne sich zu verunreinigen. Alkohol, Nikotin und andere Schadstoffe belasten den Körper, stören die geistige Klarheit und können schneller zu Erkrankungen führen. Auch die im Fleisch aus Massentierhaltungen enthaltenen Antibiotika, Hormone und andere Medikamente sind Gift für den Körper. Außerdem belastet die Gewalt, die auf den Tieren ausgeübt wird unser Geistesbewusstsein. Denn die Angstgefühle der Tiere bleiben energetisch und in Form von Stress-Hormonen im Fleisch gespeichert. Die beste und wertvollste Nahrung für Körper und Geist ist immer noch die *sattvische* pflanzliche Ernährung (siehe Kapitel 4)

Altlasten und Verletzungen, die wir mit uns herum tragen, Dauerstress und Überforderungen durch digitale Medien erzeugen ebenso Verunreinigungen wie zu spät ins Bett gehen oder das Missachten der eigenen Bedürfnisse. Körper und Geist werden überlastet, können sich nicht optimal erholen und sammeln Unreinheiten an.

Um den Organismus rein zu halten, ist es wichtig, dass Du auf Deine Bedürfnisse achtest und Dinge, die Dir schaden, meidest. Zwischendurch immer mal wieder abschalten um durchzuatmen hilft dem Organismus sich zu erholen und in die eigene Mitte zu kommen. Nimm Dir täglich genügend Zeit für die Selbstreflexion um in die Stille einzukehren. Denn nur in der Stille - in seinem ursprünglichen Zustand - kann sich der Geist wieder regenerieren und klären.

Eine wunderbare Methode Geist und Körper zu regenerieren ist eine sanfte ayurvedische Ölmassage. Mit warmen Ölen und sanften Streichungen werden Psyche und Nervensystem beruhigt. Außerdem unterstützen besondere ayurvedische Kräuteröle den Prozess der Zellerneuerung und Entgiftung über die Haut, unser größtes Ausscheidungsorgan.

2. Zufriedenheit - Samtosha

In dem Maße, wie der Geist sich von den Hindernissen befreit, werden wir immer zufriedener. Denn wir erkennen immer mehr, dass wir bereits alles in uns haben, um glücklich zu sein.

Durch Zufriedenheit gewinnt man

die größte Freude. (Yoga Sutra 2:42)

Es gibt Menschen die, egal was passiert, immer unzufrieden sind; wahrscheinlich weil sie nicht glauben können, dass sie es verdienen, glücklich zu sein. Egal ob die Sonne scheint, es regnet, es warm oder kalt ist, es ist nie gut. Sie haben immer Pech und wenn sie mal etwas Schönes erleben, kommt ihnen gleich der Gedanke, dass bald etwas Unangenehmes passieren könnte. Sie dürfen ja nicht glücklich sein und so begleitet sie die Unzufriedenheit durchs ganze Leben. Diese Menschen haben den Kontakt zu ihrer wahren Natur gänzlich verloren, denn die Essenz unserer Schöpfung ist pure Freude.

Samtosha bedeutet auch, dass wir das Leid und die Schmerzen, die wir im Leben erfahren annehmen, uns aber nicht mit ihnen identifizieren sollten. Wir sind nicht das Leid und die Schmerzen, sie sind dennoch wichtige Hinweise auf dem Erkenntnisweg. Die Natur hat uns nicht geschaffen damit wir leiden. Leid entsteht, wenn wir uns gegen die Natur verhalten, wenn wir uns vom Ganzen trennen und nicht auf unsere innere Weisheit und ureigene Bedürfnisse hören und darauf angemessen reagieren.

Viele Menschen in unserer hektischen Gesellschaft haben verlernt, ihre Gefühle und Bedürfnisse wahrzunehmen, weil sie ständig den Gedanken im Kopf ausgesetzt sind. Manche behaupten sogar stolz mehr Kopf- als Gefühlsmensch zu sein. Der Verstand ist jedoch der Diener des Egos und versucht uns als getrenntes Individuum zu schützen. Das Ego besteht aus Haben Wollen sowie Nichthaben Wollen und ist ständig damit beschäftigt zu bewerten und zu beurteilen. Es ist die Seite in uns, die Leid verursacht und das Herz verschließt.

Das Herz ist der Sitz der Seele und die Gefühle sind die Sprache der Seele. Gefühle sind die Wegweiser in unserem Leben. Wir haben ein gutes Gefühl, wenn der Weg stimmig ist und ein ungutes Gefühl, wenn der Weg nicht stimmt.

Das Leben ist eine Bewegung zwischen den Spannungspolen Freud und Leid, zwischen guten und unguten Gefühlen. In diesem Spannungsfeld erhalten wir die großartige Möglichkeit Erfahrungen machen zu können um unsere Ganzheit zu erkennen. Ungute Gefühle wie Angst, Trauer, Frust und Wut empfinden wir als negativ und wir wollen sie lieber nicht haben. Doch sind sie lediglich Aspekte der Ganzheit und gehören genauso wie gute Gefühle in unsere duale Welt. Sie zeigen uns, dass wir die Sichtweise der Dinge ändern und das Bewusstsein erweitern können um Gefühle wie Freude, Dankbarkeit und Glück zu erleben.

Negative Gefühle gründen meist auf vergangene eigene Erfahrungen oder auch auf übernommene Glaubenssätze. Sie zeigen Dir, inwieweit Du im Einklang mit Deinen Bedürfnissen und der Ganzheit lebst. Negative Gefühle führen Dich zu positiven Gefühlen, wenn Du sie achtsam wahrnimmst, die Verantwortung für das Gefühl bei Dir belässt und sie adäquat auslebst. Sie zeigen Dir, wo Du gerade im Augenblick stehst und wohin der Weg gehen sollte damit Du ein zufriedenes und erfülltes Leben führen kannst.

Wir brauchen uns nur einmal am Tag zu vergegenwärtigen, was wir alles besitzen - im materiellen sowie im geistigen Sinne - und wenn wir das alles wertschätzen, dann ist es leicht im Augenblick zufrieden zu sein. Mit *Samtosha* ist nicht die passive Akzeptanz des Vorhandenen gemeint, die uns unfähig zu Veränderung macht. Jedoch fördert die Wertschätzung des Vorhandenen die Zufriedenheit. Wenn wir zufrieden sind mit dem, was das Leben uns bringt, und seine Botschaften verstehen, werden wir ruhiger im Geiste und können so besser für Veränderungen sorgen.

3. Beharrliches Üben - Tapas

Haben wir ein wirkliches Verlangen nach Erkenntnis, so werden wir mit Hingabe, Begeisterung und Ausdauer den Übungsweg folgen. *Tapas* heißt Glut oder Hitze und erzeugt Reinheit in Körper und Denken. Der Körper erscheint anmutig und vital, Sinne und Geist werden geklärt und verfeinert.

> *Durch das beharrliche Üben und das Reduzieren von Unreinheiten erlangen wir die Vollkommenheit von Körper und Sinnen.*
> *(Yoga Sutra 2:43)*

Die Sinne bringen die Informationen von der äußeren Welt in das innere Erleben. Wenn der Organismus verunreinigt ist, wird er durch Erinnerungen und Vorstellungen aufgewühlt. Es werden vergangene

Eindrücke, Konditionierungen und Erfahrungen wachgerufen und so reagieren wir auf die Sinneseindrücke durch die Brille eines geistigen Konzeptes. Wir haben viele Geisteskonzepte von unseren Eltern, Großeltern oder sozialen Umfeld übernommen. Sie sind uns sozusagen vererbt worden. Später übernehmen wir viele gedankliche Konzepte von der Gesellschaft, in der wir leben, von unseren Erziehern, Freunden, Bekannten, usw. Die meisten Gedanken haben ihren Ursprung demnach außerhalb von uns. Die Identifikation mit diesen Gedanken trennt uns von unserer wahren Identität. Wir entfernen uns von unserem wahren Selbst, *wir verlieren uns* und diese Trennung macht Angst. Wir verwechseln unsere Vorstellungen mit der Wirklichkeit und schätzen das, was wir wahrnehmen als die Wirklichkeit ein. So verlieren wir uns in einer Illusion, die die Yogis *maya* nennen.

Um die Wirklichkeit zu erkennen müssen wir unser Geist-Körper-System von störenden Gedankenmustern und Erinnerungen an belastenden Erfahrungen klären. Wenn Körper, Geist und Sinne geklärt sind, werden unsere Wahrnehmungen nach außen und nach innen geschärft. Wir hören mehr auf unsere innere Stimme und unser Handeln entspricht immer mehr unserer wahren Natur. Wir werden authentischer! Beharrliches Üben setzt eine gewisse Routinemäßigkeit in Deinem Leben voraus, die folgende Faktoren beinhalten kann:

- Sattvische Mahlzeiten in angenehmer Atmosphäre und Gesellschaft
- Ein ausgewogenes Verhältnis zwischen Arbeit und Erholung.
- Tägliche Körper- und Atemübungen an der frischen Luft

- Maßnahmen ergreifen für einen gesunden Schlaf (s. Kapitel 4)
- Eine tägliche Selbstreflexion / evtl. Tagebuch schreiben.

4. Selbst-Studium - Svadhyaya

Je mehr wir uns bewusst werden wer wir nicht sind, desto besser erkennen wir wer wir wirklich sind. Das Studium spiritueller Texte, Einkehr in die Stille sowie die Selbsterforschung und Achtsamkeit im Alltag sind außerordentlich wichtige Hilfsmittel auf dem Weg des Selbst-Studiums. Das Selbst-Studium beinhaltet die Liebe und Wahrhaftigkeit sich selbst gegenüber und das Erforschen des eigenen Unterbewusstseins. Denn das Wachbewusstsein wird meist vom Unterbewusstsein gesteuert. Das heißt, dass alle Erfahrungen, die wir in der Vergangenheit gesammelt haben, ständig auf das Erleben unserer Gegenwart und damit auf unser Schicksal einwirken - auch wenn diese Eindrücke uns nicht immer bewusst sind.

Selbst-Studium führt uns zum Höheren Bewusstsein. (YS 2:44)

Mit regelmäßigen Körper-, Atem- und Meditationsübungen nehmen wir die Hindernisse im Geiste immer mehr wahr und können letztendlich, vorbei an den Verstandesberatern und dem Ego, in tiefere Schichten unseres Bewusstseins gelangen. Ähnliches kann man heute auch mit der modernen Hypnotherapie erreichen. Es geht darum den Verstand, der von unseren Prägungen abhängig ist und immer kritisiert, bewertet und urteilt, für eine Weile auszuschalten. So erreichen wir das Unterbewusstsein und können ihm neue wertvolle Informationen zuteilwerden lassen. Wir gelangen allmählich von der Perspektive des Egobewusstseins zur Perspektive des erwachten Bewusstseins und beginnen unsere wahre Natur zu erkennen.

5. Vertrauen in die göttliche Führung - Ishvara-Pranidana

Dein Wille geschehe! heißt es im Christentum und so könnte man das, was Patanjali mit diesem Niyama meint, auch beschreiben.

> *Nur durch Hingabe an der göttlichen Quelle erlangt man Selbsterkenntnis und Samadhi - der überbewusste Zustand.*
> *(Yoga Sutra 2:45)*

Wir sollten mehr Vertrauen in unsere göttliche Führung und in das Leben selbst entwickeln und die Kontrolle über die Dinge loslassen um wieder in den göttlichen Lebensstrom der Wirklichkeit zu kommen. Wir bekommen dann nicht immer das, was wir wollen, doch sicher alles, was wir brauchen um zu wachsen und um uns weiter zu entwickeln. Die Akzeptanz unserer Grenzen und das Vertrauen in die kosmische Intelligenz verleiht uns die Fähigkeit loszulassen vom Vergänglichen um Neues zu erfahren und im Leben voranzuschreiten. Ein Gelassenheitsgebet, verfasst vom amerikanischen Theologe *Reinhold Niebuhr* passt hier sehr gut:

Gott, gib mir die Gelassenheit,
Dinge hinzunehmen, die ich nicht ändern kann,
den Mut, Dinge zu ändern, die ich ändern kann, und
die Weisheit, das eine vom anderen zu unterscheiden.

Wir kommen alle von derselben göttlichen Quelle und die kosmische Essenz ist in jedem Wesen vorhanden. Wir können der göttlichen Führung vertrauen, denn das Leben hat Gutes mit uns vor. Das heißt nicht, dass wir jetzt untätig zuschauen sollen. Vieles in unserem Leben können wir steuern, aber es gibt auch Dinge, auf die wir keinen Einfluss haben, wie z.B. das Verhalten anderer Menschen oder plötzliche Todesfälle. Wohl können wir entscheiden, wie wir auf diese Dinge reagieren, da kommt es auf unsere innere Einstellung an. Hier geht es darum, anzunehmen, was kommt und das eigene Schicksal als Aufgabe und nicht als Bürde zu sehen. Wenn wir uns in Gelassenheit und Vertrauen üben, nehmen wir das was kommt als Hinweis für unsere Lebensaufgabe an und wenn wir die Botschaft nicht gleich verstehen, bitten wir um die Weisheit der Unterscheidung.

Der praktische Yoga Übungsweg vereint drei Qualitäten:
Reinigung, Selbst Studium und Vertrauen in die göttliche Führung.
(Yoga Sutra 2:1)

Körperübungen - Asanas

Patanjali betrachtet das Üben von Asanas vor allem als Vorbereitung für eine stabile und angenehme Sitzhaltung in der Meditation. Denn nur wenn wir uns im Körper wohl fühlen und loslassen können, folgt ein ruhiger Geist, der die Voraussetzung für die Meditation ist.

Asana ist eine angenehme, stabile Körperhaltung. (YS 2:46)

Darüber hinaus haben Asanas eine harmonisierende, gesundheitsfördernde Wirkung auf den Organismus, indem sie Spannungen lösen, Schlacken entfernen und somit das ungehinderte Fließen der Lebensenergie in Geist und Körper fördern.

Die yogischen Körper-, Atem- und Entspannungsübungen dienen auch dazu Dosha-Störungen, d.h. ein Zuviel an Kapha, Pitta oder Vata, zu reduzieren. Eine ayurvedische Yoga-Praxis hat demnach vier Ziele:

1. die Doshas zu harmonisieren
2. die Körperstruktur zu verbessern
3. die Lebensenergie im Organismus zu optimieren
4. den Geist in einen sattvischen Zustand zu bringen

Ein Asana sollte eine Art Meditation in Bewegung sein. Darum üben wir Yoga immer an einem angenehm stillen Ort, wo wir beobachten und loslassen können. Der Raum sollte gut durchlüftet sein und eine wohlige Atmosphäre ausstrahlen.

Atemübungen - Pranayama

Pranayama sind spezielle Yoga-Atemtechniken, die die Lebensenergie im Körper lenken und regulieren. *Prana* bedeutet *Lebensenergie, ayama* heißt *kontrollieren und regulieren.* Prana ist die verbindende Kraft zwischen Körper, Geist und Bewusstsein.

> *Nachdem man die Stellung gemeistert hat, muss man die Kontrolle über die Bewegung der Ein- und Ausatmung gewinnen.*
> *Das ist Pranayama. (Yoga Sutra 2:49)*

Prana fließt durch die feinstofflichen Energiekanäle, die s.g. Nadis (siehe Kapitel 5). Der Hauptkanal heißt Sushumna und seine Lage entspricht im grobstofflichen etwa dem Rückenmark. Umspielt wird Sushumna von zwei weiteren Hauptkanälen, Ida und Pingala genannt.

Ida verläuft links der Wirbelsäule und ist mit dem linken Nasenloch verbunden, was die kühle weibliche Energie repräsentiert. Sie ist zuständig für die rechte Gehirnhälfte, die alles erledigt, was mit Intuition, Gefühl, Kreativität, Spontaneität, Bildersprache, Spielen, Kunst, Musik und Ganzheitlichkeit in Zusammenhang steht. *Pingala* verläuft rechts der Wirbelsäule, ist mit dem rechten Nasenloch verbunden und steht für die männliche, feurige Energie. Sie ist zuständig für die linke Gehirnhälfte: für Logik, Regeln, Sprache, Lesen, Rechnen, Analyse, Details.

Pranayama bringt beide Großhirnhemisphären in Gleichgewicht, denn wenn beide Gehirnhälften harmonisch aufeinander abgestimmt sind, sind wir voll bewusst. Wir können nicht nur intuitiv handeln, sondern meistern auch gleichzeitig unsere täglichen Aufgaben und sind klar in unseren Wahrnehmungen und in unserem Denken.

Das Ziel von Pranayama ist die Energiekanäle zu öffnen, so dass genügend Energie für Körper und Geist zur Verfügung steht. Mit Pranayama bewegen wir uns langsam in die feinstofflicheren Ebenen unseres Seins. Die Praxis beginnt mit dem bewussten Ein- und Ausatmen sowie dem ruhigen Lenken und Ausdehnen der Atemphasen.

Die Yogis sagen, dass jedes Lebewesen eine begrenzte, vorbestimmte Zahl an Atemzügen zur Verfügung hat. Sind diese verbraucht, ist es Zeit zum Sterben. Körperliche Vorgänge, Gefühle und der allgemeine psychische Zustand hängen eng mit der Häufigkeit, der Tiefe und dem Rhythmus der Atmung zusammen. Bei Stress, Aufregung oder Angst atmen wir flach und rasch. Bei Entspannung oder wenn wir schlafen atmen wir dagegen ruhig und tief. Wenn wir lernen, die Atmung willentlich zu vertiefen und zu verlangsamen, können wir uns dadurch beruhigen, entspannen und Lebensjahre sparen.

Pranayama ist ein wichtiger Teil in der klassischen Yoga Praxis. Die Atemübungen sollten schrittweise und sanft geübt werden. Sie bringen uns, richtig ausgeübt, mehr Kraft und Energie für den Alltag sowie eine bessere Konzentration als Vorbereitung für die Meditation. Um zum gesunden und natürlichen Atmen zurückzufinden, muss man drei Atmungsphasen beherrschen. Sie unterscheiden sich danach, wohin der Atemstrom hauptsächlich gelenkt wird.

In der *ersten Phase* des Einatmens wird der untere Teil der Lunge mit Luft gefüllt, das Zwerchfell spannt sich an, senkt sich nach unten und bewirkt, dass der Bauch sich nach oben dehnt. In der *zweiten Phase* des Einatmens weitet sich der Brustkorb, der mittlere Teil der Lunge wird gefüllt. In der *dritten Phase* des Einatmens heben sich die Schlüsselbeine und der obere Teil der Lunge wird mit Luft gefüllt. Beim Ausatmen kehrt das Zwerchfell in seine entspannte Haltung zurück und presst die verbrauchte Luft aus den Lungen. Bauch, Brustkorb und Schlüsselbein senken sich. Diese natürliche tiefe Atmung fließt wie eine Welle in den Bauch- und Brustraum hinein und strömt ebenso wieder heraus. Sie wird die *Yoga Vollatmung* genannt. Das Beherrschen der *Yoga Vollatmung* ist die Voraussetzung für weitere Atemübungen wie die Wechselatmung *(Anuloma Viloma)* oder die Feueratmung *(Kapalabathi).*

Wichtig bei allen Atemübungen ist, dass sie in einem körperlichen und geistig entspannten Zustand durchgeführt werden, damit die Energiekanäle geöffnet sind und Prana frei fließen kann. Sonst können unangenehme Energieblockaden entstehen. Die korrekte Ausführung der Körper- und Atemübungen solltest Du unter Anleitung erlernen. Andernfalls erzielst Du möglicherweise nicht die erwünschten Wirkungen oder im schlimmsten Fall schadest Du Dir selbst.

Rückzug der Sinne - Pratyahara

Die ursprüngliche Natur des Geistes ist ruhig und klar. Der Geist beherrscht die Sinne und wenn der Geist unruhig und verstreut ist, sind wir den Sinneseindrücken schutzlos ausgeliefert. Die Sinne sollten von einem ruhigen Geist gesteuert werden und dazu ist es hilfreich auch die Sinne zur Ruhe kommen zu lassen und sie von der Außenwelt zurückzuziehen.

Pratyahara ist, wenn die Sinne sich von ihren
äußeren Objekten zurückziehen und sich an die
ursprüngliche Natur des Geistes richten. (Yoga Sutra 2:54)

Durch unsere Sinne nehmen wir Lebensenergie auf. Dabei ist es wichtig, was wir aufnehmen und auf welche Weise wir Energie zu uns nehmen. Unkontrollierte und nach außen gerichtete Sinne empfangen dauernd Informationen, die unsere Aufmerksamkeit zerstreuen und den Geist verwirren. Der Geist ist dann ständig auf Wanderschaft, Gedanken reihen sich an einander und beschäftigen uns manchmal bis tief in die Nacht hinein. Das kostet enorm viel Energie! Die Natur hat den Schlaf zwar als Regeneration eingerichtet, bei Sinnesüberflutung jedoch entstehen Schlafstörungen und der Organismus kann sich nicht richtig erholen. Wir werden von Tag zu Tag unruhiger und verlieren immer mehr Energie. Viele Menschen versuchen dann mit Alkohol, Fernsehen, Computer oder auch mit Frustessen auszugleichen, was den Organismus leider noch mehr belastet und ihm zusätzlich Energie raubt.

Unser Organismus erhält seine Lebensenergie aus den fünf großen Elementen *Erde, Wasser, Feuer, Luft und Raum*, die wir mit unseren fünf Sinnen aufnehmen. Für den Körper ist die Nahrung die wichtige Energiequelle, denn sie speist uns mit der Energie aller fünf Elemente. Außerdem kann die Nahrung *sattvisch, rajasisch oder tamasisch* wirken, was einen Einfluss auf unsere Bewusstseinsenergie hat.

- *Die Erdenergie* ist eine zentrierte und ruhige Energie: sich zu erden heißt, sich Pausen zu gönnen und nach innen, zur eigenen Mitte zu finden. Auch ein ruhiger Spaziergang mitten in der Natur verbindet Dich wieder mit der Erdenergie. Wir werden auch optimal mit Erdenergie versorgt, wenn wir Nahrung zu uns nehmen, die auf unsere momentane Schwingung abgestimmt und naturbelassen ist.

- *Wasser* wird auch das Element des Lebens genannt. Unser Körper besteht zu ca. 70% aus Wasser. Wasser nimmt Informationen verschiedenster Art auf und leitet sie weiter. Der japanische Wissenschaftler Dr. Masaru Emoto (1943-2014) sagt in seinen Büchern: *Wasser hat die Fähigkeit, die Schwingung und Information von Worten, Gedanken und Gefühlen zu übertragen.* Information oder Schwingung heißt Energie. Unser zwischenmenschlicher Austausch geschieht über Worte, Gedanken und Emotionen. Deshalb ist für die Gesundheit des Menschen nicht nur die Sauberkeit und Qualität des Wassers wichtig, sondern auch die Reinheit und Qualität seiner Worte und Gedanken.

- *Feuer- oder Lichtenergie* kommt von der Sonne. Das merken wir besonders nach einem langen dunklen Winter, wenn die Sonnenstrahlen mehr Licht und Wärme bringen und uns energie- und freudvoller machen. Auch Farben - Licht ganz bestimmter Wellenlängen - wirken auf unsere Stimmung und beeinflussen unseren Energiehaushalt. Das Feuerelement steht in Verbindung zum Sehsinn. Sinngemäß kann man sagen, dass die Klarheit unserer Sicht das Durchscheinen des Lichtes in uns beeinflusst und damit auch die Art wie wir denken, fühlen und handeln. Wenn wir die Störungen und Hindernisse im Geiste bereinigen, klären wir unsere Sicht und empfangen dadurch im übertragenen Sinne mehr Lichtenergie für die Wiederanbindung an unsere eigene Schöpferkraft.

- *Luftenergie* nehmen wir durch das Atmen auf und sie ist die wichtigste Energie um Körper und Geist zu harmonisieren. Wir können einige Wochen ohne feste Nahrung leben, mehrere Tage ohne Wasser, aber nur wenige Minuten ohne den Atem. Auch über unseren Tastsinn nehmen wir Luftenergie auf. Die Haut ist unser größtes Sinnesorgan und sie liefert uns Informationen über unsere Umwelt und über uns selbst. Liebevolle Berührungen steigern das Wohlbefinden und aktivieren die emotionale Bindungsfähigkeit. Am besten kommen wir in Kontakt zur Luftenergie, indem wir das Herz für bedingungslose Liebe öffnen.
- *Raumenergie* brauchen wir zum Wachsen und um uns weiter zu entwickeln. Der zwischenmenschliche Begegnungsraum kann uns Energie rauben oder uns gegenseitig mit Energie auffrischen. Auch durch das angenehme Gestalten Deines Wohn- und Arbeitsraumes oder den Aufenthalt in der Natur kannst Du harmonische Raumenergie tanken.

Der Geist wird durch die subtile Wirkung der großen Elemente ernährt, nämlich *Geruch, Geschmack, Form, Berührung und Klang.* Wir wissen z.B., dass ein *Geruch* oder der *Geschmack* von etwas, Erinnerungen in uns wecken kann. Die *Eindrücke,* die wir im Außen sehen, werden mit inneren Bildern verglichen und bewertet. *Berührung* bedeutet fühlen, etwas kann uns tief berühren oder die Berührung einer geliebten Person kann tiefe Gefühle in uns erwecken. Der *Klang* einer Stimme, Musik oder Lärm können enorme Auswirkungen auf unser Gemüt haben. So wird der Geist von den subtilen Wirkungen der Elemente mit Energie gespeist oder es kann ihm Energie geraubt werden. Es ist deshalb von großer Bedeutung, wohin wir unsere Aufmerksamkeit steuern, denn die Sinne füttern den Geist!

Wir können, indem wir Pratyahara üben, eine innere Phantasiereise machen, die uns harmonische Energie schenkt und den Geist beruhigt. In unserer Vorstellungskraft kann es eine schöne Landschaft oder das Meer sein. Wir können auch eine Körperreise machen und uns vorstellen, dass wir unserem Geist-Körper-System heilende Energie zukommen lassen. In der Vorstellung ist alles möglich!

Pranayama und Pratyahara sind zwei sehr wichtige Glieder auf dem achtfachen Übungspfad. Denn Atem und Sinne sind die Brücken zwischen Körper und Geist und die Übungen dienen als Vorbereitung für die Meditation, die zur Erkenntnis der absoluten Wirklichkeit führt.

Anhaltende Konzentration - Dharana

In Raja Yoga geht es immer wieder darum, *Citta*, unsere Geistmaterie, die aus Gedanken, Konditionierungen und Überzeugungen besteht, von den Schleiern der Illusion zu befreien und zur Ruhe zu bringen. Durch das Üben von *Pratyahara* lernen wir den Geist zu beruhigen, indem wir die Aufmerksamkeit der Sinne nach innen lenken.

> *Dharana ist die Fähigkeit, das Bewusstsein an eine Stelle, einen Gegenstand oder einen Gedanken zu binden (Yoga Sutra 3:1).*

Bei *Dharana* wird die Aufmerksamkeit nur auf ein Objekt gerichtet und gehalten. Es geht jetzt darum, durch Übung in der Gegenwart zu sein, die Konzentration auf eine Sache zu halten und die Sinne und das Denken zu kontrollieren. In unserer schnellen, turbulenten Welt empfinden viele Menschen es schwierig sich auf eine Sache zu konzentrieren. Die Gedanken wandern von einem Objekt zum anderen oder von der Vergangenheit in die Zukunft und das was gerade wichtig ist und im Augenblick stattfindet, wird so übersehen. Wenn wir unseren Geist dem automatisierten Denken überlassen, werden wir durch unsere Wahrnehmungen von vergangenen Erinnerungen eingeholt. Der Geist befindet sich entweder in der Vergangenheit oder in der Zukunft. Das was wirklich im Hier und Jetzt stattfindet, verpassen wir. Daher erzeugen wir unsere *Realität* nicht aus dem was tatsächlich geschieht, sondern aus dem was bereits vergangen ist und sich womöglich auch verändert hat. Unsere *Realität* besteht demnach aus der *Illusion*, dass wir *unsere Gedanken* sind. Wir projizieren diese Illusion auf die Zukunft und erzeugen damit unser Schicksal. Dharana bedeutet die Wahrnehmung auf den jetzigen Augenblick zu lenken.

Der Zustand von Dharana entsteht oft ganz natürlich, wenn wir im Augenblick so von einer Sache fasziniert sind, dass wir alles um uns herum und auch den Lärm in uns vergessen und abspalten. Viele Künstler kennen diesen Zustand. Wenn Du z.B. mit Begeisterung Musik machst oder etwas malst, kann es sein, dass Du Dich hingebungsvoll konzentrierst und irgendwann völlig in der Sache aufgehst. Du wirst selbst zum Objekt. Das Gleiche kann auch bei einem Naturereignis, wie beim Sonnenuntergang passieren. Auch auf der Yogamatte kannst Du Dich so auf die Körperstellung konzentrieren, dass Du Eins wirst mit der Übung. Der Wahrnehmende und das Wahrgenommene werden Eins. Das ist dann der natürlich fließende Übergang von der Konzentration zur Meditation.

In *Dharana* konzentrieren wir uns auf den Gegenstand unseres Interesses und schalten äußere Ablenkungen aus. Die nächste Stufe ist *Dhyana*, hier gehen wir ganz auf in der Verbindung zwischen uns und dem Gegenstand um schließlich in *Samadhi* überzugehen.

Meditation - Dhyana

Um meditieren zu können ist es in der Regel von großem Vorteil die o.g. vorbereitenden Übungen zu machen, damit der Körper sich entspannt und der Geist sich beruhigt. Denn ohne Vorbereitung können sich bald umherschweifende Gedanken und körperliche Missstimmungen bemerkbar machen.

Dhyana ist die anhaltende Ausrichtung des Bewusstseins auf das Objekt der Konzentration (Yoga Sutra 3:2).

Um zu meditieren brauchen wir die absolut innere Stille. In diesem inneren stillen Zustand, einer inneren Leere, können wir durch die regelmäßige und dauerhafte Übungspraxis allmählich Grenzen überschreiten und eines Tages plötzlich eine tiefe innere Erfahrung machen. Diese Erfahrung kann ganz individuell sein. Es kann eine tiefe Erfahrung der inneren Ruhe, Freiheit oder Freude sein. Es kann auch eine Erfahrung eines grenzenlosen Glücksgefühls sein oder die tiefste aller Erfahrungen, dass alles Bewusstsein miteinander verbunden ist und *alles eins* ist. Diese Stufe ist das achte und letzte Glied in Raja Yoga und wird *Samadhi* genannt. Samadhi wird auch Erleuchtung oder Erwachen genannt und lässt sich kaum in Worte ausdrücken.

Wenn der Wahrnehmende sich ganz in dem Objekt der Konzentration auflöst, geschieht die Vereinigung (YS 3:3)

Erwachen - Samadhi

Auch wenn der Zustand von Samadhi noch von wenigen Menschen erreicht wird, wird man durch die Yogapraxis immer achtsamer mit sich, mit den anderen und mit der Natur. Wir erfahren mehr Freude, Glück und Freiheit, es geht uns einfach besser!

Der große Yoga-Meister Swami Sivananda sagte:

Yoga führt von Unwissenheit zu Weisheit,
von Schwäche zu Stärke,
von Uneinigkeit zu Harmonie,
von Hass zu Liebe,
von Bedürftigkeit zu Fülle,
von Begrenzung zu Grenzenlosigkeit,
von Verschiedenheit zu Einheit und
von Unvollkommenheit zu Vollkommenheit.

Mit den Errungenschaften der modernen Technik und der zunehmenden Globalisierung rückt die Welt auf äußerer Ebene immer mehr zusammen. Das Außen widerspiegelt das Innere des Menschen. So wie die Welt im Außen immer näher zusammenrückt, so erweitert sich auch das Bewusstsein des einzelnen Menschen vom Getrenntsein zur Verbundenheit. Immer mehr Menschen erkennen das universelle Bewusstseinsnetz, das uns schon immer miteinander verbunden hat. In unserer inneren Welt erwartet jeden von uns ein noch unerforschtes Gebiet des Unbewussten mit weiteren mystischen Erfahrungen des Universums. Diese Dimensionen zu erforschen, wird in Zukunft unsere wichtigste Aufgabe hier auf Erden sein! Es wird uns mehr Solidarität, Frieden und Freiheit bringen.

9. Verantwortung und Selbstbestimmung

Wir können den Wind nicht ändern,

aber die Segel anders setzen.

Aristoteles (384-322 v. Chr.)

Griechischer Philosoph

Gegensätze erzeugen Ganzheit

Wir kommen alle aus dem kosmischen Einheitsbewusstsein in einer Welt der Polarität und trennen die Einheit in polaren Gegensätzen wie Gut und Böse, Leid und Freud, arm und reich, gesund und krank, männlich und weiblich, Liebe und Hass, usw. Im wahren Sein existiert jedoch die Vollkommenheit, in der die gegensätzlichen Pole eine Einheit bilden und in der alles gleichzeitig vorhanden ist, so wie die beiden Seiten einer Münze die ganze Münze formen.

Im Zustand des alltäglichen Bewusstseins können wir nur durch Gegensätze lernen, was das Ganze, die Vollkommenheit ist. Wenn wir keine Krankheit erleben würden, wüssten wir nicht, was Gesundheit ist. Es gibt kein Gut ohne Böse, wir sind manchmal glücklich und ein anderes Mal unglücklich. Wir geben und empfangen, gewinnen und verlieren. Das Ego-Bewusstsein trennt die Welt in Gegensätze, die einander bedingen und erst zusammen wieder eine Einheit formen. Das echte Leben ist also kein „entweder oder“, sondern ein „sowohl als auch“.

Alles ist zwiefach, alles hat zwei Pole,
alles hat sein Paar von Gegensätzlichkeit,
gleich und ungleich ist dasselbe;
Gegensätze sind identisch in der Natur,
nur verschieden im Grad. Extreme berühren sich,
alle Wahrheiten sind nur Halb-Wahrheiten;
alle Widersprüche können miteinander
in Einklang gebracht werden. (Kybalion)

Gegensätze können sich nur ergänzen, wenn wir Raum und Zeit entstehen lassen, so wie wir die zwei Seiten einer Medaille auch nicht gleichzeitig sehen können. *Die Zeit heilt alle Wunden* bedeutet in diesem Zusammenhang, dass wir Zeit brauchen um das Gegenteil zu erfahren und um wieder *heil* zu werden. Wir brauchen nicht nur Zeit, sondern auch Raum und unsere persönliche Abgrenzung. Wenn wir unseren Schmerzen den Raum rauben und sie verdrängen, kann die Zeit alleine keine Wunden heilen. Wir werden durch bestimmte Ereignisse immer wieder an unser Leid erinnert. Erst wenn wir uns den Raum gönnen und den Blick wenden um eine andere Sichtweise auf die Dinge zu gewinnen, lassen die Schmerzen nach. Es geht um eine *Erweiterung des Bewusstseins*. Wir können beispielsweise den Job, einen Freund oder eine geliebte Person verlieren und es braucht sicher Zeit um den Verlust mental und emotional zu realisieren. Geben wir uns zusätzlich genügend Raum zur Reflexion und versuchen wir die Dinge aus einem anderen Blickwinkel zu betrachten, kann der Verlust uns vom Mangelhaften zum Gewinn führen. Der Verlust bringt uns vielleicht eine neue Erkenntnis über uns selbst oder wir entdecken eine neue Situation, in der unser Leben wieder auf den rechten Pfad geführt wird. Wir begreifen vielleicht, dass das Leben ein einmaliges Geschenk ist und dass wir es sinnvoll nutzen sollten. So ergänzt sich beides - Verlust und Gewinn.

Es ist unsere Entscheidung und es liegt in unserer eigenen Verantwortung aus dem *Mangel* in die *Fülle* zu kommen, indem wir vom Alten loslassen um Neues zu erfahren. Wir können aus vergangenen Situationen für die Gegenwart und in der Gegenwart für die Zukunft lernen. Wenn Du anfängst die Verantwortung für Dich selbst zu übernehmen, ist das nichts anderes, als *Dein* Leben selbst in die Hand zu nehmen um selbstbestimmt zu handeln, statt Dich von anderen fremdbestimmen zu lassen.

Natürlich heißt es nicht, dass Du jegliche Hilfe ablehnst. Verantwortung übernehmen heißt, zu wissen welche Möglichkeiten Du hast um danach zu handeln, statt zu resignieren oder andere für Deine Probleme schuldig zu machen. Es heißt auch zu wissen, dass Du Teil des Ganzen bist und dass Dein Handeln oder Nicht-Handeln Auswirkungen auf das ganze System hat. Verantwortliches Handeln ist wenn Du das Wohl der ganzen Gemeinschaft vor Augen hast, Dich mit eingeschlossen. Wenn Dein Verhalten einzig dem Eigennutz dient und von

Selbstsucht geprägt ist, trennst Du Dich von der Gemeinschaft und das Ergebnis ist, dass Du von Deinem Umfeld gemieden wirst und letztendlich selbst unter Deinem Verhalten leidest.

Eigenverantwortung heißt, die Bereitschaft zu haben aus den eigenen Fehlern zu lernen und herauszufinden, was die eigentliche Ursache ist. Denn wenn die Ursache nicht erkannt wird, machen wir immer wieder die gleichen Fehler und schieben das Ergebnis womöglich anderen zu oder bleiben gefangen in Selbstvorwürfen. Viele haben es verlernt eigenverantwortlich für das eigene Leben zu handeln, denn von klein auf haben wir uns von unserem sozialen Umfeld aufzeichnen lassen, was möglich ist und was nicht. Im Laufe der Zeit haben wir vergessen, was wir selbst wollen oder für möglich halten. Eigenverantwortlich zu handeln bedeutet, dass wir erkennen welche Denkmuster, Glaubenssätze, Befürchtungen oder Wünsche hinter unserem Verhalten stecken, statt am Ergebnis unseres Verhaltens herumzudoktern. Wir können jeden Tag erneut nach den Gründen für unser Handeln fragen, neue Entscheidungen treffen und uns neu kennenlernen.

Manche Dinge haben wir nicht in der Hand. Sie geschehen ohne unser Zutun. *Du* bestimmst aber, wie Du darauf reagierst. In jedem negativen Ereignis steckt etwas Positives, dass Du für Dein Leben mitnehmen kannst. Es ist Deine Einstellung, wie Du die Dinge betrachtest.

Wenn Du einen geliebten Menschen durch den Tod verlierst, ist das ein sehr trauriges Ereignis. Du kannst in der Trauer verharren und am

Verlust festhalten. Das wird Dir den geliebten Menschen nicht zurückbringen und Du blockierst die Energie, die notwendig ist um Deine Trauer zu verarbeiten und loszulassen. Anders ist es, wenn Du durch dieses Ereignis anfängst zu realisieren, dass das Leben ein Geschenk und einmalig ist, und wenn Du dankbar bist für die kleinen und besonderen Dinge in Deinem Leben. Das Gefühl von Dankbarkeit öffnet die Körperkanäle, so dass die Lebensenergie wieder frei fließen kann. Das wiederum bewirkt in Dir ein Gefühl von Geborgenheit, Vertrauen und Zuversicht.

Nichts im Leben ist nur negativ, nichts ist nur positiv. In jedem Ereignis steckt auch immer eine gegenteilige Botschaft. Alles, was geschieht, hat seinen Sinn, den wir meistens nicht sofort erkennen. Wir brauchen Zeit und Raum um zu erkennen. Wir können oft erst im Nachhinein erkennen, dass bestimmte unangenehme Ereignisse aus der Vergangenheit uns für die Gegenwart dienlich waren. Aus einer Krise entsteht z.B. eine neue Lebenssituation, in der wir zurückfinden auf unseren persönlichen Lebensweg und so sein dürfen, wie wir wirklich sind. Aus Leid entsteht Freude.

Vielleicht fühlst Du Dich auch schuldig, wenn es anderen schlecht geht und Du nicht helfen kannst. Den anderen hilft es nicht, wenn Du Dich schuldig fühlst und Dir hilft es ebenso wenig. Schuldgefühle blockieren genau wie andere negative Gefühle den Lebensfluss und sind destruktiv. Wenn Du Schuldgefühle hast, bedeutet es, dass Du die Schuld bzw. die Verantwortung für das Leiden Deiner Mitmenschen übernimmst. Du machst Dich zum Täter, der bestraft werden muss.

Statt Schuldgefühle kannst Du Deinem Gegenüber *Mitgefühl* entgegenbringen. Mitgefühl ist die Fähigkeit, sich in einen anderen Menschen hinein zu versetzen, ihm gegenüber Wärme und Liebe zu empfinden, für ihn da zu sein und ihn zu trösten. *Mitgefühl* ist etwas anderes als *Mitleid.*

Mitgefühl ist ein positives, konstruktives Gefühl. Es erzeugt Verbundenheit und Friedfertigkeit. Mitleid trennt und kommt aus dem Ego-Verstand. Mit Mitleid signalisieren wir bewusst oder unbewusst unserem Gegenüber, dass er schwächer und erfolgloser ist als wir es sind. Wir sagen: *„Ach, Du Armer"* und schauen von oben auf ihn hinab. Wir trennen und das verletzt noch mehr. Mitgefühl dagegen kommt aus dem Herzen, verbindet und ruft positive Gefühle wie Liebe, Freude, Zuversicht und Vertrauen hervor.

Wir kommen alle aus der gleichen himmlischen Quelle und sind aufeinander angewiesen. Jeder Mensch hat die natürliche Sehnsucht nach Zusammengehörigkeit, Verbundenheit, Freiheit und Frieden. Mitgefühl und die Fähigkeit des Einzelnen zur Eigenverantwortung verbinden uns und erzeugen Vertrauen und Geborgenheit. Auch anderen helfen zu können macht glücklich. Hilfsbereitschaft liegt in der Natur des Menschen. Jemandem wirklich zu helfen heißt nicht, dass Du ihm die Verantwortung abnimmst. Das Ziel sollte möglichst sein, Hilfe zur Selbsthilfe zu geben und Unterstützung zur Selbstbestimmung.

Es fängt bereits beim Kleinkind an. Kinder brauchen neben Liebe und Geborgenheit auch die Freiheit, im geschützten Rahmen selber Entscheidungen zu treffen und die Verantwortung für ihr Handeln zu übernehmen. Kinder, die schon früh in einem geschützten Rahmen anfangen, eigenverantwortlich zu handeln, sind kreativ und können ihre eigenen Fähigkeiten weiterentwickeln. Eltern sollten den Drang des Kindes zum selbst Ausprobieren liebevoll unterstützen. Diese Kinder haben später keine Schwierigkeiten eigenverantwortlich und selbstbestimmt zu handeln.

Die Chakren als Wegweiser

Die Bewusstseinsthemen der sieben Chakren können uns als Leitfaden für die Entwicklung der Eigenverantwortung und Selbstbestimmung dienen:

- Im Wurzel Chakra wird das Urvertrauen stabilisiert und das Kind gewinnt Sicherheit in das eigene Können.
- Das Sakral Chakra schenkt dem Kind Kreativität für das eigene Erleben.
- Das Nabel Chakra gibt ihm die Willens- und Tatkraft sich zu behaupten.
- Das Herz Chakra vermittelt die Liebesenergie, die uns miteinander verbindet.
- Das Kehl Chakra gibt ihm die Erlaubnis selbstbestimmt, wahrhaftig und authentisch zu sein.

- Das sechste Chakra, das Stirn Chakra, verbindet das Kind mit seiner inneren Stimme, mit seinem s.g. „Schutzengel“.
- Das Kronen Chakra ist die Verbindung zur Weisheit des Universums.

Wir können in jedem Alter diese Bewusstseinsenergien aktivieren und in Fluss bringen. Es lohnt sich, immer mal wieder nach innen zu horchen und zu fühlen, denn unser Organismus gibt uns ständig Signale, wo wir gerade stehen. Hast Du beispielsweise oft einen Kloß im Hals, zeigt der Körper Dir, dass Du nicht Dein wahrhaftiges Sein ausdrückst. Du bist von Deiner inneren Mitte und Stimme abgeschnitten. Vielleicht fällt es Dir schwer, *nein* zu sagen, weil Du nicht den Mut hast, jemand Anderen zurückzuweisen. Oder Du bist unsicher und hast Angst Deine Meinung zu sagen. Mut und Angst sind zwei Gegensätze, die sich ergänzen und aus denen wir lernen können. Sie haben beide mit Wahrhaftigkeit zu tun, das bedeutet die Übereinstimmung zwischen dem, was wir denken, fühlen, sagen und tun. Achtest Du auf die Signale Deines Körpers, kannst Du Entscheidungen treffen, die sowohl Dir als auch Deinem Gegenüber zugutekommen.

Manchmal müssen wir Entscheidungen treffen, die auf den ersten Blick egozentrisch erscheinen, d.h. nur uns und nicht dem Gegenüber dienen. Das kommt vor, wenn Deine Mitmenschen etwas Bestimmtes von Dir erwarten, das sich für Dich nicht stimmig anfühlt. Schaue, was diese Missstimmung in Dir auslöst und was da wirklich in Dir vorgeht. Meistens versuchen wir in solchen Situationen die Anderen zu bewerten und zu verurteilen. Bleiben wir jedoch bei uns und achten wir darauf welche Emotionen hochkommen, merken wir, dass die Situation vor allem etwas mit *uns* zu tun hat. Es können Gefühle von Angst, Wut, Enttäuschung oder auch Verzweiflung hochkommen. Schaue wo diese Emotionen herkommen, erkenne ihre Wurzeln. Wenn Du keine negativen Emotionen wahrnimmst und es sich trotzdem unstimmig anfühlt, kann es sein, dass Deine Mitmenschen aufgrund ihrer eigenen Bedürfnisse und Mangelgefühle Erwartungen an Dich haben, die Du nicht erfüllen kannst oder möchtest.

Negative Emotionen haben meist ihre Wurzeln in der frühen Kindheit. Kleine Kinder sehen die Welt anders als Erwachsene. Jede destruktive Äußerung setzt sich im Unterbewusstsein des Kindes fest um später im Erwachsenenalter Automatismen in Gefühl und Reaktion auszulösen. Das Kind erlebt die Welt so wie die Erwachsenen es ihm vormachen. Sie akzeptieren jede Kritik als gerechtfertigt. Denn sie können noch nicht unterscheiden zwischen Kritik an ihrer Handlung und Kritik an sich selbst.

Auch das Fehlen von Liebe in der Kindheit hat gravierende Folgen für das Erwachsenenleben. Wenn Liebe und Zuneigung der Eltern - egal aus welchen Gründen - fehlen, kann auch dies zu traumatischen Erfahrungen beim Kind führen. Dem Kind fehlt die Entwicklung des Wurzelchakras, das für das Urvertrauen und die Geborgenheit in der Welt zuständig ist. Die Beziehung des Selbst zur eigenen Person und zu anderen steht auf einem wackeligen Boden. Ein gut entwickeltes Wurzelchakra ist die Grundlage für Selbstliebe und damit auch für Nächstenliebe. Denn ich kann den anderen nur so lieben wie ich mich selbst liebe.

Prana, die Lebensenergie aktivieren

Damit unser Organismus optimal funktioniert, muss die Lebensenergie Prana frei fließen können. Unser Geist-Körper-System kann nicht gesund sein, wenn es beispielsweise mit Energien von Groll, Angst, Wut, Schuld oder Trauer blockiert ist. Es liegt daher in unserer Verantwortung, welche Energiequellen wir für unseren Energiehaushalt anzapfen und welche Energieräuber wir meiden.

Für unseren physischen Körper brauchen wir die individuell richtigen Speisen, die gleichzeitig auch unseren geistig-emotionalen Körper nähren. Wie bereits in den obigen Kapiteln erwähnt, ist die energiereichste Ernährung die sonnengereifte Nahrung: Gemüse, Früchte, Nüsse oder Vollkornprodukte ohne lange Transportwege, falsche Lagerung und industrielle Verarbeitung. Die Yogis nennen diese Ernährungsweise *sattvisch*, da sie nicht nur dem Körper frische Energie bringt, sondern auch den Geist klar und ausgeglichen macht. Denn sie ist frei von Gewalt und Ausbeutung und unterstützt das Bewusstsein der Liebe und Verbundenheit.

Es gibt Menschen, die eine Menge Nahrungsergänzungsmittel und Medikamente zu sich nehmen und dabei überzeugt sind, dass diese zu ihrer Gesundheit beitragen. Die eigene Weisheit des Körpers wird hier völlig ignoriert. Der Körper hat seinen eigenen inneren Arzt und produziert bei Bedarf die eigenen Medikamente, die wohldosiert und gezielt verabreicht werden. Damit der innere Arzt auch optimal wirken kann, brauchen wir eine Lebensweise, die den eigenen Bedürfnissen gehorcht und sich in Harmonie mit Umwelt und Natur befindet.

Diese Bedingungen kannst nur *Du* erfüllen, denn es ist Dein Körper und nur Du fühlst und handelst mit ihm. Du trägst die Verantwortung für ihn und für Dein Wohlbefinden. Fange damit an, achtsam und liebevoll mit Dir und Deinem Körper umzugehen. Denn das beste Mittel um gesund zu sein und ein erfülltes Leben zu führen, ist zu Dir selbst zu stehen, dann kommt alles andere zu Dir! Zu Dir selbst zu stehen hat nichts mit egobezogenem Handeln zu tun. Wenn Du wirklich zu Dir selbst stehst, dann lernst Du herauszufinden, wer Du wirklich bist. Du handelst selbstbewusst und verantwortungsvoll Dir selbst und anderen gegenüber und lässt Dich nicht fremdbestimmen.

Wir lassen uns oft gerne aus Bequemlichkeit fremdbestimmen, weil wir dann die Verantwortung nicht übernehmen müssen und die Schuld für unsere Miseren den anderen zuschieben können. Wenn wir uns fremdbestimmen lassen, machen wir uns abhängig und verlieren unsere Freiheit. Wir versuchen dann wiederum die ersehnte Freiheit zu erlangen, indem wir andere manipulieren und über sie bestimmen wollen.

Oft lassen wir uns fremdbestimmen, weil wir das Bedürfnis nach Zugehörigkeit haben. Wir vergessen, wer wir wirklich sind und geraten in einen Konflikt. Wir müssen uns nicht fremdbestimmen lassen um dazu zu gehören, denn wir können vom Geiste der Einheit nie getrennt werden. Das Gegenteil ist der Fall, denn wenn wir uns selbst verleugnen, dann glauben wir uns von der Einheit getrennt und fühlen uns dabei verlassen und unglücklich.

Manchmal lassen wir uns unbewusst fremdbestimmen, wenn wir dem Mainstream nachlaufen oder uns von den Medien (z.B. Werbung) manipulieren lassen. Oder Du verleugnest Dich selbst, weil Du ein falsches Selbstbild über die Jahre konstruiert hast und Dich von Deinen falschen Prägungen bestimmen und steuern lässt.

Um authentisch, selbstbestimmt und selbstverantwortlich zu handeln, bleibt Dir nichts anderes übrig als Dir Deinem Ego-Speicher mit den falschen Programmierungen bewusst zu werden, denn die Freiheit beginnt im Kopf. Deine Außenwelt widerspiegelt Deine Innenwelt. Sei im Augenblick achtsam was Du erlebst und wie die Außenwelt auf Dich reagiert. Es sind wertvolle Hinweise für Dein Innenleben und für die Schleier, die Dein wahres Wesen noch verdecken. Folgende Empfehlungen können Dir eine Stütze auf Deinem spirituellen Weg sein:

- *Erinnere Dich bei allem was Du tust, dass Du ein Teil der Natur bist und Du Dich nicht in Gegensatz zur Natur stellen kannst.*

Du bist, genau wie die gesamte Natur, in den kosmischen Zyklen des Lebens eingebunden. Widersetzt Du Dich diesen natürlichen Rhythmen, so blockierst Du den Lebensfluss, was dann zu körperlichen und psychischen Störungen führen kann. Du bist zusammen mit Deinen Mitmenschen in diesem großen kosmischen Netz eingebunden und durch Deine Taten, Worte, Gedanken und Gefühle bist Du in ständiger Interaktion mit Deiner Umwelt. *Die Außenwelt widerspiegelt Dein Innenleben.* Alles, was Du erfährst, hat mit Dir zu tun. Nicht die anderen sind schuld an Deinem Schicksal. Du selbst kannst Dein Leben in die Hand nehmen, indem Du selbstbestimmt und eigenverantwortlich handelst.

❖ *Sei in jedem Augenblick achtsam und lebe aus dem Moment heraus.*

Das Verweilen in der Vergangenheit raubt Dir Energie und auch das Planen für die Zukunft ist vergebens, da Du das, was die Zukunft bringt, nicht in der Hand hast. Wohl kannst Du aus der Vergangenheit lernen und Ziele für die Zukunft haben. Aber immer wieder loslassen, damit Du den Fluss der Lebensenergie nicht blockierst. Tu das, was im Moment ansteht so gut wie möglich und lasse es geschehen. Hab Vertrauen in das Leben, egal was es Dir bringt. Nimm alles als Lernaufgabe an und erwecke das Wissen, tief in Dir sicher und geborgen zu sein! Führe ein Leben ohne Zwang, immer bereit für Veränderungen und zufrieden mit dem, was im Moment ist.

❖ *Übernehme die volle Verantwortung für Dein Leben.*

Du bist die wichtigste Person in Deinem Leben. Deine Verantwortung besteht zunächst darin, gut für Dich zu sorgen, denn es ist Dein Körper. Nur Du weißt wie Dein Körper sich anfühlt. Nur Du kannst Deine Körpersignale wahrnehmen und nur Du weißt welche Gedanken und Gefühle Du hast. Deshalb kannst auch nur Du wissen, was gut für Dich ist. Du kannst Dir Informationen von außen holen um damit heraus zu finden, was sich gut für Dich anfühlt. Finde zu Dir selbst, in Dir hast Du das ganze Wissen für ein Leben, das zu Dir passt!

❖ *Du kannst Dich an Deinen Doshas orientieren, indem Du die Wahrnehmung des eigenen Körpers schärfst.*

Die Doshas sind die Lebensenergien, die sich aus den fünf kosmischen Bausteinen *Raum, Luft, Feuer, Wasser und Erde* ableiten lassen. Jeder Mensch besitzt von Geburt an sein ganz persönliches Temperament, das eine individuelle Kombination der drei Doshas ist. Bei Befindlichkeitsstörungen sind die Doshas im Ungleichgewicht und das bedeutet, dass Du nicht Deinem natürlichen Temperament entsprechend lebst. Dein Körper zeigt Dir, was Dir fehlt (siehe Kapitel 4).

Vata - Raum und Luft

Wir brauchen *Raum* um zu wachsen und um uns weiterzuentwickeln. Es ist wichtig Deine persönlichen Grenzen zu kennen und zu wahren. Deine persönlichen Grenzen hängen mit Deinem Selbstvertrauen und Selbstbewusstsein zusammen. Je besser Du Dich selbst kennenlernst, desto flexibler kannst Du Deine persönlichen Grenzen gestalten. Du kannst Deine Meinung dann auch mal ändern, wenn es notwendig ist, Mitgefühl und Verständnis für Deine Mitmenschen aufzubringen.

Unser *Kehlchakra* ist dem Element Raum zugeordnet. Wir können dieses Energiezentrum durch Singen und Lachen aktivieren. Auch den Mut authentisch zu sein öffnet das Kehlchakra. Authentizität bedeutet Aufrichtigkeit gegenüber sich selbst und Wahrhaftigkeit gegenüber anderen. Wahrhaftig zu sein heißt nicht anderen Deine Meinung aufzudrängen, ihnen die sogenannte „Wahrheit“ zu sagen. Das wäre reine Projektion, denn jeder hat seine eigene Wahrheit!

Wir sind dann authentisch, wenn wir uns so zeigen, wie wir von Natur aus gewollt sind, so wie wir wirklich sind, ohne all die Störfelder und Glaubenssätze im Geiste. Authentisch sein heißt ehrlich mit sich selbst zu sein, ohne Selbstverleugnung oder Beschönigung das zum Ausdruck zu bringen, was in Dir vorgeht. Du zeigst Dich, so wie Du bist, ohne etwas wegdrücken zu wollen, weil Du Dich schämst oder nicht so sein willst, wie Du in Wahrheit bist. Oder weil Du anerkannt und geliebt sein willst. Entdecke Dein wahres Selbst hinter den Blockaden und Prägungen, die Dich zu dem reduzieren, was Du meinst, wer oder was Du bist.

Die *Luft*, die wir atmen ist eine wichtige Energiequelle. Eine ruhige, tiefe Bauchatmung und frische saubere Luft bringen dem Körper sofort wieder neue Energie. Ein Spaziergang im Grünen, vor allem am frühen Morgen, noch vor Sonnenaufgang, gibt neuen Schwung und Kraft für den ganzen Tag. Achte auf eine angenehme Wohn- und Arbeitsatmosphäre und meide Menschen und Umgebungen, die Dir nicht gut tun und Dir Energie rauben.

Das *Herzchakra* wird dem Luftelement zugeordnet und verbindet uns mit unseren innigsten Gefühlen, die Sprache unserer Seele. Hier sind wir mit bedingungsloser Liebe verbunden, die uns alle miteinander vereint. Alles hängt zusammen und wir sind auf einander angewiesen. Wir brauchen einander und wenn wir einander helfen können, stärkt das unser Herzchakra. Gute Freunde oder Menschen, mit denen Du gerne zusammen bist, können helfen Dein Herzchakra zu öffnen um die Energie frei fließen zu lassen.

Löse auch alle negativen Gefühle gegenüber Menschen, die Dir Unrecht getan haben. Denn diese Gefühle sind sehr starke destruktive Energien und können letztendlich zu Krankheiten führen. Gelingt es Dir zu vergeben, können alte Wunden geheilt und Blockierungen gelöst werden. Bedingungslose Liebe, die reine Energie des Herzens, kann wieder frei fließen und ein Gefühl von Freude und Dankbarkeit durchströmt Dich.

Deine Außenwelt und Deine Mitmenschen zeigen Dir einen Spiegel, in der Du das Erleben Deiner Innenwelt erkennen kannst. Destruktive Emotionen und Verhaltensweisen resultieren aus Mustern und Blockaden, die bei Dir noch gelöst werden wollen um wieder ge*heil*t zu sein.

Die *Haut*, unser größtes Sinnesorgan, ist wie das Herz ebenfalls mit dem Luftelement verbunden. So wie das Herz das erste Organ ist, das im Embryo entwickelt wird, funktioniert der Tastsinn auch wesentlich früher als alle anderen Sinne. Wir fühlen über die Haut und Berührungen können über das Nervensystem unsere Stimmungen beeinflussen. So können sanfte Streichungen - wie z.B. bei einer Wohlfühlmassage - dabei helfen Blockaden im Herzenergiezentrum zu lösen. Hautkontakte sind genau wie Sozialkontakte lebensnotwendig. Wenn die Haut berührt wird, reagiert nicht nur die Psyche, sondern auch das Immunsystem wird gestärkt und die Nerven beruhigt. Liebevolle Berührungen bringen eine sofortige Entspannung des Organismus, so dass die Lebensenergie ungehindert durch den Körper fließen kann.

Pitta - Feuer

Sonnenlicht ist in unserem Kosmos das Symbol für *Feuer* in seiner höchsten Vollendung. Ohne Sonne gäbe es kein Leben hier auf Erden. Die Sonne schenkt uns unmittelbar Energie und das merken wir, wenn nach der dunklen Winterzeit die warmen Sonnenstrahlen unsere Haut streicheln. Wir empfinden Freude und Glücksgefühle. Umgekehrt kennen wir die depressive Stimmung im dunklen, kalten Winter. Die günstigsten Zeiten zum Sonnenbaden sind die am frühen Morgen und am späten Nachmittag.

Wie bereits weiter oben erwähnt, können wir Sonnenenergie auch aus frischen, sonnengereiften Nahrungsmitteln holen.

Unser *Solarplexus oder Nabelchakra* ist dem Element Feuer zugeordnet. Die Themen des Nabelchakras sind Selbstbestimmung und Willenskraft. Hier wird das Gefühl der Eigenverantwortung geweckt. Negative Gefühle von Wut, Groll, Ängste oder Trauer blockieren den Energiefluss im Nabelchakra. Es ist wichtig, dass diese Emotionen uns nicht beherrschen, sondern dass wir sie wahrnehmen, ihre Ursachen erkennen und ihnen Raum lassen.

Damit das Kehlchakra die Wahrhaftigkeit zum Ausdruck bringen kann, müssen emotionale Themen, die den Energiefluss im Nabelchakra blockieren, gelöst werden. Lachen und Humor sind hier wichtige Lebenshelfer, denn Lachen entspannt und mit Humor geht alles viel leichter. Gesunder Humor ist nicht, wenn Du Dich amüsierst über Witze, die auf Kosten anderer gehen, sondern es geht mehr um Humor, der verbindet und den Alltag erleichtert. *Lachen ist die beste*

Medizin heißt es im Volksmund. Die Gelotologie, die Lehre vom Lachen, ist sogar ein eigener Forschungszweig, der sich mit den Auswirkungen des Lachens beschäftigt. Die Forschung zeigt, dass das Lachen nachweislich Auswirkungen auf den Körper und die Psyche hat. Lachen ist gesund, setzt Glückshormone frei und stärkt das Immunsystem. Vieles wird einfacher, wenn man den Unzulänglichkeiten des Alltags mit heiterer Gelassenheit und Humor begegnet. Auch das *Lach-Yoga*, das in Indien entstanden ist, findet immer mehr Anhänger hier im Westen. Madan Kataria, Arzt und Yogalehrer aus Mumbai, entwickelte das Lach-Yoga und gründete bereits in 1995 den ersten Lach Club in Indien. Lach-Yoga basiert auf den modernen Erkenntnissen der Gelotologie und es werden Lachübungen mit der Atemtechnik sowie Übungen des Yoga kombiniert.

Kapha - Wasser und Erde

Unser Körper besteht bis zu 75% aus *Wasser*. Wasser ermöglicht den Stoffwechsel und ist wichtig für unsere Leistungsfähigkeit. Es dient im Körper als Transportmittel von unterschiedlichen Substanzen und ist für die Wärmeregulierung des Körpers zuständig. Wasser ist auch Informationsträger unserer Gefühlswelt und korrespondiert mit dem Sakralchakra und dem Geschmackssinn (siehe Kapitel.6).

Der japanische Arzt und Forscher Masaru Emoto konnte wissenschaftlich nachweisen, dass Wasser in der Lage ist Gefühle und Bewusstsein sichtbar zu speichern. Sein Buch „Die Botschaft des Wassers“ enthält viele Abbildungen von Wasserkristallen, die wundervolle Einblicke in die informativen Eigenschaften des Wassers ermöglichen. Auch in den Büchern des Naturforschers Alexander Lauterwasser sind faszinierende Bilder zu sehen, die entstehen, wenn Klänge und Musik auf Wasser einwirken.

Wasser ist unser wichtigstes Nahrungsmittel. Es unterstützt die Leistungsfähigkeit, beruhigt das Gemüt und hilft bei Verdauungs- und Stoffwechselproblemen. In Ayurveda wird empfohlen heiß abgekochtes Wasser über den Tag verteilt zu trinken. Es regt unser Verdauungsfeuer an und hilft bei der Ausscheidung wasserlöslicher Toxine. Eine einfache Faustregel für die optimale Trinkmenge lautet, dass jedes Kilo Körpergewicht etwa 30 ml. Wasser braucht. Die Formel für die Menge an Flüssigkeit pro Tag lautet demnach: Körpergewicht x 0,03 Liter. Natürlich kann die Menge, je nach Wetter oder Befindlichkeit, variieren.

Die Energie des *Erd-Elements* wirkt stabilisierend und beruhigend auf den Organismus. Die Erde schenkt uns alles, was wir hier zum Leben brauchen und wir können jeden Tag aufs Neue der Erde dankbar sein, dass sie uns Kraft durch die Natur gibt und uns Nahrung schenkt.

Am besten erhalten wir Erdenergie, wenn wir uns bewusst mit der Natur verbinden, egal ob wir im Grünen spazieren gehen oder im Garten arbeiten. Auch die Verbindung zur inneren Natur durch meditatives Tun, wie z.B. Malen, Singen oder Yoga, bringt uns in Kontakt mit der Erdenergie. Je mehr sich der Geist entspannt, desto mehr kannst Du Dich mit der Erdenergie verbinden und Ruhe, Geborgenheit und

Frieden erfahren. Der Körper ist Teil der Erde und ist nicht von ihr getrennt. Dieser Körper ist Dein Zuhause. Er sorgt genau wie die Erde für Deine Stabilisierung. Das *Erd-Element* ist Deinem *Wurzelchakra* zugeordnet, das Dir die Stabilität in Form von *Selbstvertrauen* verleiht.

Es geht immer wieder um den Energiehaushalt. Du verlierst Energie, wenn Du Deinen Autopilot einschaltest. Denn dann wandert Dein Geist herum, von der Vergangenheit in die Zukunft und umgekehrt. Er befindet sich überall, nur nicht im Augenblick, wo das eigentliche Leben stattfindet. Es werden negative Emotionen aus der Vergangenheit geweckt, die mit den momentanen Ereignissen nicht übereinstimmen und der Wirklichkeit nicht entsprechen. Es können Angstgefühle, Verwirrung und Zwang entstehen und diese rauben enorm viel Energie. Wir werden überfordert, unsere körpereigenen Selbstheilungskräfte schwinden und das Immunsystem wird geschwächt. Gehen wir dagegen *achtsam* durchs Leben, können wir mehr in der Gegenwart verweilen und die Dinge aus einer neutralen Perspektive wahrnehmen. Wir lassen uns von der Vergangenheit nicht mehr irreführen, gelangen zu einer Bewusstwerdung unseres Selbst und zu mehr Autonomie.

Der Körper ist der Träger der Sinnesorgane und des Gehirns, mit derer Hilfe wir denken, fühlen und handeln können. Körper und Geist sind wichtige Instrumente auf unserem irdischen Lebenspfad und ermöglichen uns durch ihr Zusammenspiel die Welt zu erkennen und Veränderungen herbei zu führen. Sie sind unsere materiellen Werkzeuge und für den Erhalt und die Verwirklichung der Interessen des Egos zuständig. Sie gehören beide zum Ego, zum falschen Selbst.

Unser wahres Selbst ist göttliches Bewusstsein, das uns Weisheit, Schöpferkraft und bedingungslose Liebe verleiht.

Bedingungslose Liebe ist die stärkste Kraft im Universum.

Wenn wir bedingungslos lieben stellen wir keine Bedingungen und haben keine Erwartungen. Das ist für den Verstand schwierig zu verstehen, denn der Verstand verweilt in der Dimension von Raum und Zeit, in der Gegensätze und das Prinzip von Ursache und Wirkung eine große Rolle spielen. Wir sagen: „Ich liebe Dich, wenn Du ..." oder „Ich kann Dich nicht lieben, weil Du…" Diese Liebe ist an Erwartungen und Bedingungen geknüpft. Bedingungslose Liebe ist universelle, göttliche Liebe. Sie ist die absolute, reine Liebe und nichtpolar. Sie ist unsere innerste Essenz, wertet nicht, fordert nicht, erwartet nicht, wirkt heilend und hält den ganzen Kosmos zusammen. Bedingungslose Liebe können wir mit dem Verstand allein nicht erfassen, denn sie kommt aus höher schwingenden Ebenen jenseits von Raum und Zeit und hat keinen Gegensatz. Bedingungslos zu lieben kommt aus dem Herzen, hat mit Gefühlen und weniger mit dem Verstand zu tun. Das Herz ist der Sitz der Seele und unsere Gefühle und Stimmungen sind die Sprache der Seele. Das Herzchakra verbindet die drei unteren, eher vital-emotionalen Energiezentren mit den drei oberen, eher geistig-spirituellen Energiezentren. Um bedingungslos zu lieben brauchen wir ein offenes Herzchakra, damit die reine Liebesenergie frei fließen kann. Es sind vor allem Störungen in den untersten drei Chakren, die die Liebesenergie im Herzchakra blockieren. Das Selbstvertrauen im ersten Chakra, die Kreativität und Schöpferkraft im zweiten Chakra und die Selbstbestimmung und Eigenverantwortung im dritten Chakra.

Wenn diese Chakren sich öffnen, findest Du allmählich zu Dir selbst. Du nimmst Dich so an, wie Du von Natur aus gewollt bist und fängst an Dich selbst bedingungslos zu lieben. Das Herzchakra öffnet sich und Du bist bereit auch Deine Mitmenschen und alle Geschöpfe dieser Welt aus dem Herzen zu lieben.

Wenn bedingungslose Liebe die stärkste Kraft des Universums ist, dann muss es auch möglich sein, diese Kraft zu nutzen um Blockaden zu lösen und um Deine Chakren zu öffnen. Dazu kannst Du folgende Übung machen; als Hilfsmittel brauchst Du den Geist zum *Visualisieren*, den Atem für die *Energielenkung* und die Körpersinne für die *Empfindungen.* Wenn Du diese Übung regelmäßig, täglich und über einen längeren Zeitraum wiederholst, wirst Du schon bald eine Veränderung in Deinem Denken, Fühlen und Verhalten feststellen können.

Übung: Herzmeditation - bedingungslose Liebe

Sorge für eine ruhige, angenehme Atmosphäre, schließe Deine Augen und beginne auf Deinen Atem zu achten…Lasse mit jedem Ausatmen immer mehr los…Deine Atmung wird immer ruhiger und entspannter…Du nimmst um Dich herum nichts mehr wahr, außer Deinen Atem…

Begib Dich in Deinen Herz-Raum in der Mitte Deiner Brust…Atme in Deinen Herz-Raum hinein…und spüre, wie diese mit jedem Atemzug immer mehr mit *bedingungsloser Liebesenergie* gefüllt wird… stelle Dir diese Energie als ein *gleißend weißes und strahlendes Licht* vor…

Vom Herzen breitet es sich weiter in den ganzen Körper aus…es durchflutet Deinen gesamten Körper…ein wohlig warmes Gefühl entsteht…Liebe und Harmonie breitet sich im gesamten Körper aus…Lege nun beide Hände auf Dein Herzchakra und spreche im Geiste: *Ich bin in Resonanz zur bedingungslosen Liebe*...Bleibe mit Deinen Gedanken beim weißen Licht, das sich von Deinem Herz-Raum aus in den ganzen Körper ausbreitet…Spüre wie Dein Herzchakra sich immer mehr öffnet…alle Blockaden, Belastungen und Störungen lösen sich auf in *bedingungslose Liebe* …

Spreche nun im Geiste: *Ich bin bedingungslose unendliche Liebe...*Lass die *bedingungslose Liebesenergie* alle Deine körperlichen und geistigen Blockaden auflösen, indem Du das weiße Licht durch die entsprechenden Körperteile, durch die Situation oder durch das Problem fließen lässt...Alles was Dich belastet, kannst Du mit der *allumfassenden bedingungslosen Liebesenergie* auflösen…

Bleibe noch eine Weile in der Liebesenergie und nimm Deine Körperempfindungen wahr…lass das Licht und die Liebe den ganzen Körper und Geist erhellen…und weiter nach außen ausstrahlen…zu allen Geschöpfen dieser Erde…zum ganzen Kosmos…Fühle Dich mit Allem, was ist, verbunden.

Bleibe noch einige Minuten in der Stille und genieße das Gefühl der Verbundenheit, Freude und Geborgenheit in Deinem Körper.

Schlusswort

In uns gibt es noch viel zu entdecken. Je mehr wir uns in der Stille üben, desto tiefer können wir in uns hinein tauchen und die Mysterien dieser Welt erforschen. Die moderne Zeit mit seinen vielen Eindrücken und Ablenkungen macht es uns allerdings nicht besonders einfach. Ständig erfahren wir von neuen Zaubermitteln, die uns helfen sollen, gesund und glücklich zu werden. Uns wird von klein auf gesagt was wir tun und lassen sollten. Wir haben verlernt auf unsere eigenen Bedürfnisse zu achten. Dabei sendet der Körper uns ständig Signale, die wir leider übersehen, weil wir nicht gewohnt sind, auf sie zu hören. Wir unterdrücken unsere Gefühle, weil wir ihnen nicht trauen oder einfach Angst haben sie hochkommen zu lassen.

Gerade in unserem so schnellen und hektischen Zeitalter sind Rückbesinnung und Selbstreflexion enorm wichtige Themen. Wir brauchen Klarheit von Innen um das Äußere zu bewältigen. Sonst könnten wir leicht durchdrehen.

Es lohnt sich, Zeit in sich selber zu investieren und das zeitlose Wissen von Yoga und Ayurveda kann uns auf diesem Weg ein Stück begleiten. Wir erkennen, dass wir einzigartig sind und unsere Nahrung und Lebensweise individuell verschieden sein kann. Wir erhalten Hinweise wie wir wieder zu uns finden und ein stabiles Gleichgewicht entwickeln können. Wir lernen wieder zu fühlen und auf unsere Bedürfnisse zu achten. Wir fangen an selbstbestimmter und in eigener

Verantwortung zu handeln. So werden wir immer zufriedener und müssen nicht mehr kämpfen um die Zuneigung der anderen, denn wir lernen uns selbst so zu lieben wie wir sind, mit all unseren Stärken und Schwächen.

Die Ursache für unsere Unzufriedenheit, Energiemangel, Krankheit und Leid liegt meistens darin, dass der größte Teil unserer Handlungsweisen vom Unbewussten gesteuert wird. Wenn wir verstehen, was unsere Körpersignale bedeuten und was sich hinter unserer emotionalen Befindlichkeit verbirgt, können wir Experte unseres Lebens werden. Körper und Psyche sind untrennbar miteinander verbunden und das Bewusstwerden der Zusammenhänge bringt uns wieder in Balance, so dass die Selbstheilungskräfte aktiviert werden und wir aus unserem vollen Potenzial schöpfen können.

Am Ende dieses Buches wünsche ich uns allen mehr Einsicht in die innere Welt und ein selbstbestimmtes, erfülltes Leben, das aus der Quelle unseres Herzens entspringt.

Heile Dein Herz und
Du heilst die Welt

Danksagung

Dieses Buch habe ich für all jene geschrieben, die mich ein Stück auf meinem Lebensweg begleitet haben. Ich danke meiner Familie, meinen Freunden und Bekannten. Mein Dank geht auch an all diejenigen, die meine Kurse und Seminare besuchten und an die, die noch dabei sind. Ich habe viel von Euch gelernt. Besonders danke ich denen, die am meisten in mir ausgelöst haben und mir dadurch geholfen haben mich selbst noch besser kennen zu lernen. Und ich habe dieses Buch auch für mich geschrieben. Denn beim Schreiben und Arbeiten an diesem Buch lichteten sich noch so einige mentale Schleier vor meinen Augen.